Sakuma Kaoru
佐久間 馨

ジャストミートを確約する
Sスウィング

ゴルフスウィングの真実

日本文芸社

はじめに

ゴルフ・スウィングがある程度理解できて、ドローボールが打てるくらいのレベルになったゴルファーに多い例ですが、ドローボールを打とうとして振ったら球が右にすっぽ抜けた、という話をよく耳にします。ドローボールは距離を稼ぐのに有効な球ですが、右にすっぽ抜けるようでは、意味がありません。

私はいつでも、どこでも、1発目から意図した通りのショットが打てます。

この違いは、何に起因するのでしょうか？

ドローを打つには、スウィング軌道はインサイドアウトになります。

このインサイドアウトのスウィング軌道を、ヘッドの動きにだけ焦点を当てて見ると、ローサイドハイになっています。ヘッドが低いエリアから出て高いエリアへの動きがインサイドアウトなのです。つまり、ダウンスウィングでトップの位置から下りてきたヘッドを、インパクトの手前でフィニッシュに向けてもう一度、高いエリアに引き上げる動き、すなわち「ターンアップ」をして、フィニッシュの収めるところに収めているかどうか――。インパクト後にクラブが低い所に抜けてしまうと、つかまったショットにはなりません。

そこが、右にすっぽ抜ける球を打つ人と、私との大きな違いなのです。

言い換えると、ダウンスウィングは、そのあとにくるターンアップと一体であり、きちんとフィニッシュの形をとってこそゴルフ・スウィングと言えます。インサイドアウトをインサイドハイと考えましょう。実際より見かけ上は、外側の高いところにクラブが抜けているように見えます。

トップからインパクトまではスライド・ダウンで正しい軌道にクラブが下りる。ダウンスウィングで力は入れてはいけません。しかし、インパクトの手前にきたら、今度はしっかりとクラブを引き上げる動きを加えてフィニッシュまでもっていく。この一連の動きがあって初めて意図した通りのドローボールが打てるのに、ターンアップという概念がないために、ダウンスウィングで「打って終わり」になっている。あなたのドローが、時折、右にすっぽ抜ける球が出るようなら、それはインパクトの手前からヘッドを引き上げる動きがないからと言えます。

なぜ、インパクトの手前でヘッドを引き上げるかというと、脳からの指令が筋肉に伝わるのに遅れがあるからです。

本書は、これまでゴルフ漫画誌『ゴルフレッスンコミック』（日本文芸社刊）で紹介してきた「Sスウィング」の肝の部分を改めて編集し直したもので、ゴルフ・スウィングを関節や筋肉の動きで分析したり、立体的に見たり、鳥の目で俯瞰したりと、あらゆる角度から焦点を当てて解説しています。従来のレッスン書で満たされない思いを抱いている人にぜひ読んでほしい一冊です。

佐久間　馨

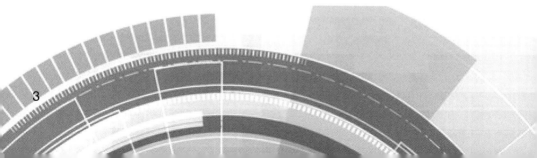

ゴルフスウィングの真実

CONTENTS

Sメソッドでは
ゴルフは肯定語で
プレーします

第1部 Sスウィングのメカニズム

はじめに 2

1 合理的なクラブの振り方＝Sスウィング ～クラブの動きと体の動き 8

2 名ゴルファーは腕がタテに振れている ～方向性のいいスウィングに不可欠 9

3 改めて円について考えてみよう ～スウィングの再現性を実現する 12

4 セットアップ：アドレス＝ボールの位置 ～ボールの位置にG点を合わせる 14

5 ジャストミートの3原則 ～インパクトエリアでの「当て方」を理解する 16

6 支点の位置と半径の長さを変えない ～ジャストミート3原則の解説 18

7 半径の長さが変わらないグリップ ～ナイスショットを可能にする両手の握り方 22

8 テークバックを「テークアップ」と考える ～トップ・オブ・スウィングを作る方法 26

9 スライド・ダウン：クラブの軌道を正しい方向に導く ～ダウンスウィングではX点は垂直に近い面を動く 30

10 ターンアップ：スウィングで唯一力を入れるパート ～フォロースルーでは背骨が反る 34

11 フィニッシュ：スウィングの良し悪しが確認できる ～伸張反射で「決めポーズ」 36

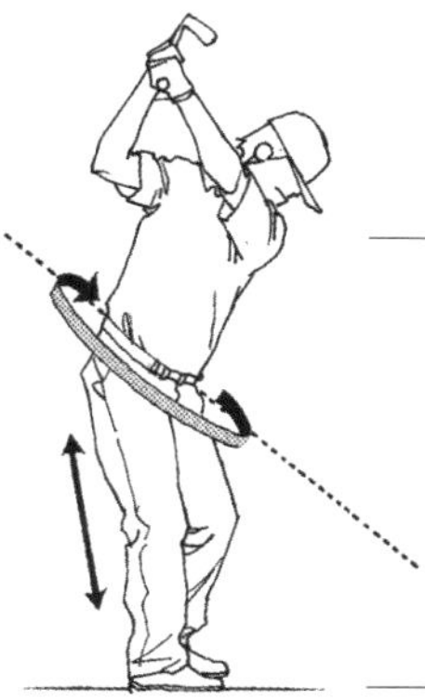

第2部

漫画でわかるSスウィングの正体

第1講　人間の潜在能力　39
第2講　でも　55
第3講　２㎝がすべてを決める　71
第4講　Ｓスウィングの概要　始動からトップまで　87
第5講　Ｓスウィングの概要　トップ～フィニッシュ　103
第6講　慣性と連鎖性　119
第7講　ダフらないグリップ　135
第8講　左のグリちゃん　151
第9講　トップの常識は大ウソ！　167
第10講　左鎖骨・左肩・左上腕をワンセットに　183
第11講　シャフトをもう一度しならせる　199
第12講　シャフトを逆しなりさせるには　215
第13講　アプローチは『ロー＆ロー』　231
第14講　マーレン＆エイミング　247
第15講　体重移動？　263
第16講　究極のインサイドアウト・アウトサイドイン　279
第17講　インテンショナルショット　295
第18講　ローボール　ハイボール　311

●執筆協力／高橋健二
●本文イラスト／庄司 猛
●写真／天野憲仁（日本文芸社）
●本文DTP・カバーデザイン／ Creative.SANO.Japan
●撮影協力／ブリストルヒル ゴルフクラブ（千葉県富津市）
●衣装協力／ SINA COVA

第1部

Sスウィングのメカニズム

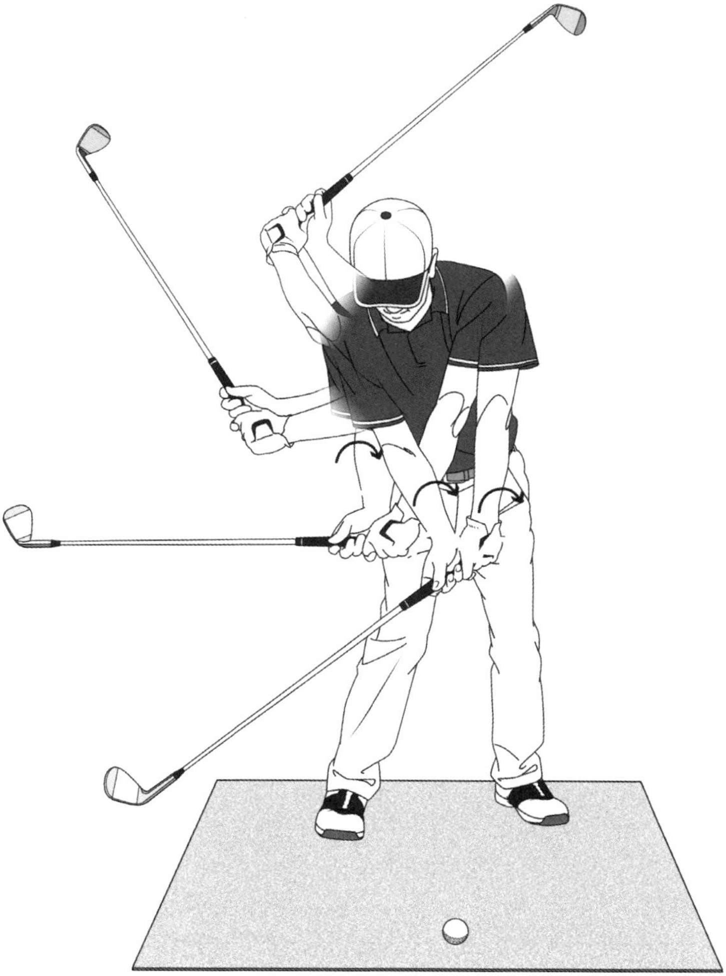

1

合理的なクラブの振り方＝Sスウィング

●クラブの動きと体の動き

タイガー・ウッズ、ローリー・マキロイ、松山英樹、あるいは古いゴルフファンならジャック・ニクラスやジャンボ尾崎、杉原輝雄など、名選手のスウィングには共通したクラブの動きがあります。

そのクラブの動きを、体に無理なく、効率よく作ることができるのがよいスウィングです。それを私は、合理的スウィング＝「Sスウィング」と呼んでいます。スウィングを見るとき、私たちは体の動きの外見しか見ることができません。

どこがどういう構造になっていて、それらはどのような関連性を持って動いているのか、洋服や皮膚があると、骨格や筋肉の動きまではなかなかわかりません。

私がスウィングの研究を始めた50年前、初めに興味を持ったのは名選手たちの体の形（フォーム）ではなく、クラブの動きでした。

クラブの動きは、写真や映像では平面（2次元）ですが、実際は3次元です。クラブヘッドとグリップエンドの動きに着目しました。また、体の動きについては外見ではなく中身、つまり骨格の動きとその骨格を動かす筋肉の使われ方に想像を巡らせました。

そして完成したのが、Sスウィングです。

私に見えている世界「クラブの動き／インパクト／体の動き」が、皆さんにも見えるようになれば、誰でも思った通りに体を動かせて、いつでも、どこでも、1発目からナイスショットが打てるようになるはずです。そのため本書では、クラブの動きと体の内側がわかるようなイラストをふんだんに使って説明します。

Sスウィングをマスターすれば、とんでもないミス（Sメソッドゴルフではこれを「エラーショット」と呼んでいます）はなくなります。コースで実際にショットするときは、状況に合わせて「当て方」を考えてください。

2

名ゴルファーは腕がタテに振れている

●方向性のいいスウィングに不可欠

私のスウィング写真を後方から見てみましょう。

グリップの1点はどのように動いていますか？

Sスウィングでは、グリップの右手小指と左手人差し指が重なるところを**X点**（P11参照）と呼んでいます。このX点が、タテに動いているのです。

その角度は、ドライバーの場合、75度です。よい選手のスウィングを後方からチェックすると、X点は75度の平面上を上昇↓下降しています。時計の文字盤で言えば5時半

と11時半を結んだ傾きが75度なので、かなり垂直に近い平面であることがわかると思います。

このX点が動く平面は、長さ35・5インチのウエッジになると、ほぼ垂直になります。

ウェッジはピンを狙うクラブなので、タテの距離が少しくらいズレることは仕方ないとしても、左右に10ヤードも外れるようでは、スコアは作れません。

ピンを狙うクラブだけに方向性はきっちり出せるようにしたい。

そういうプレーヤーの要望にそって、X点が垂直に動く長さに作られたのです。

以上のことから、方向性をよくしたかったら、X点を含む腕はタテに振れ、という結論が導き出されます。

一般には「フラットスウィング」という言葉があることから、スウィングは横振りがいいと誤解しているゴルファーがいるかもしれません。

しかし、横振りでは方向性は出せません。陸上のハンマー投げを思い浮かべてください。ハンマー投げは背骨を軸にハンマーの重みによる遠心力で回転する典型的な横振りです。だから、方向が定まらず、ハンマー投げのサークルは、前方以外の3方向が網で囲われています。ハンマーがどこに飛んでいくかわからないからです。

つまり、横振りでは真っすぐ飛ばせないのです。

ゴルフスウィングも例外ではありません。

ゴルフスウィングは、インパクトゾーンで緩やかな円弧を描くと思っている人がいます。もしあなたもそう思っているなら、あまり方向性のいいゴルファーではありません。

ウェッジのスウィングはX点は垂直なタテ振りの軌道を通っています。

45インチのドライバーの場合は、75度の角度がついているために、ヘッド軌道は多少曲線を描きますが、それでもX点を真上から俯瞰すると、その軌道はほぼ直線です。

方向性のいいスウィングをマスターするためには、腕はタテに振る、ということをまず頭にしっかり刻み込みましょう。

それが合理的な振り方＝Sスウィングを理解するための第1歩です。

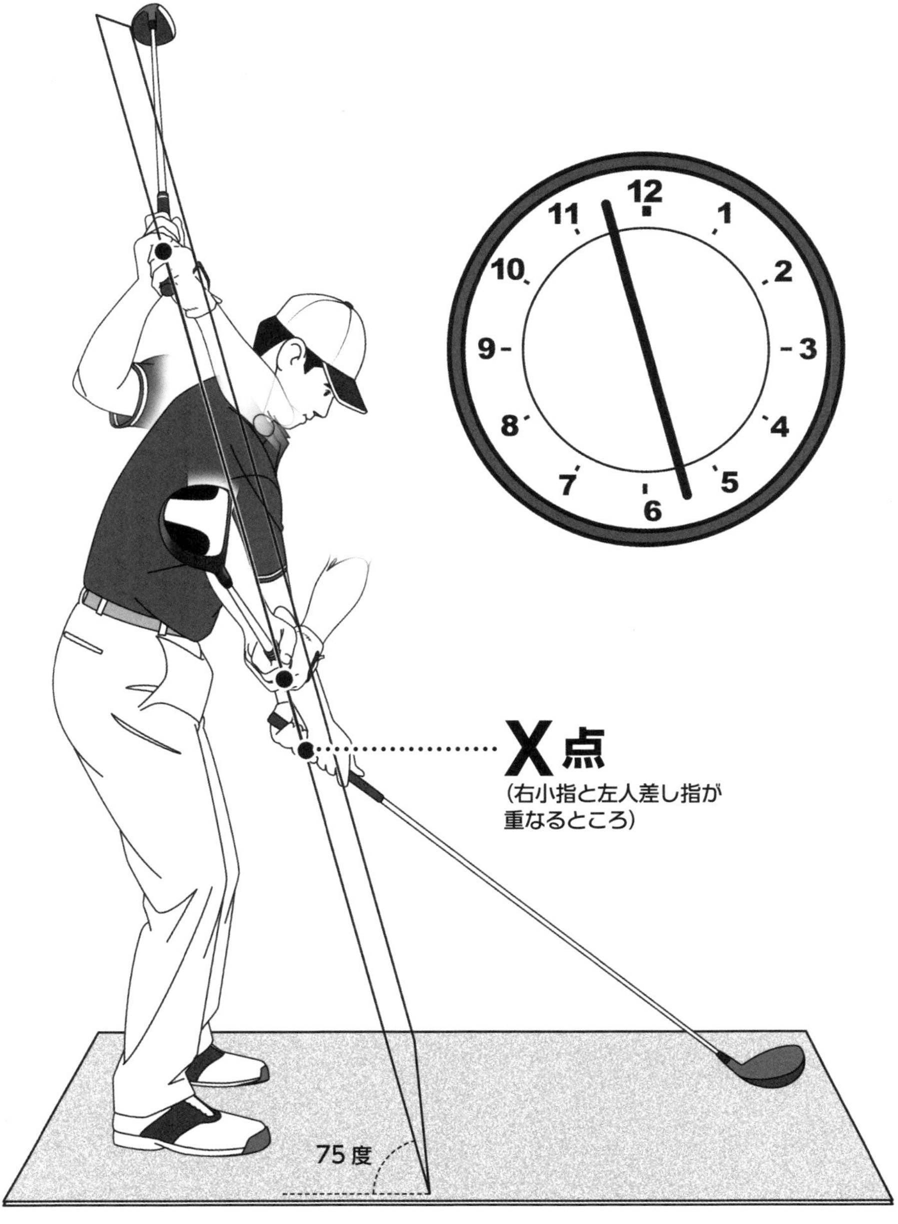
12
1
2
3
4
5
6
7
8
9
10
11
X点
（右小指と左人差し指が
重なるところ）
75度

3 改めて円について考えてみよう

●スウィングの再現性を実現する

Sスウィングの本論に入るまでに、もう少し基礎的な数学（幾何）の話にお付き合いください。

皆さんが「円」について最初に学ぶのは小学校3年生の頃です。当時の記憶をたどってみましょう。円の定義は次のように書かれています。

「コンパスで描いたような丸い形を円という。円の真ん中の点を円の中心、中心から円のまわりまで引いた直線を円の半径という」

そこで改めて円について考えてみます。

左上のイラストをご覧ください。コンパスを使って円を描いている図です。

言うまでもなく、「円は、その中心である支点が動かず、半径の長さが一定なら、つねに同じ円を描く」ことがわかると思います。いつでも、どこでも、何度やっても、です。

これはスウィングで言うところの「再現性」に繋がります。いつでも、どこでも、1球目から、きちんとボールに当てられる……。スウィングの中心が動かず、スウィング中の腕とシャフトで作る半径の長さが一定なら、ダフリやトップは起きません。Sスウィングはこの原理を採用しています。

詳しくは、このあとおいおい明らかにしていきます。円については、もう1つ確認しておきます。

それは「円を真上から見ると直線である」ということです（左下イラスト）。

ゴルフスウィングに応用して説明すると、直線だから方向性を出しやすいということです。前項で紹介した「よい選手はX点がタテに振れている」は、「タテに振れているから、方向性のいいショットが打てるのだ」と理解してください。

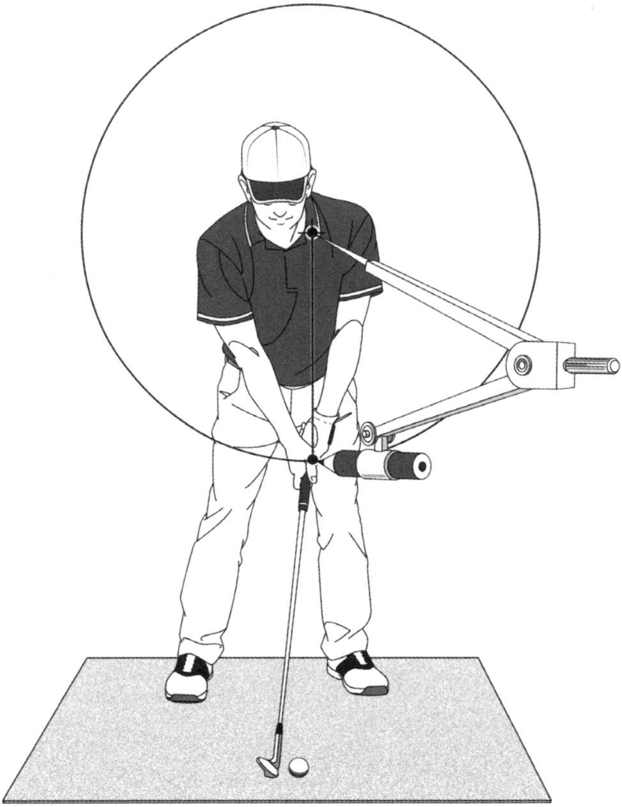

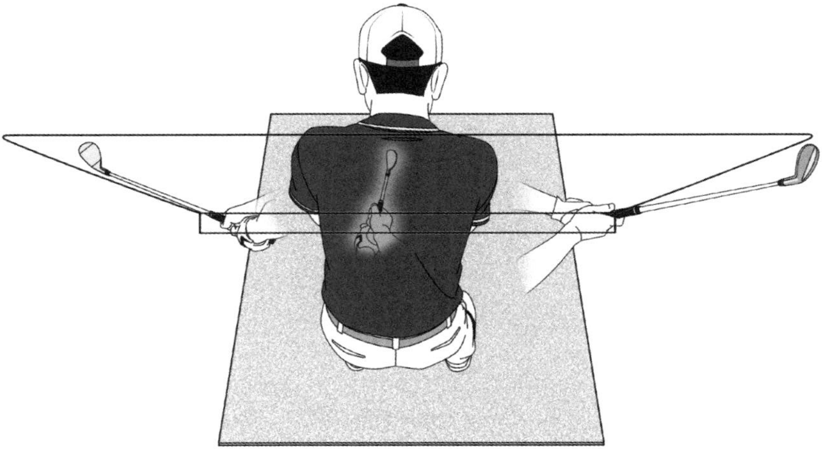

4

セットアップ：アドレス＝ボールの位置

●ボールの位置にG点を合わせる

ここで、合理的スウィング＝Sスウィングを理解しやすくするためのキーワードであるG点とX点を改めて定義しておきます。

多くのレッスン書では、スウィングは「軸を意識しろ」と言います。

しかし、ゴルフスウィングには軸はありません。ましてや背骨を軸にスウィングするなんて不可能です。背骨はS字状をしていて1本の棒ではないので、軸になりようがないのです。したがって、従来の「頭を動かすな」とか「軸を意識しろ」は一切忘れてください。

では、どこを意識するとよいのでしょうか？

ある一点を支点に振れば、クラブヘッドの軌道は劇的に安定します。

その支点とは左胸鎖関節、左の鎖骨が胸骨に接しているところです。**ノド元の左右にぐりぐりした突起が**2つありますが、その左側の突起です。左のイラストでは**G点**と表示しましたが、ここを支点にスウィングすると、クラブヘッドは安定した円軌道を描いてくれます。言わばG点はコンパスの針の位置になり、右手小指と左手人差し指が重なるところ（グリップのインターロックするところ＝Sスウィングでは「X点」と呼ぶ）が、コンパスの鉛筆です。

G点を中心にクラブを振ると、X点は完全な円運動となり、コンパスの針の位置が固定されていて、半径の長さが変わらなければ、いつも同じ円を描くことができます。

言い換えると、後述するジャストミートの原則①（18ページ参照）「クラブヘッドを地面すれすれに動かし」て、いつでもクラブヘッドの芯でボールを捕まえる再現性が約束されるというわけです。

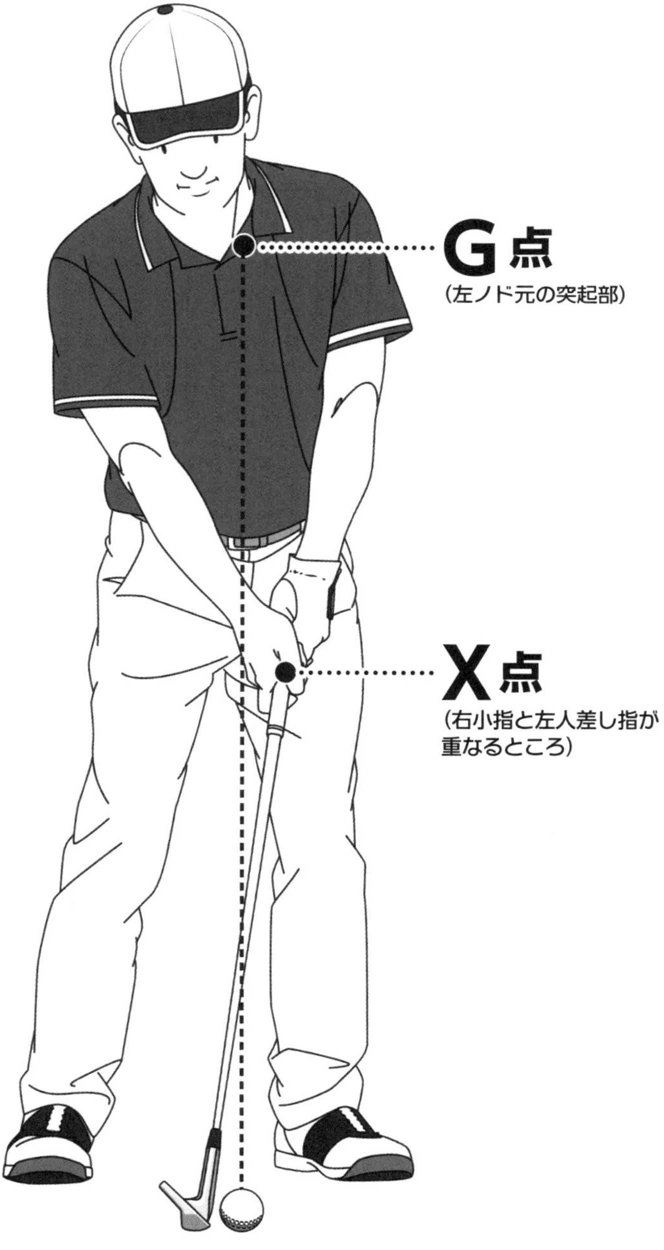
G点
（左ノド元の突起部）
X点
（右小指と左人差し指が
重なるところ）

5 ジャストミートの3原則

●インパクトエリアでの「当て方」を理解する

多くの人はスウィングで悩んでいます。でもゴルフのスウィングは、じつは簡単なのです。

野球のバッターは動いているボールを打ちます。しかもピッチャーはバッターに打たれないように緩急をつけたり、変化球を投げたりします。それを打つのはかなり難しいことです。

ゴルフはどうでしょう。ゴルフのボールは地面に静止しています。止まっているボールを打つのですから、難しいわけがありません。

私はドライバーショットの90パーセントは芯で捉え、フェアウエーをキープできます。

信じられないかもしれませんが、私はふだん練習をしません。また、ゴルフ場に行ってもスタート前の練習は一切しません。

練習なしにスタートして1球目から芯を食ったナイスショットが打てるのです。なぜ、そんなことが可能なのでしょうか?

ジャストミートをするためには3つの原則があります。いずれもインパクトエリアで、

第1にクラブヘッドが地面すれすれに動く。

第2にクラブヘッドがターゲットライン上をリニア(直線的)に動く。

第3にフェースがターゲットラインと直角になっている。

この3つの原則が守られていれば必ずジャストミートできます。

ここで言うインパクトエリアとは、ハガキ大の世界です。

ついでに言うと、インパクトは2センチの世界です。ボールにクラブヘッドが衝突して、潰れて、飛び出すまでの間に、クラブヘッドは右から左に約2センチ移動します。

言い換えると、この2センチの間に、クラブヘッドがどう動いたか、フェース面がどの方向を向いていたかで飛んでいくボールの方向や球質は決まります。

つまり、ナイスショットを打てるかどうかは、フォームではなく、インパクトの前後でクラブヘッドがどう動いたか、フェースがどの方向を向いていたかで決まるのです。

これはフォームの良し悪しに関係なく、です。

皆さんの周りには、ヘンテコなフォームでナイスショットを連発する人がいると思います。それは皆さんがスウィング中のトップやフィニッシュの形を見ているからです。

でも、どんなにヘンテコで個性的なトップの形であっても、インパクトの2センチの間で前記3原則を満たしていれば、ボールはジャストミートして真っすぐ飛んでいきます。

大事なのは「当て方」なのです。

スウィングで悩む人はフォームを気にします。つまり、「振り方」を気にするのです。

私はまったく気にしません。

トップの形や体重移動がどうあれ、問題はインパクトエリアでクラブヘッドが前記3原則を満たしているかどうかだけ。そのことがわかっているので、フォームは気にならないし、スタート前に練習をする必要もないのです。

いつでも、1発目からジャストミートしたいなら、フォームではなく、インパクトエリアでの「当て方」が大事なのだということに、早く気づいてほしいと思います。

そのことがあなたの中で理解できるようになれば、そういう「当て方」を作るには、どのような体の使い方をすればいいかという「振り方」、すなわちスウィングも自ずとわかってきてフォームもかっこ良くなります。

Sスウィングは、「当て方」と「振り方」の2つを、体に無理のない骨格や筋肉の動きに合わせて研究・解明した結果、できあがったものです。

6 支点の位置と半径の長さを変えない

●ジャストミート3原則の解説

それでは、ジャストミートの3原則の個々について具体的に説明しましょう。

①ヘッドが地面すれすれを動く

最初に3原則の①「ヘッドを地面すれすれに動かす」には、どうしたらよいかを考えてみます。

ゴルフスウィングにおける腕の振りは円運動です。円運動というからには支点となる円の中心がありまず。この円の中心が一定で、半径の長さが変わらなければ、安定した円が描けます。

振り子の軌道を見れば、それは誰が見ても一目瞭然です。前述の「インパクトエリアでヘッドを地面すれすれに動かす」ことが可能になるのです。

では、どこを支点にすればよいでしょうか？

Sメソッドでは、この支点を左鎖骨に置き、ここをG点と呼びます（14ページ参照）。

このG点の位置が安定していて、クラブを振るときの半径の長さが変わらなければ、インパクトでクラブヘッドの先端は、いつも同じ高さになります。

見方を変えると、G点の真下にボールをセットし、半径の長さを変えずにスウィングすればダフリもトップも起きないというわけです。

ただスウィング中は、クラブヘッドに重力や遠心力が働き半径が伸ばされる力がかかります。

G点とクラブヘッドの長さ（半径）を安定させるには、左手のグリップは左肩からひじの曲げ具合、左手首の角度も含めたものでなければならないというのが私の考えです。

グリップについては項を改めて説明します（22ページ参照）が、いずれにしろ円運動の中心であるG点の位置と、半径の長さが一定なら、ダフリやトップはなくなるのです。

ジャストミートの3原則

原則①

ヘッドが
地面すれすれを
動く

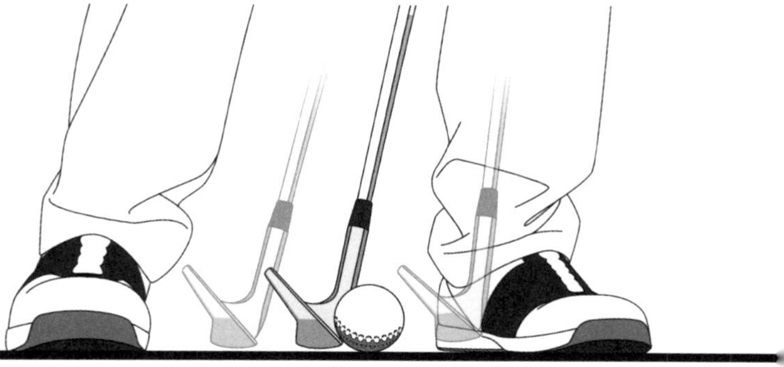

原則②

インパクトエリアで
ヘッドを
リニアに動かす
（直線的）

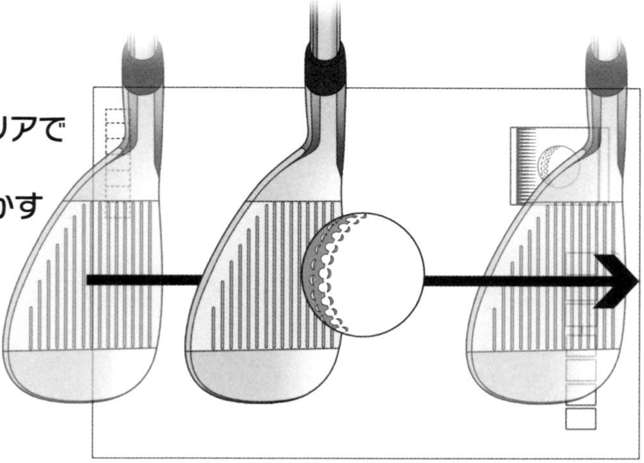

原則③

フェースが
ターゲットラインと
直角になっている

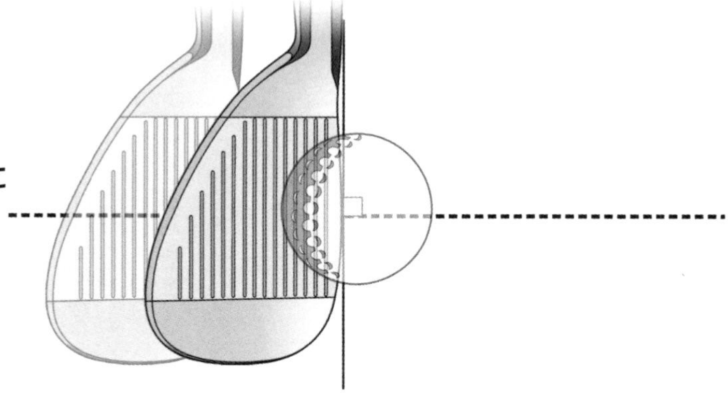

②インパクトエリアでヘッドをリニア（直線的）に動かす

円運動における スウィング中の最下点は1点しかありません。練習場のように足元がフラットでヘッドが滑りやすい人工マットの上ならともかく、傾斜や地面の凸凹がある実際のコースで、毎回、ボールを「点」でとらえてジャストミートすることは至難でしょう。それこそ、ダンプカー1台分くらいボールを打つ必要がありそうです。

でも、そんな無駄な労力や時間を費やして練習をしなくても簡単にボールをとらえる方法があります。インパクトゾーンで、「クラブヘッドをリニア（直線的）に動かす」ことをすればよいのです。

どうすれば、そのようなことが可能でしょうか。

絨毯やフローリングの床を掃除するときに使うコロコロローラーをご存知ですか？

あのコロコロローラーをクラブと同じように持って、床に密着させて右から左に移動させてください。**X点をターゲットラインと平行に動かすと、**コロコロローラーが右から左に移動するにつれて左肩が上がっていくのを確認できるでしょう？

手首やひじの角度は意図して変えていけません。この角度は円運動の半径の長さを変えないためにキープし続けることが前提条件です。

そうすると、ローラーが右から左に移動するにつれて左肩は上がっていきます。

見方を変えると、インパクトエリアで左肩を上げてやれば、クラブヘッドは右から左にリニアに動くというわけです。

③フェースがターゲットラインと直角になっている

ジャストミートの原則③「インパクトエリアでフェースがターゲットラインと直角になる」ようにするには、どうしたらよいのでしょうか？

一般のゴルフレッスンではよく、トップで「右わきを締めろ」といったものがありますが、**Sスウィングのトップでは、右ひじは体の横へ外れた形で収まります。ダウンスウィングは、そのトップの位置から右ひじを右体側につけるように下ろします。これがSスウィングにおけるダウンスウィングの始動（スライド・ダウン）です。**

もっと言うと、トップで左上腕と左胸は圧着しています。その角度を保ったまま、左骨盤を左にスライドさせると、背骨が曲がり肋骨がたわんで右脇は勝手に締まり、右ひじが右体側にくっつきます。このダウンスウィングの始動の動きをX点の位置でなぞってみてください。X点はほぼタテに下りていることがわかるでしょう。９ページで述べた、よい選手は腕がタテに振れている、というのはこの部分を指しているのです。

右ひじが右体側にくっついたとき、右ひじは曲がっています。

大事なのはここからです。右ひじが右体側にくっついているとき、右ひじは曲がっていますが、その曲がった右ひじはクラブの重さと遠心力で伸ばされます。すると、右ひじが右体側にくっついているとき正面を向いていた右手のひらは、右ひじが伸びて前腕が反時計回りに回ることでインパクトの瞬間、ターゲットラインと直角になっていることがわかるでしょう。ジャストミートの原則③が、右ひじを伸ばす動きで勝手に完成するのです。

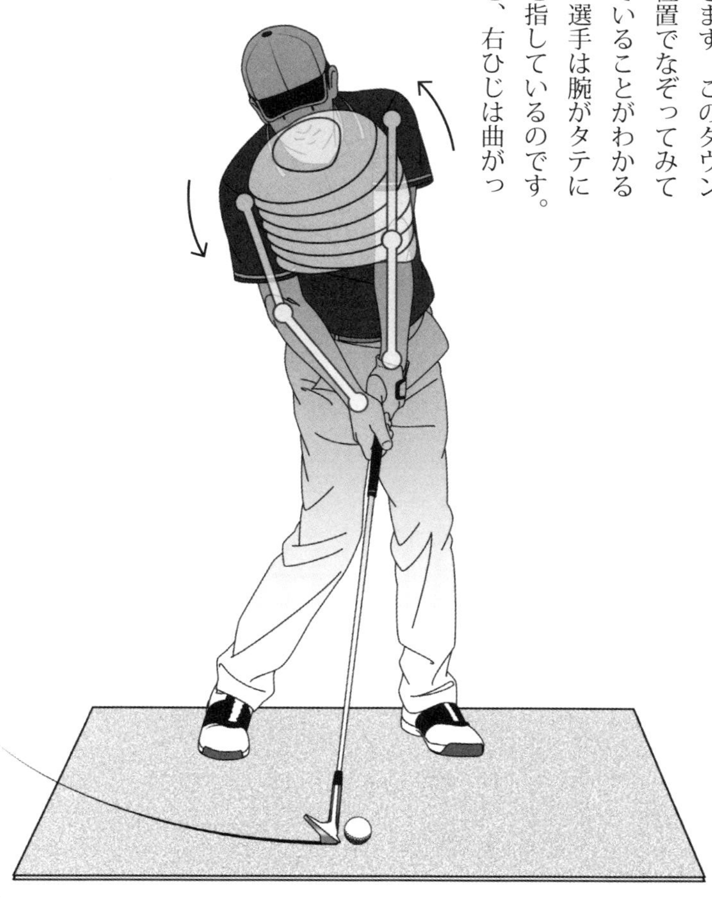

7

半径の長さが変わらないグリップ

●ナイスショットを可能にする両手の握り方

グリップの目的は次の３つです。

①クラブが抜けない
②シャフトが回らない
③手首の角度が伸びない

前項で、ダフリ・トップをしないためには「半径の長さを変えないこと」が条件の一つだと説明しました。半径の長さを変えないためには、前記③の手首の角度が伸びないことが大事になります。

グリップの握り方を説明する前に、まず一般に言われている「しっかり握れ」という言葉を忘れてください。

グリップは硬質ゴムのような硬さが必要です。そのためには、左右それぞれ別の方向に力を入れて拮抗させることで手首周りが固まります。

具体的に、左右別々に正しい握り方を紹介します。最初に左手の握り方です。よく「左手リード」という言い方をしますが、私はこの言葉も間違いだと思っています。

左手リードというと、左手が主導権を持って振るように聞こえるからです。正しくは「左手ガイド」です。左手がスウィング中の手の動きをガイドする。そう考えてください。

スウィングのガイド、いわゆる道案内をする役割を与えられているのだから、左手のグリップはとても重要です。

一般に、左手は小指、薬指、中指の「小指側３本で握れ」と言われています。

ここで大事なのが中指です。

左手の中指でグリップを握り、それを小指球と呼ばれる小指側の膨らみで押さえてください。これだけでグリップは支えられ、決して抜けることはありません。

次に、下のイラストのように中指の先端を生命線の始まりのほうにくっつけるように握ります。そうすると、手首が小指側に折れる「尺屈（しゃっくつ）」した状態になります。また、左手甲が丸まり、前腕が回外（反時計方向に回す）する形になります。

グリップは感情線に合わせて握ります。こうすることで、左手首とシャフトの間に１５０度の角度がつきます。

この左手首とシャフトの角度をキープするために、スウィング中クラブの先端を持ち上げる力を入れておきます。そうすることでヘッドが落ちることがなくなり、ダフるミスはなくなります。16ページで紹介したジャストミート3原則の①「クラブヘッドを地面すれすれに動かす」ことができるという、スウィング中のヘッドの高さをコントロールするための肝が、このグリップなのです。

右手グリップは、まず手首をいくらか甲側に反らせ「背屈（はいくつ）」、その後、親指と人差し指を締めて、いわゆる「V字」を作ります。すると親指側に手首が折れる「とう屈」した状態になります（25ページイラスト参照）。

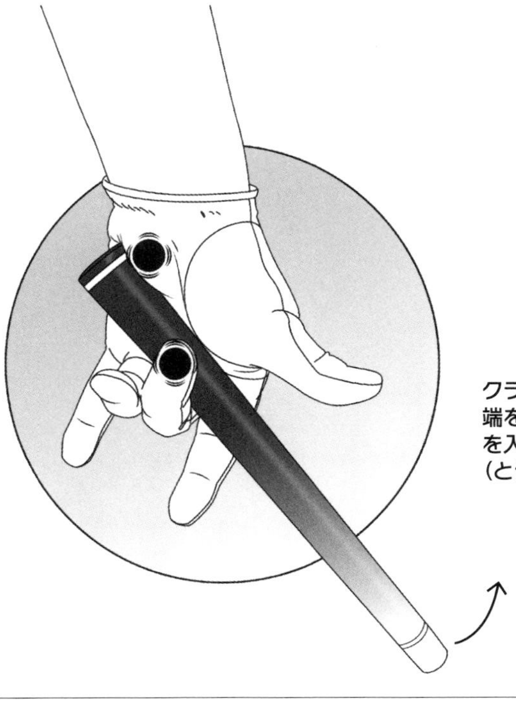
クラブヘッドの先
端を持ち上げる力
を入れておく
（とう屈方向）

右手は「背屈」して「とう屈」した状態が正しい握り方です。

次に右手の生命線が左手の親指と重なるようにして、親指、人差し指、中指の指先でつまむようにグリップします。

がっちり握り込む必要はありません。「つまむ」イメージです。

すると右手生命線の根本に若干の隙間ができます。これを私は「ブラックホール」と呼んでいます。

右手にブラックホールができるように握りましょう。なかなか上手くならないゴルファーの多くは、両手を一体化させてがっちり握っているので、ブラックホールはできません。

このようにして左右の手でグリップし、左上腕の内側で左胸を若干圧すようにしてアドレスします。

左脇を絞るとか、強く圧迫する必要はありません。軽く圧着する程度で十分です。

その状態で左肩を、やや上に持ち上げます。左の肩甲骨を少し後ろ（背骨側）に引き上げるのです。すると、左手が左太ももの前付近に自然に移動し、軽いハンドファーストの構えになります。この左肩を背骨側に少し引き上げる動きを加えた一連のセットアップで、左鎖骨から、左肩、左上腕が硬質ゴムのようにワンセットに固まります。

その硬質ゴム状になった左腕のワンセットの先に、150度の角度がついた手首があり、さらにその先のシャフトとヘッドに繋がっている。これがSスウィングで考える円運動の半径の長さです。

インパクト時にこの手首の角度になっていれば、円の半径は正しい長さになります。

あとは円運動の中心であるG点の位置がズレないようにしておけば、いつでも、どこでも、1発目からジャストミートできることになります。

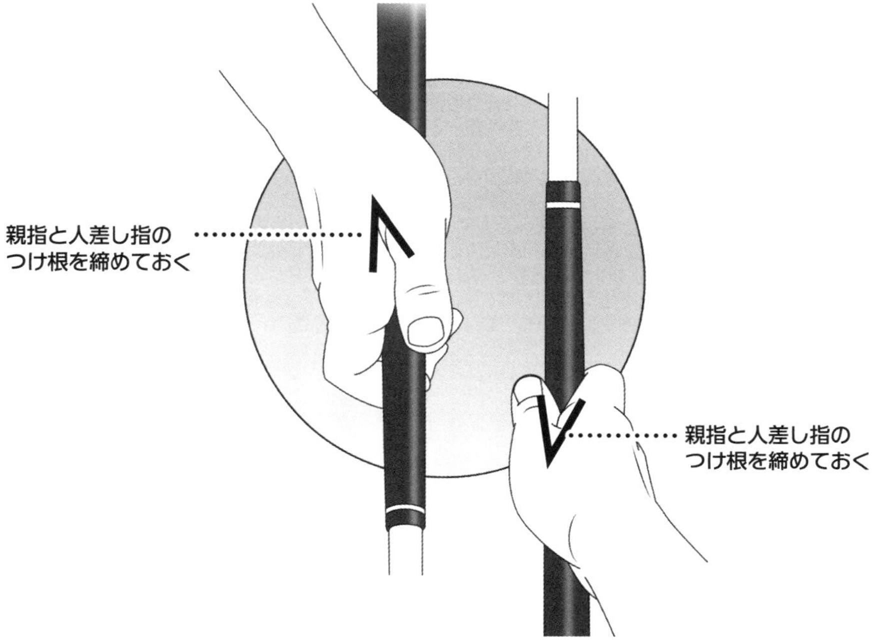
親指と人差し指の
つけ根を締めておく
親指と人差し指の
つけ根を締めておく

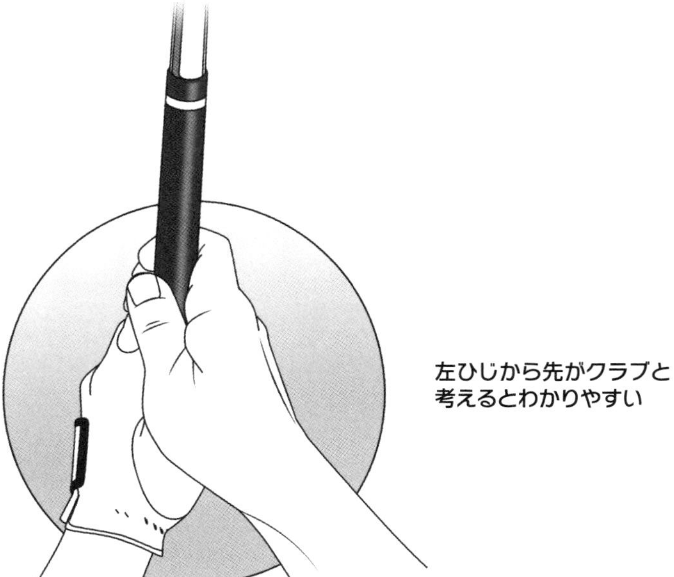
左ひじから先がクラブと
考えるとわかりやすい

8 テークバックを「テークアップ」と考える

●トップ・オブ・スウィングを作る方法

まず、人間の体の構造を考えてみましょう。

人の体は2本の足の上の骨盤が乗っていて、その上に背骨がついています。背骨は腰椎、胸椎、頚椎に分かれます。胸椎には肋骨がついています。

一般にクラブを振る動力は、脚力➡骨盤の回転力と考えられているようですが、パワーは骨盤の回転力ではありません。

トップ・オブ・スウィングは、クラブヘッドをボールから離して高い位置に運ぶことが目的です。骨盤、肋骨、肩甲骨も回って見えますが、両腕を上げる動作を助けているに過ぎません。

では、いよいよテークアップの具体的な動きを紹介します。

最初に**セットアップ**から説明します。

セットアップはポスチャー（姿勢）／グリップ（22ページ参照）／アドレスに分かれます。

ここではポスチャーについて説明します。ポスチャーで大事なことは自然体で立つことです。体のどこにも力が入っていない姿勢で、両足を肩幅に広げて立ちます。その姿勢で立てば、骨盤は水平に回転できます。実際のアドレスでは腰を曲げて前傾するので、ベルトのラインは前傾した面になりますが、少なくとも背骨に対しては直角の平面で回転します。この骨盤の回転面と肩甲骨の回転面は平行です。

そのことを前提に**テークアップ**の仕方を解説します。

①アドレスを作ったら、右腕で左腕を引っ張って左肩甲骨を引っ張るように動かす

②左肩甲骨をあごの下にくるまで引っ張る

③G点（左鎖骨）を支点に引っ張る。その際、胸は正面を向いている

ここまでがテークアップの始動の第一段階です。

右手で左肩甲骨を引っ張ると、肋骨が動きます。つ

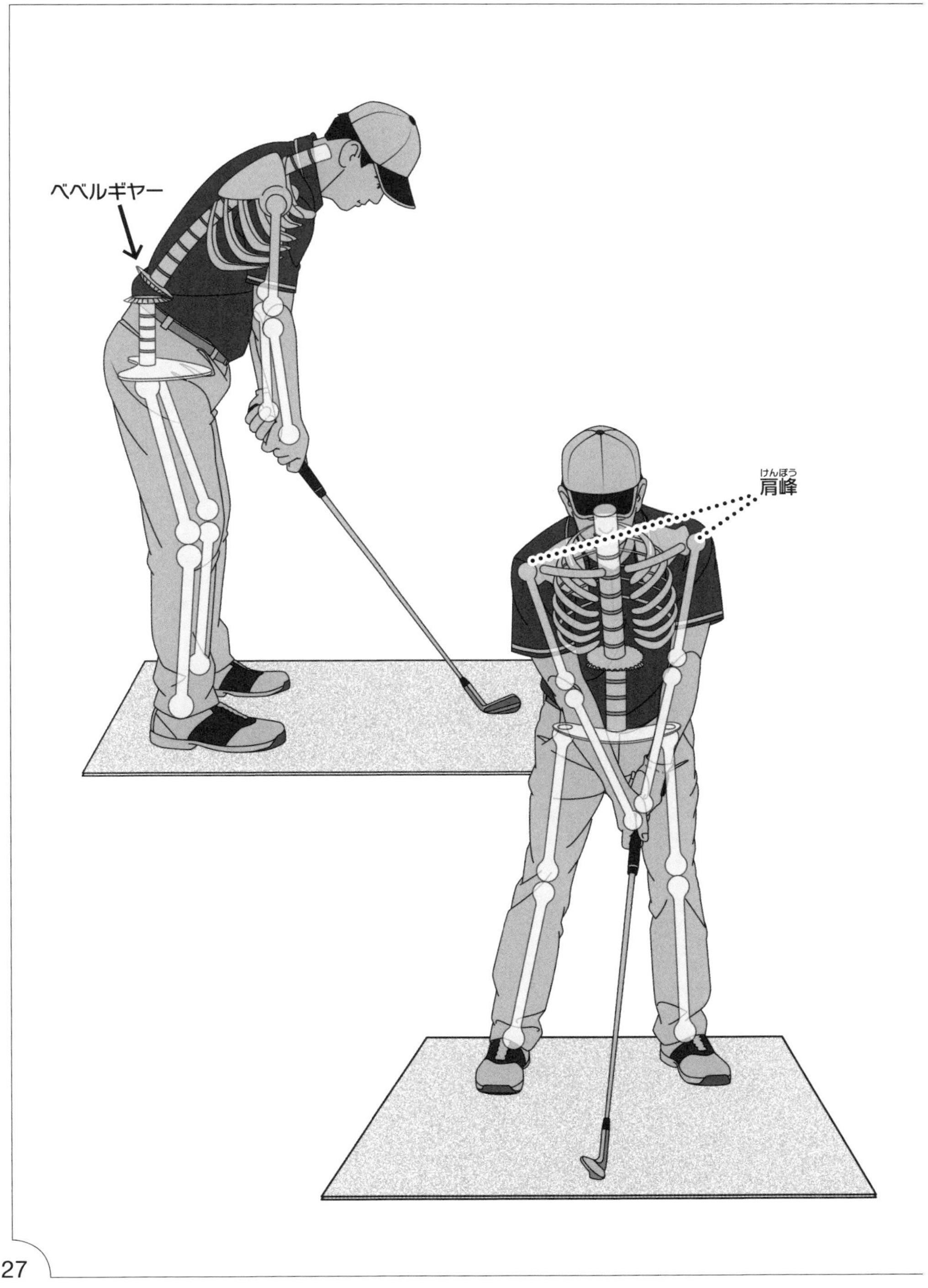
ベベルギヤー
肩峰《けんぽう》

いで腰椎と骨盤が動きます。つまり、右手に引っ張られて左肩甲骨が引き出され、左肩甲骨が動くのに引っ張られて肋骨が右に回転し、肋骨の動きにつれて今度は骨盤が右に回転する。それによって、ショルダーラインは90度回っています（けっして体を回そうとしてはいけません）。

このときのクラブの動きは、テークアップの始動でグリップを腰の高さまで動かすと慣性力が働いて、クラブはそのまま上がっていきます。

あとは、右耳後ろにつり革をイメージして、それをつかむ要領で腕を上げるだけです（左イラスト参照）。

このテークアップの始動で注意することはただ1つ、X点をターゲットラインと平行な平面上を動かすことだけです。

一般に、テークバックでは肩を90度回し、骨盤を45度回せという教えがありますが、両ひじを自然に伸ばして右耳の後ろに上げていくだけで、その形になるのです。だから、あえて「テークアップ」と表現しています。

テークアップでは、骨盤の回転の支点は左股関節になりますが、トップを作る過程では右足裏が支えになります。右足裏がつっかえ棒になってトップができるのです。

左股関節を支点にして、上体は左肩甲骨➡肋骨➡骨盤と回転していき、右足裏の摩擦が作用するとトップができます。

テークアップの過程で左足がめくれることはなく、右足に体重を乗せることもありません。左足外側が軽く浮くくらいの感触です。

繰り返しますが、骨盤は左股関節中心で回ります。肩甲骨、肋骨は左胸鎖関節（G点）中心で動きます。

両肩峰を結んだショルダーラインは、背骨に対して直角に回るだけなので、トップで左肩はあまり下がりません。むしろテークアップでは、ショルダーラインは水平に近い平面上を回転するのが、自然な動きです。

※ショルダーライン
両肩峰（27 ページ参照）を
結んだ線のこと

トップ・オブ・スウィング

右ひじを自然に
伸ばしたまま上
げるだけ
トップ・オブ・スウィングではストレス
があってはならない。右耳後ろにつり革
を想定しそれをつかむイメージで両腕を
上げれば体は連鎖して動く
しいて言えば右足内側に
体重を感じる

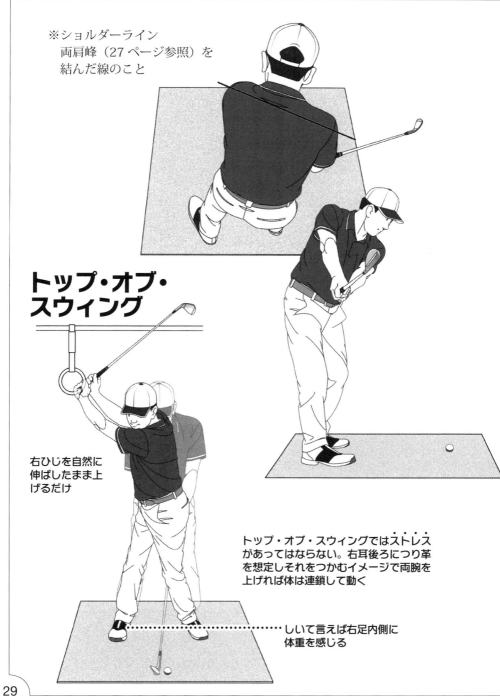

9

スライド・ダウン：クラブの軌道を正しい方向に導く

●ダウンスウィングではX点は垂直に近い面を動く

テークバックでは、ショルダーラインは水平に近い平面上を動くと、述べました。この動きを見て「肩は水平に回る」という説が出てきたのかもしれません。でも、ご注意ください。

ショルダーラインが水平に近い平面上を回転するのは、セットアップからトップ・オブ・スウィングまでです。そこからダウンスウィングに入る時、右肩は下がり左肩が上がって、X点は垂直に近い平面を下ります。

多くのゴルファーは、腰も肩も水平に回転すると思っているようですが、じつは違います。テークアップでは肩は水平に回転しますが、トップ・オブ・スウィングからは、肩は垂直に近いタテ回転をします。両肩峰を結んだショルダーラインがヨコ回転していると、方向性は出せないのです。

改めて**ダウンスウィング**の体の動きを細かく紹介します。

まずトップ・オブ・スウィングまでいったら、そこからフットワークを使って両ひざをターゲット方向に押し込み骨盤を左にスライドさせます。肋骨が変形し、腕が右体側にくっつくように下りてきます（左のイラスト①）。

左のイラスト②では、肋骨を提灯に見立てて描きましたが、骨盤をほんの少し左にスライドさせた瞬間に胴体の右側が縮んで、その右わき腹に右ひじが下りてくるのです。バームクーヘン状に右体側が窮屈になるのです（イラスト③）。

言い換えると、骨盤の回転力が胸腰移行部でベベルギヤー（傘歯車）のように働くことで、肋骨上部と肩のラインがタテに回転し、その動きに左腕が同調して腕がタテに振れる、というダウンスウィングの一連の流れができるのです。人間の体には「連鎖性」があり

スライド・ダウン

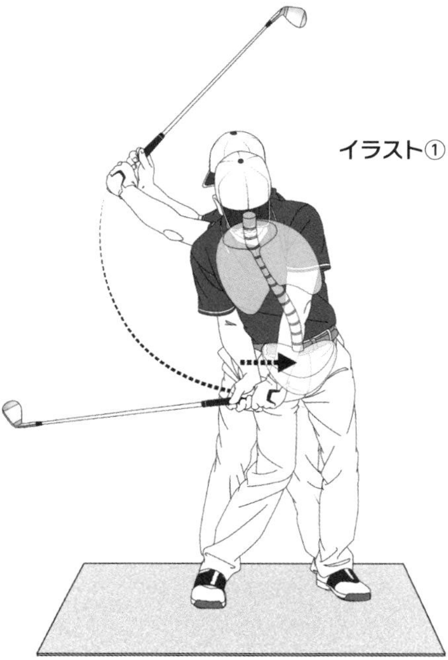

イラスト①

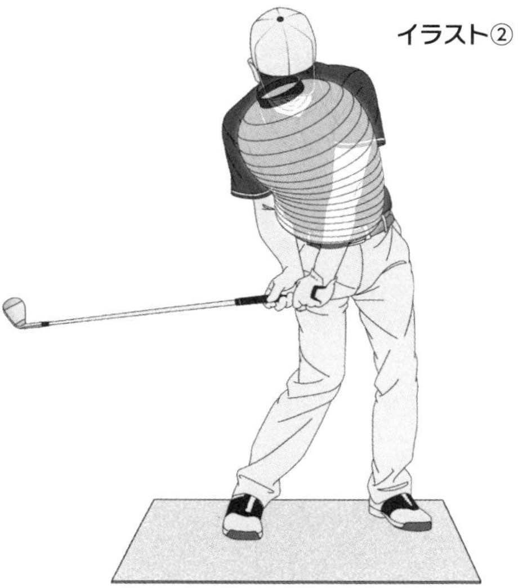

イラスト②

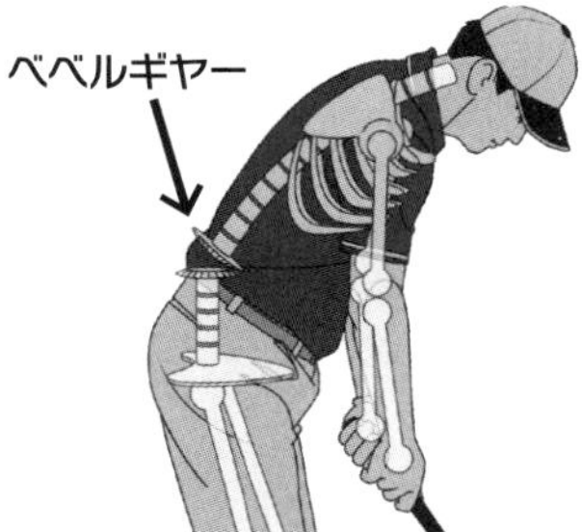

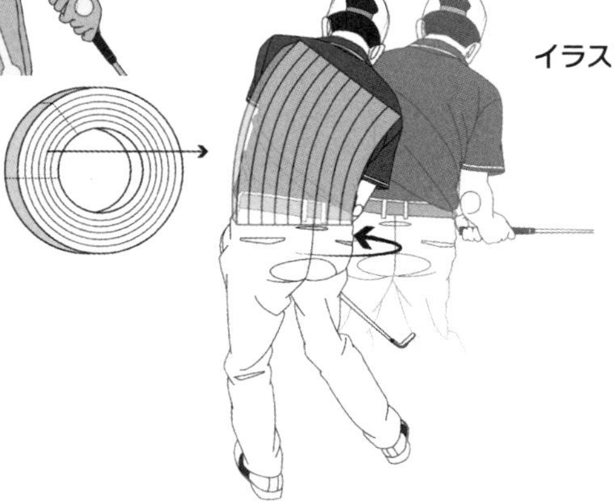

イラスト③

ます。どこか1つを動かすと他が連動して動く仕組みになっています。それがまさに、スライド・ダウンによって起こるのです。

このときの上体の部分だけを取り出して説明すると、テークバックでショルダーラインが動いた平面は、ダウンスウィングが始まった途端、大きく右に傾きます。そのとき右肩は「つの字」を描きます。その動きがシャフトの長さで増幅され、先端にあるクラブヘッドは一層大きな「つの字」を描きます。それによってシャフトはしなり、ヘッドスピードを上げる原動力になります。

20ページで、ジャストミート3原則の③「インパクトエリアでフェースがターゲットラインと直角になる」について述べましたが、再度、イラストを使って詳細に説明します。

左上のイラストは、インパクトエリアで右ひじが徐々に伸びながら右前腕が回内する（反時計方向に回る）様子をイラストにしたものです。トップで浮いていた右ひじがスライド・ダウンによって右わき腹にくっつきます。

トップ・オブ・スウィングで曲がっていた右ひじは重力と慣性力でインパクトに向けて伸ばされます（自然に起きる動きなので、決して自分で力を入れてはいけません）。右ひじが伸ばされる動きと連鎖して右前腕は回内し、それに連動して左前腕の回外と左上腕の外旋が起こります。この一連の動きによってインパクト直前に正面を向いていた左手の甲は、ターゲットラインに対して直角に向きを変えます。左手の甲とフェースの向きは同じなので、インパクトではフェース面もターゲットラインと直角になるというわけです。この左前腕の動きを「レバーアクション」と言います。

ゴルファーの中には、インパクトエリアでフェース面がターゲット方向に戻らない人が少なくありません。そのような人は、意識してレバーアクションを入れるようにしましょう。左手の小指、薬指、中指の3本の指に力を入れてクラブを握り込むと、左前腕は回内します。脳から出す指令は筋肉に届くのに0・2秒ほどかかるので、インパクトより早いタイミングで指令を入れることが大事です。

ちなみにインパクト直前の、シャフトが地面と平行になる位置（スライド・ダウン後）から、打ち終わるまで足は動かしません。

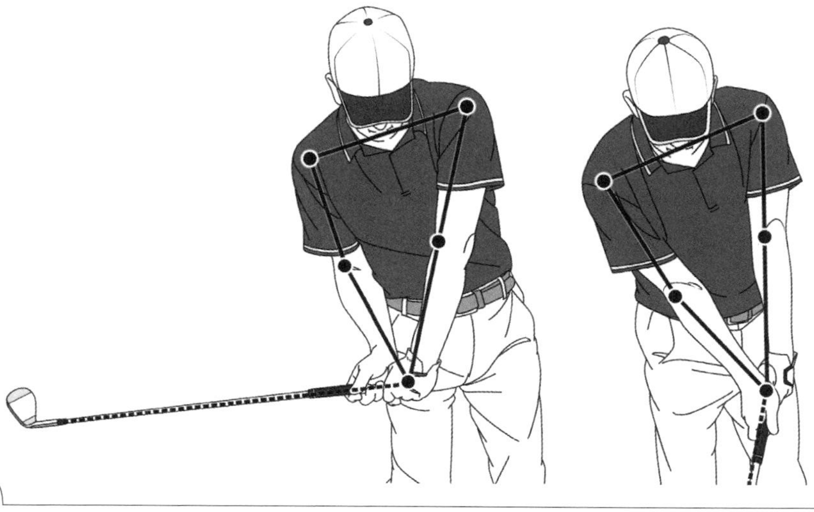

10

ターンアップ：スウィングで唯一力を入れるパート

●フォロースルーでは背骨が反る

スライド・ダウン後はインパクトの手前から左肩甲骨を背骨に寄せて、両腕を反時計方向に回しながら両ひじを曲げるのです。

クラブヘッドには相当な質量がありますので、そのヘッドの重みに引っ張られて両ひじは伸ばされ、体は勝手にターゲット方向に向き、自然にフィニッシュを迎えます。

①左肩甲骨を背骨に寄せる
②両前腕を反時計方向に回転させる
③両ひじを曲げる

この3つは、スウィングで唯一力を入れるパートです。

よく、フォロースルーでは体重を左に乗せよ、という人がいます。でも、左に体重を乗せることは「する」ことではありません。勝手にそう「感じる」のです。

具体的にいうと、フォローでは左サイドの体重が、左方向に振られたクラブヘッドの遠心力と釣り合って、左に移動したように感じられるだけなのです。それを自分で左に乗せていこうとするから、スウィングが難しくなるのです。

インパクトから先は、何もしない。ただ、フォロースルーのクラブの動きに合わせて、背骨が反る許可を体に出しておいてください。それだけで、右かかとは上がり、自然に体（両肩）は回っていきます。さらにフォロースルーで背骨が反って、右かかとが上がれば自然にフィニッシュはできます。

22ページのグリップの項で、アドレスで右手首は背屈とう屈していると説明しました。とう屈しているから、前腕とシャフトには150度の角度ができ、その角度をキープしたまま打てば、ダフリやトップはなくなると申し上げてきました。

とう屈と背屈をキープしたまま、親指が左肩を指すように両ひじを曲げるのです。そうすることで、グリップエンドの動きはごく小さいのに、クラブヘッドの運動量はすごく大きくなります。当然、クラブヘッドのスピードは増し、かつ実際のスウィングでは右から左に振る慣性が働いているために体が目標方向に向いていき、右手が返ったように見えます。

右手は「返す」のではなく、返ったように「見える」だけです（実際に返るのは左肩の前あたり）。

右手首のとう屈と背屈をキープして背骨を反らせば、フォロースルーでクラブヘッドは高い位置に上がり、クラブは体に巻きついていきます。

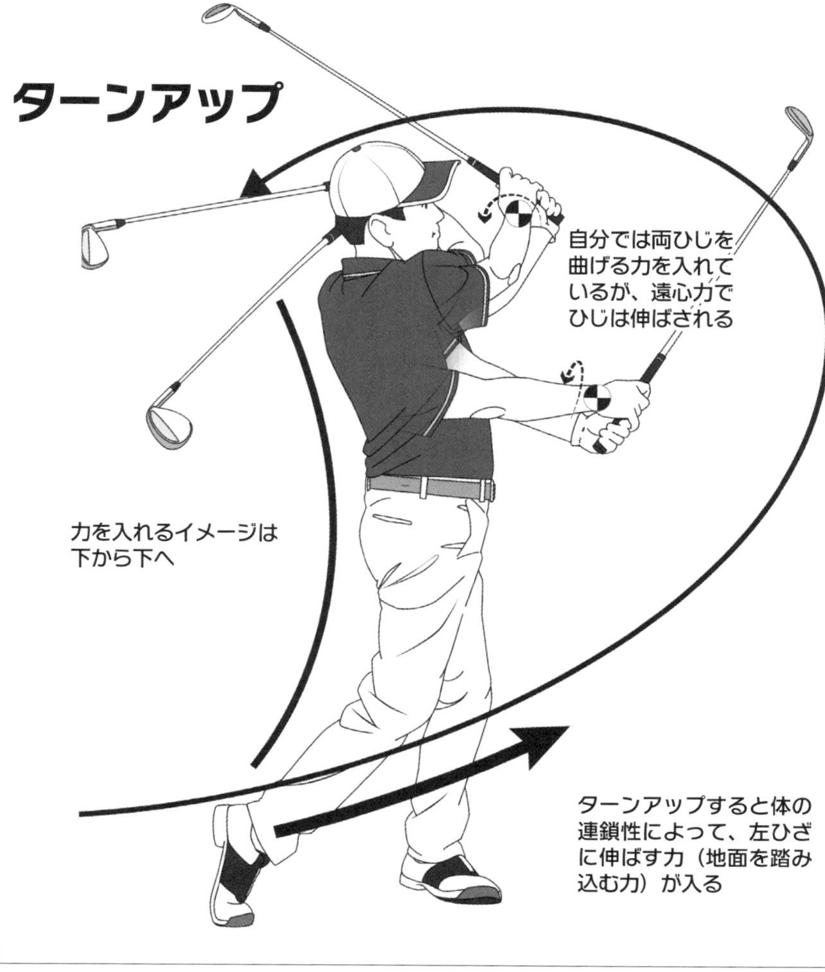
ターンアップ
自分では両ひじを曲げる力を入れているが、遠心力でひじは伸ばされる
力を入れるイメージは下から下へ
ターンアップすると体の連鎖性によって、左ひざに伸ばす力（地面を踏み込む力）が入る

11

フィニッシュ：スウィングの良し悪しが確認できる

●伸張反射で「決めポーズ」

Sスウィングでは、ライがよければダフることやトップすることはなく、打ち終わったあと、フィニッシュで体勢が崩れることも100パーセントあり得ません。

それは自分で「する」のではなく、クラブの慣性や、体の連鎖性によって、勝手にそう「なる」ようにしているからです。それはスウィングのすべての部分で言えます。

ヘッドスピードが上がると、両ひじは体から離されます。

皆さんは伸張反射という言葉を聞いたことがありませんか。

脊髄反射の1つで、骨格筋が受動的に伸ばされ、これ以上伸ばしたら切れるというとき、その筋が反射的に収縮する現象です。その反射的な動きの伸張反射が良いスウィングをした時に、大胸筋や腹筋に作用します。

本来両ひじは、体にくっついていようとする性質があります。

この性質を利用し、フォロースルーでクラブを高く振り上げられ、背中のほうまで回ったら、伸張反射の作用で両ひじは体側に戻ります。

良いスウィングに共通した「決めポーズ」は、意識してすることではなく自然になることなのです。

左下のイラストのような形に収まったフィニッシュは、スウィングはバランスを含め完璧だった証拠なのです。

腰上から両ひじへ「糸」を伸ばすようなイメージを持つ

第2部
漫画でわかるSスウィングの正体

漫画ページは『ゴルフレッスンコミック』に連載された
「佐久間馨のゴルフってむずかしい？　そんなの大ウソ！」
（脚本·あまくさとあそ/画·張慶二郎）を再編集したものです。

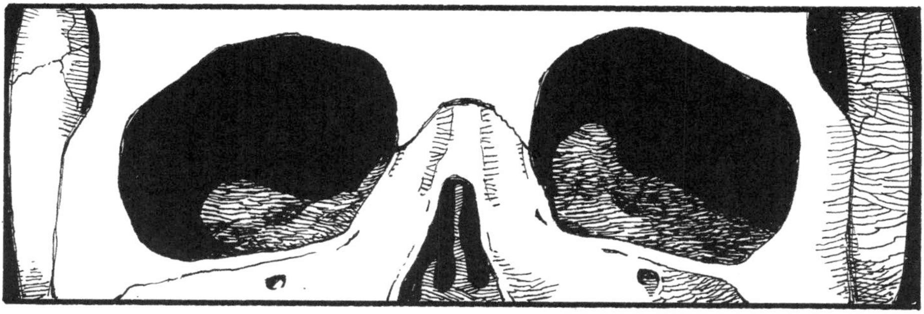

第1講
人間の潜在能力

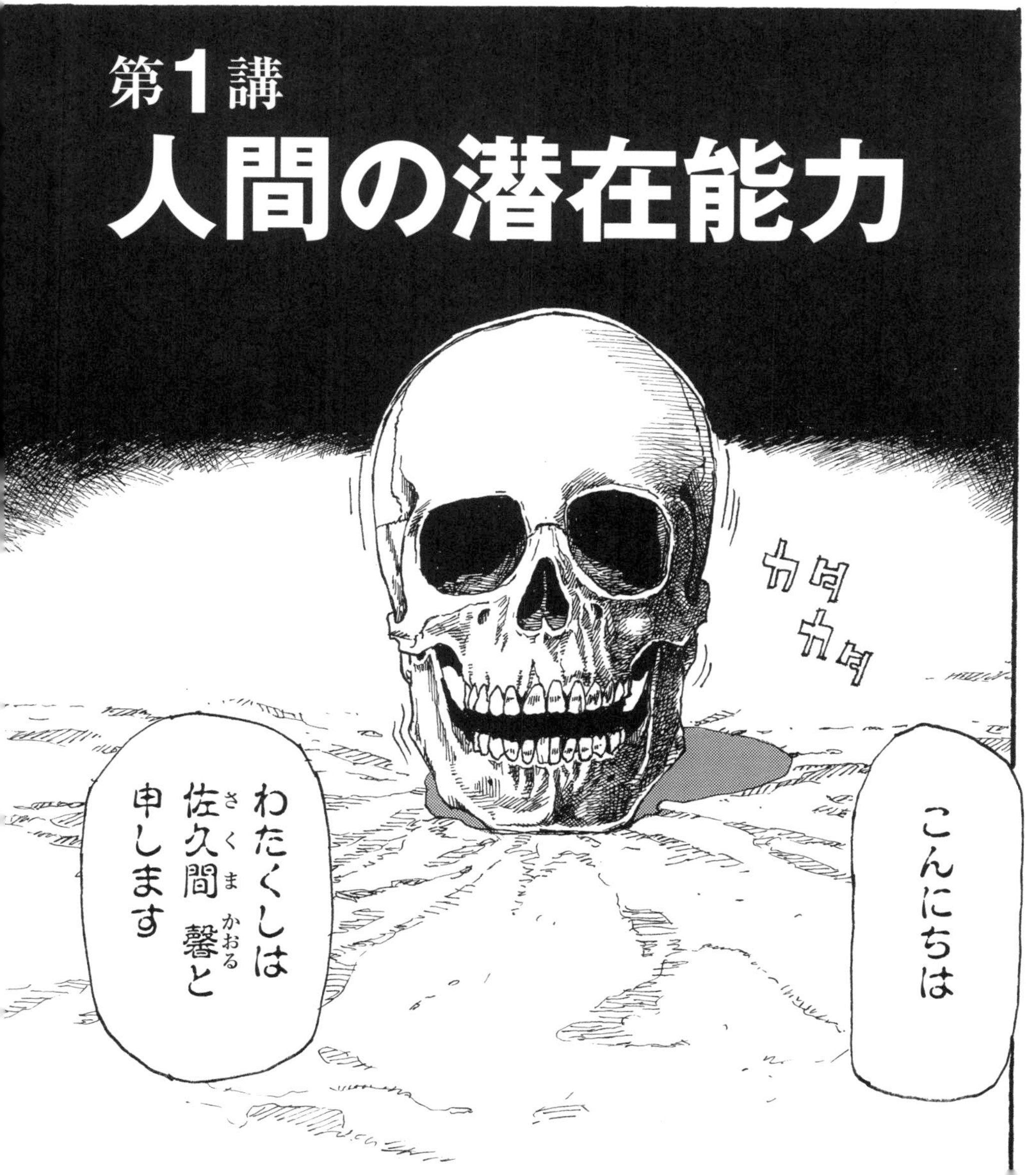

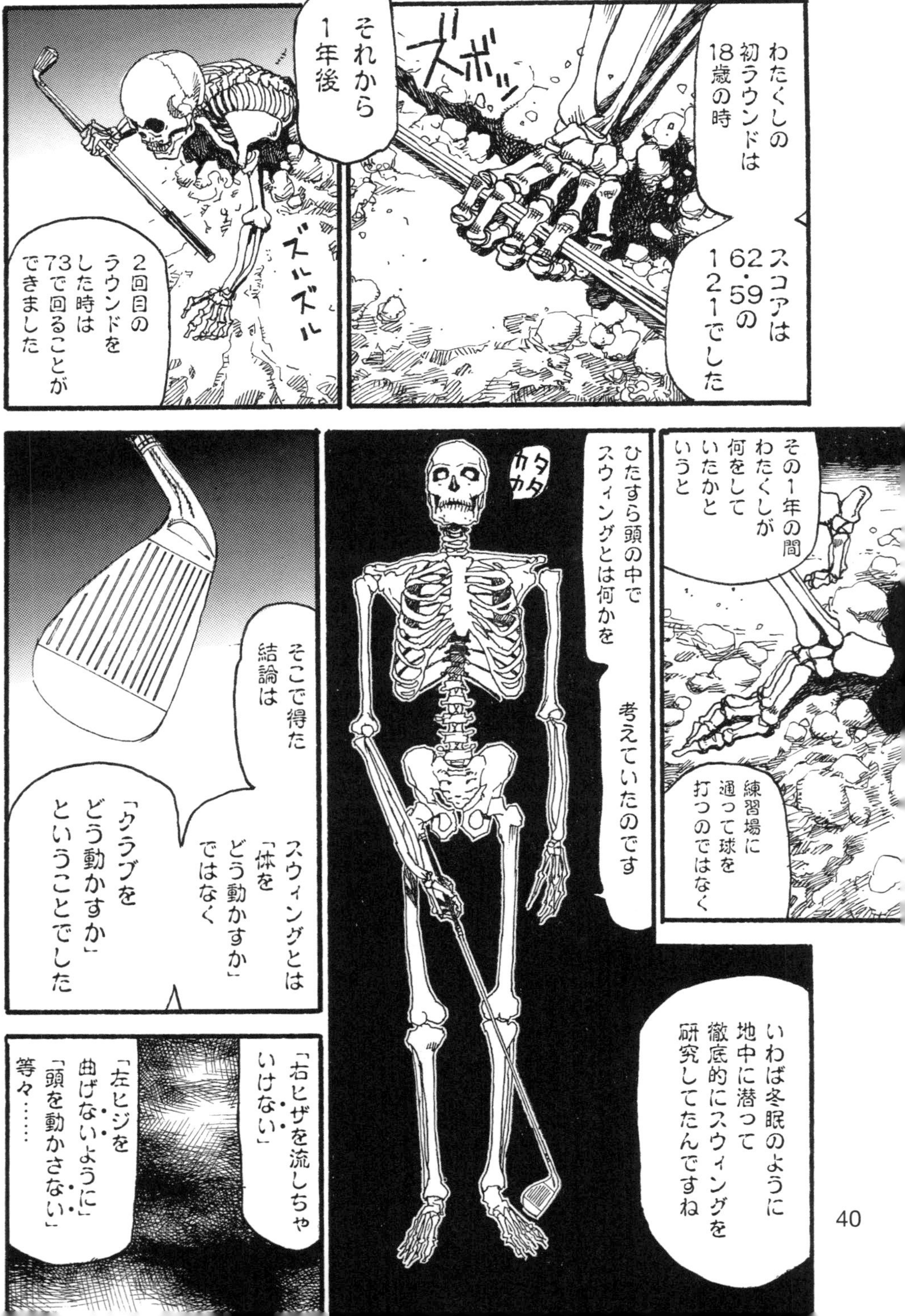
わたくしの初ラウンドは18歳の時
ズボッ
スコアは162・59の121でした
それから1年後
ズルズル
2回目のラウンドをした時は73で回ることができました
その1年の間わたくしが何をしていたかというと
練習場に通って球を打つのではなく
ひたすら頭の中でスウィングとは何かを
考えていたのです
カタカタ
いわば冬眠のように地中に潜って徹底的にスウィングを研究してたんですね
そこで得た結論は
スウィングとは「体をどう動かすか」ではなく
「クラブをどう動かすか」ということでした
「右ヒザを流しちゃいけない」
「左ヒジを曲げないように」
「頭を動かさない」
等々……

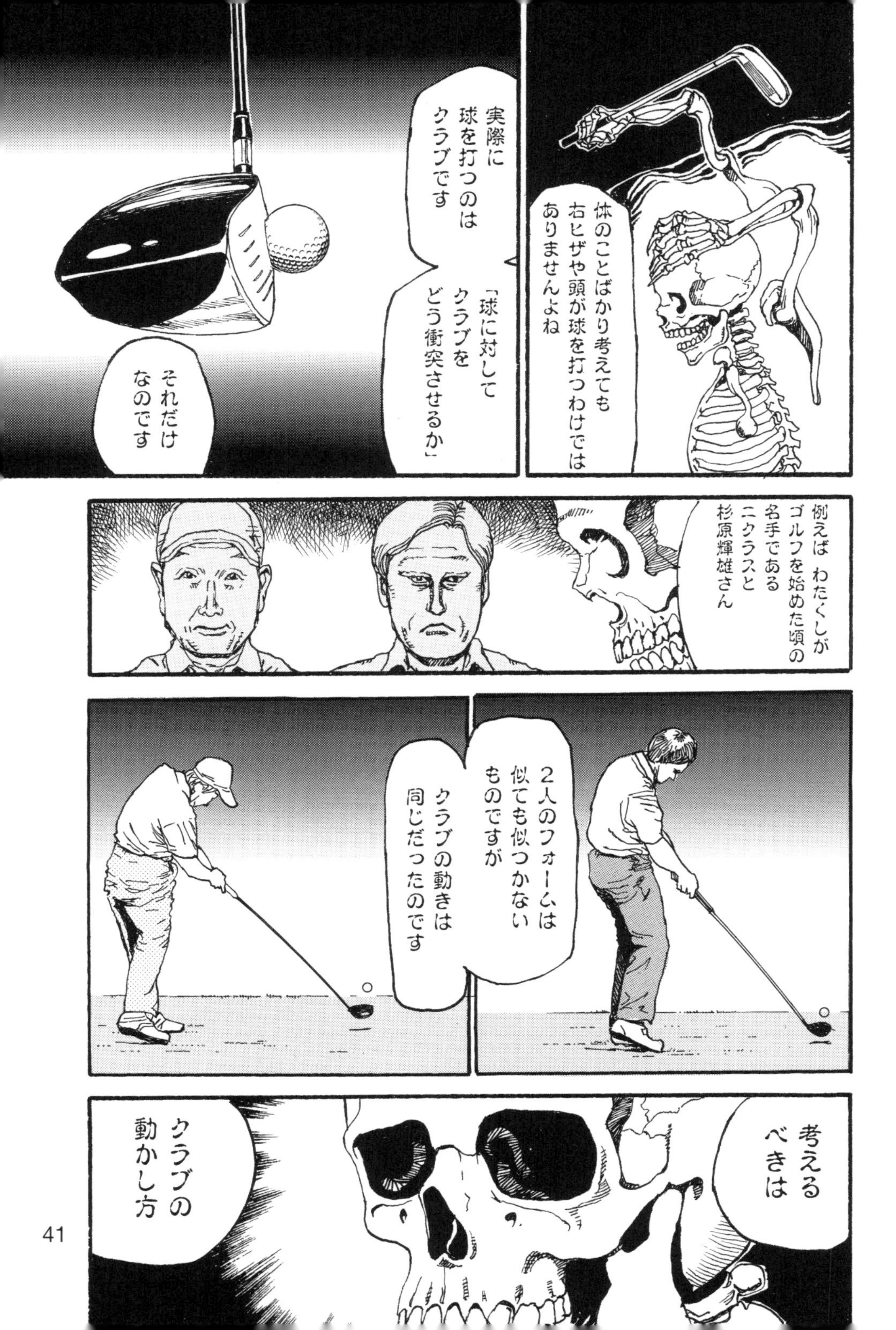
体のことばかり考えても右ヒザや頭が球を打つわけではありませんよね
実際に球を打つのはクラブです
「球に対してクラブをどう衝突させるか」
それだけなのです
例えば わたくしがゴルフを始めた頃の名手であるニクラスと杉原輝雄さん
2人のフォームは似ても似つかないものですが
クラブの動きは同じだったのです
考えるべきは
クラブの動かし方

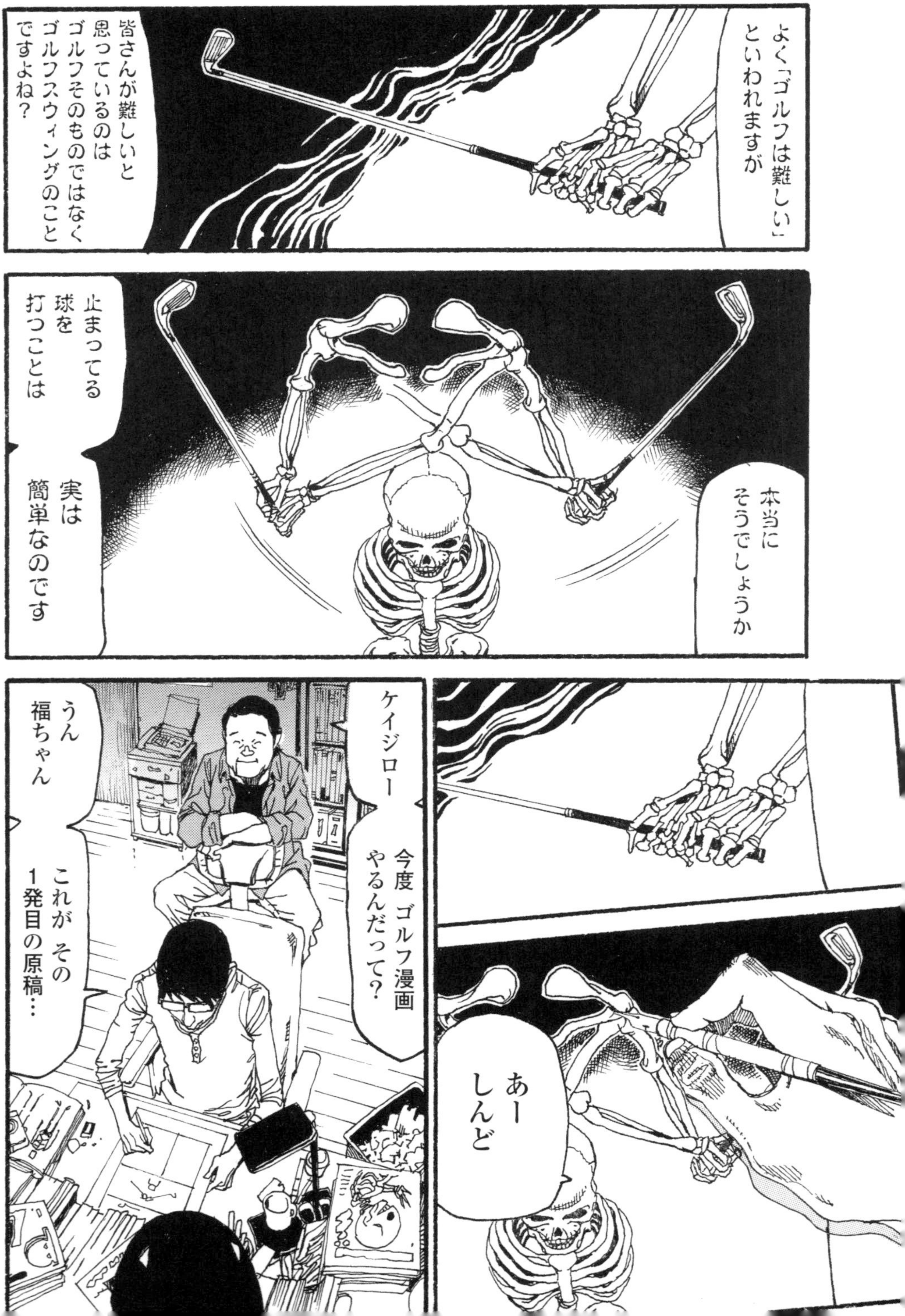
よく「ゴルフは難しい」といわれますが
皆さんが難しいと思っているのはゴルフそのものではなくゴルフスウィングのことですよね？
本当にそうでしょうか
止まってる球を打つことは
実は簡単なのです
あー しんど
ケイジロー
今度 ゴルフ漫画やるんだって？
うん 福ちゃん
これが その1発目の原稿…

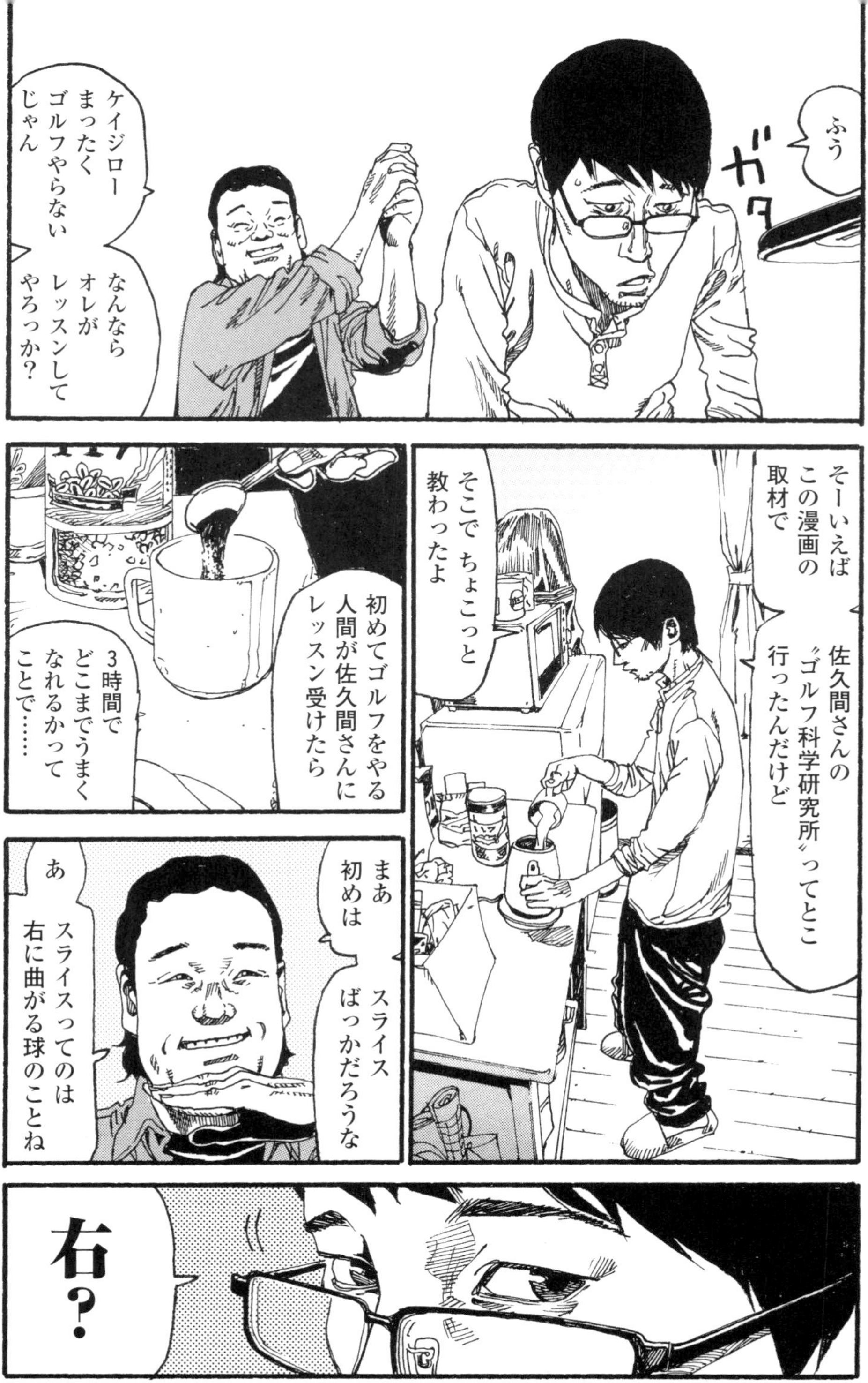
ふう
ガタ
ケイジロー まったく ゴルフやらない じゃん
なんなら オレが レッスンして やろっか？
そーいえば この漫画の 取材で
佐久間さんの〝ゴルフ科学研究所〟ってとこ 行ったんだけど
そこで ちょこっと 教わったよ
初めてゴルフをやる 人間が佐久間さんに レッスン受けたら
3時間で どこまでうまく なれるかって ことで……
まあ 初めは
スライス ばっかだろうな
あ
スライスってのは 右に曲がる球のことね
右？

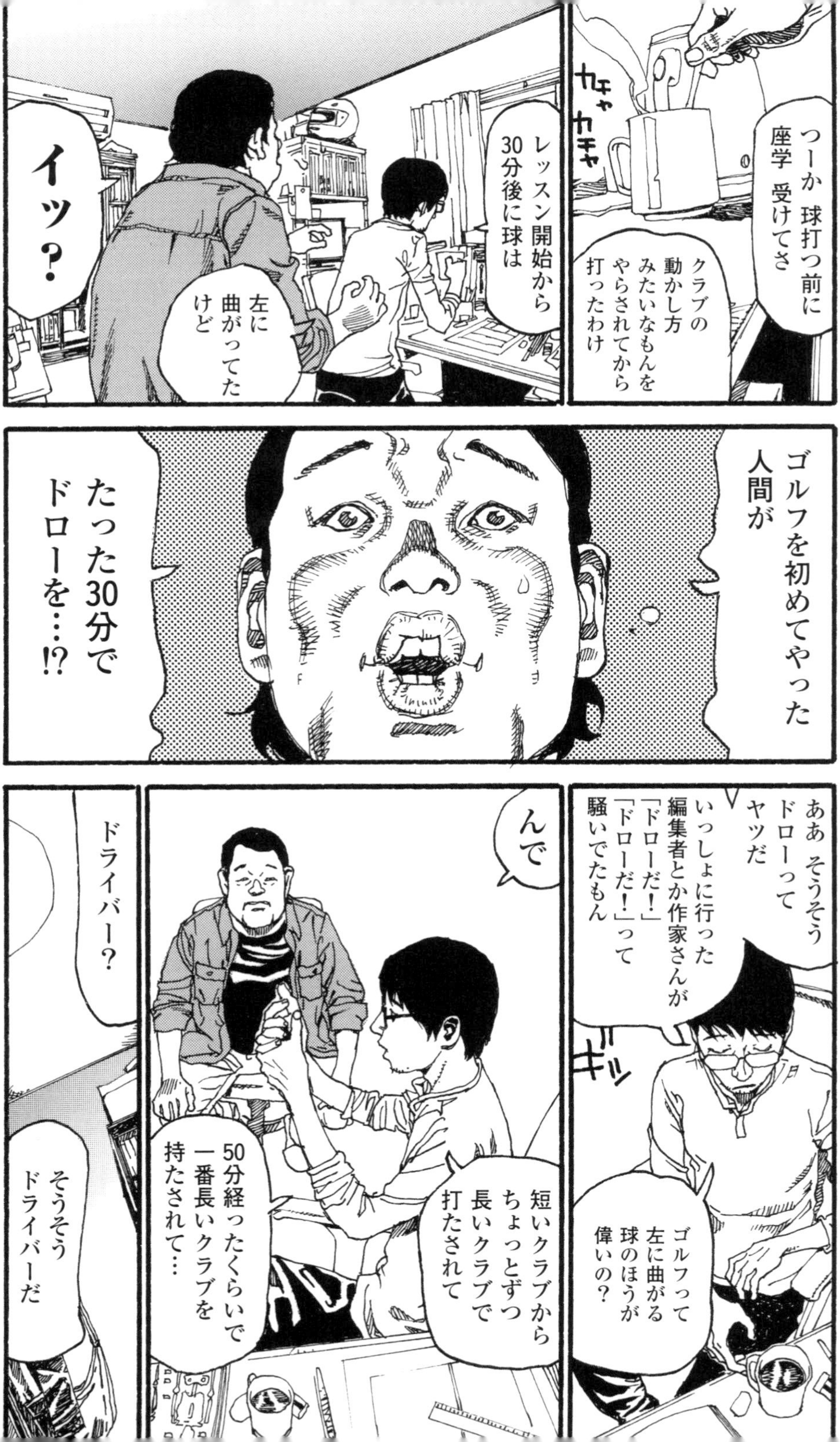
カチャ カチャ
つーか 球打つ前に 座学 受けてさ
クラブの 動かし方 みたいなもんを やらされてから 打ったわけ
レッスン開始から 30分後に球は
左に 曲がってた けど
イッ?
ゴルフを初めてやった 人間が
たった30分で ドローを…!?
ああ そうそう ドローって ヤツだ
いっしょに行った 編集者とか作家さんが 「ドローだ!」 「ドローだ!」って 騒いでたもん
ギッ
ゴルフって 左に曲がる 球のほうが 偉いの?
んで
短いクラブから ちょっとずつ 長いクラブで 打たされて
50分経ったくらいで 一番長いクラブを 持たされて…
ドライバー?
そうそう ドライバーだ

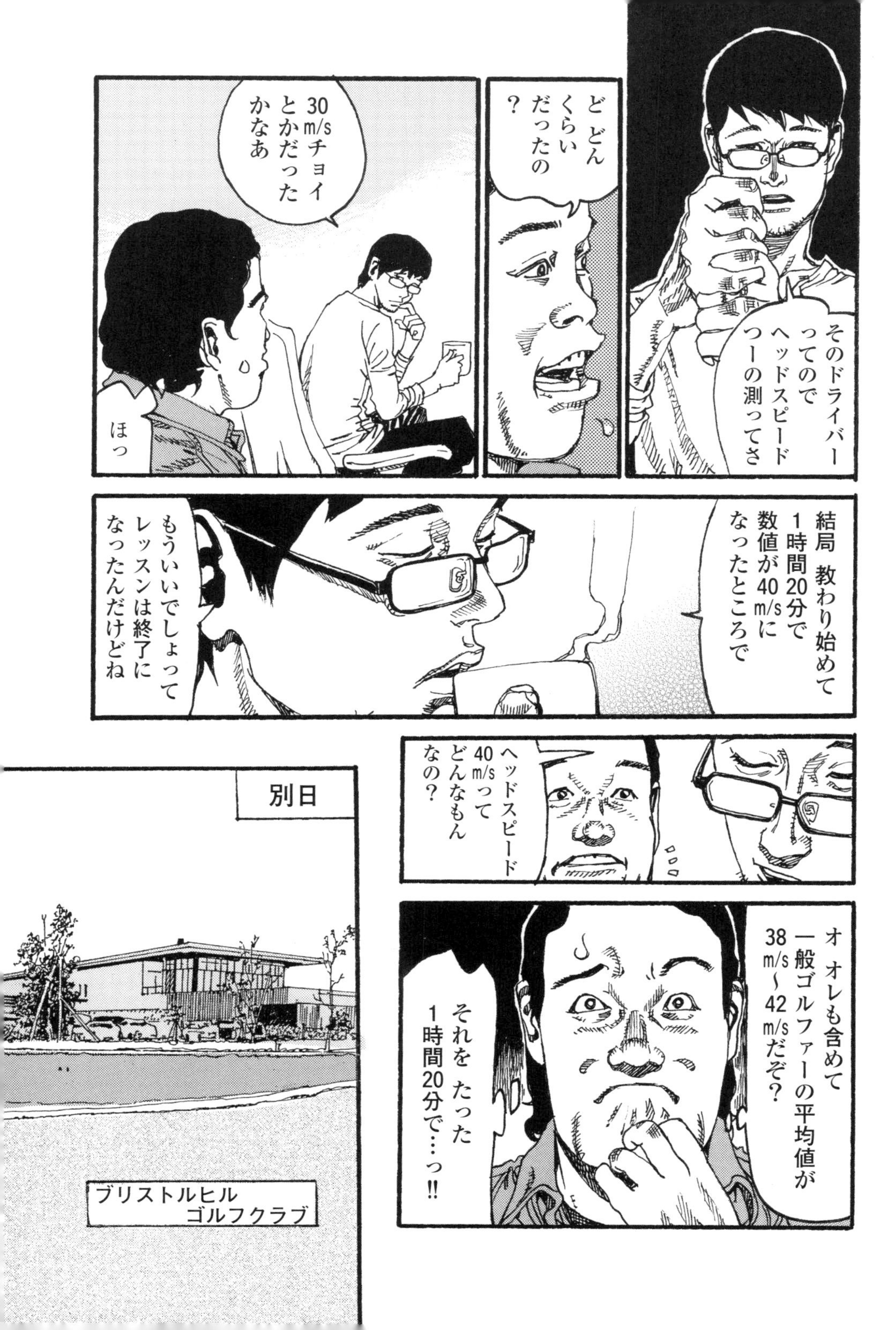

そのドライバーってのでヘッドスピードつーの測ってさ
ど どんくらいだったの？
30m/sチョイとかだったかなあ
ほっ
結局 教わり始めて1時間20分で数値が40m/sになったところで
もういいでしょってレッスンは終了になったんだけどね
ヘッドスピード40m/sってどんなもんなの？
オ オレも含めて一般ゴルファーの平均値が38m/s～42m/sだぞ？
それを たった1時間20分で…っ!!
別日
ブリストルヒルゴルフクラブ

ようこそ
Sメソッドゴルフの世界へ！
あ…
もっと こう……
キラッ
ポコン
あなたが佐久間さん？
ゴルフ始めて1年でワンオーバーで回った人っていうから
あはは！50過ぎてから出てきましてね
背も168cmしかないし フツーのオッサンでしょ
ポンポン

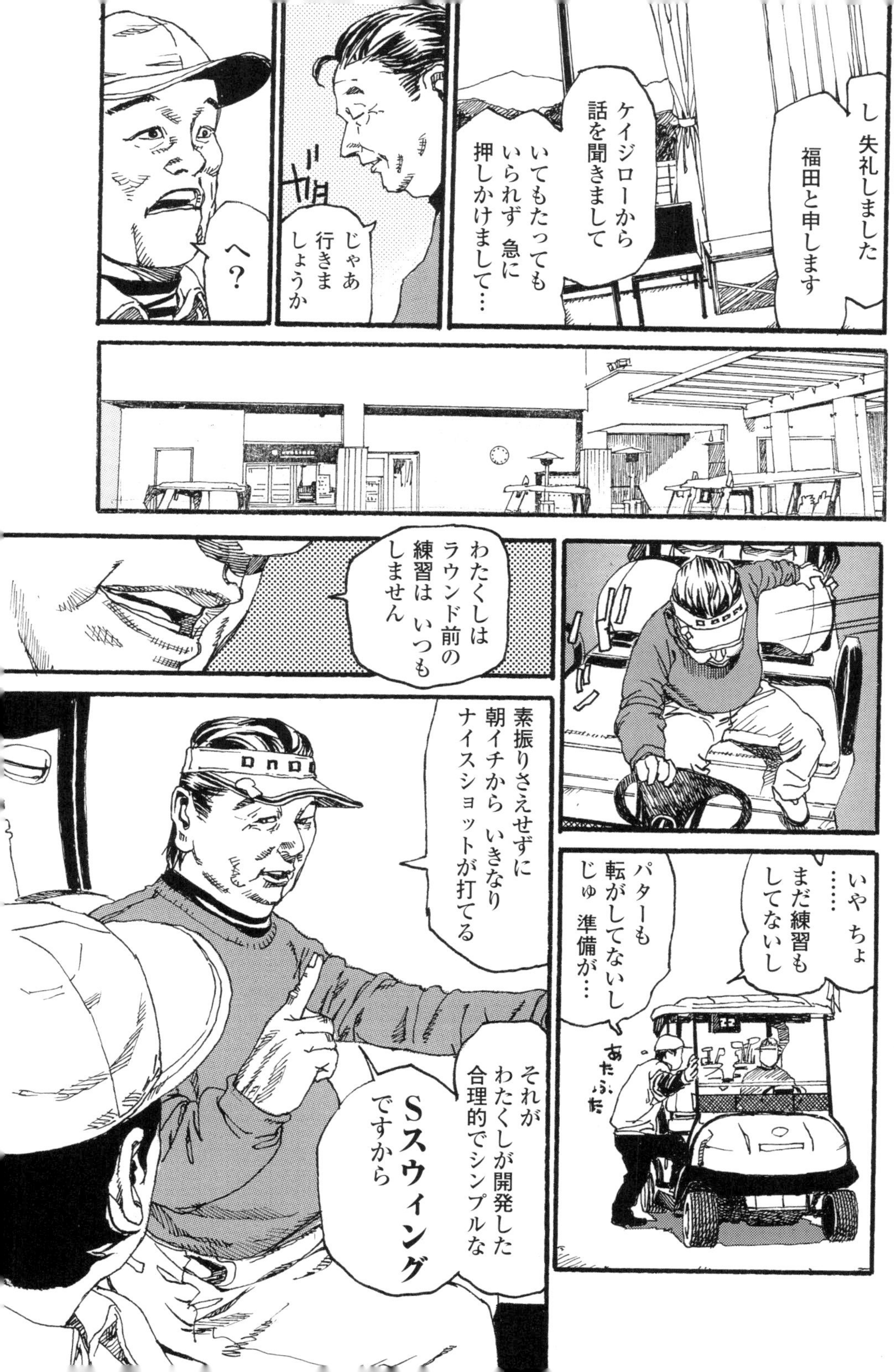
し 失礼しました
福田と申します
ケイジローから話を聞きまして
いてもたってもいられず 急に押しかけまして…
じゃあ行きましょうか
へ？
わたくしはラウンド前の練習は いつもしません
いや ちょ……
まだ練習もしてないし
パターも転がしてないし じゅ 準備が…
あたふた
素振りさえせずに朝イチから いきなりナイスショットが打てる
それがわたくしが開発した合理的でシンプルなSスウィングですから

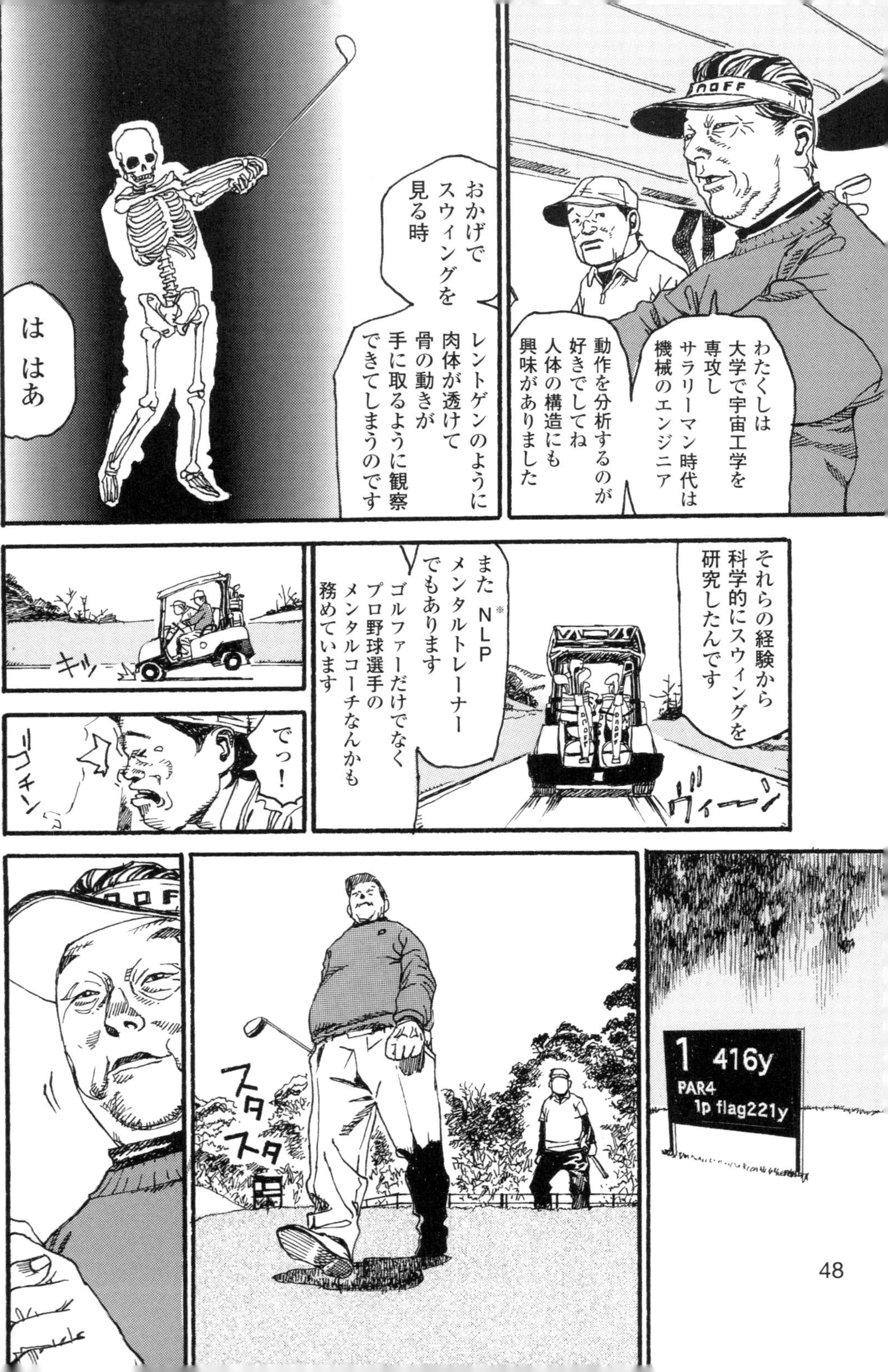
わたくしは大学で宇宙工学を専攻しサラリーマン時代は機械のエンジニア
動作を分析するのが好きでしてね人体の構造にも興味がありました
おかげでスウィングを見る時
レントゲンのように肉体が透けて骨の動きが手に取るように観察できてしまうのです
は はあ
それらの経験から科学的にスウィングを研究したんです
ヴィーン
また※NLPメンタルトレーナーでもあります
ゴルファーだけでなくプロ野球選手のメンタルコーチなんかも務めています
キッ
でっ！
ゴキン
1 416y
PAR4
1p flag221y
スタ
スタ

※Neuro Linguistic Programming=神経言語プログラミング。

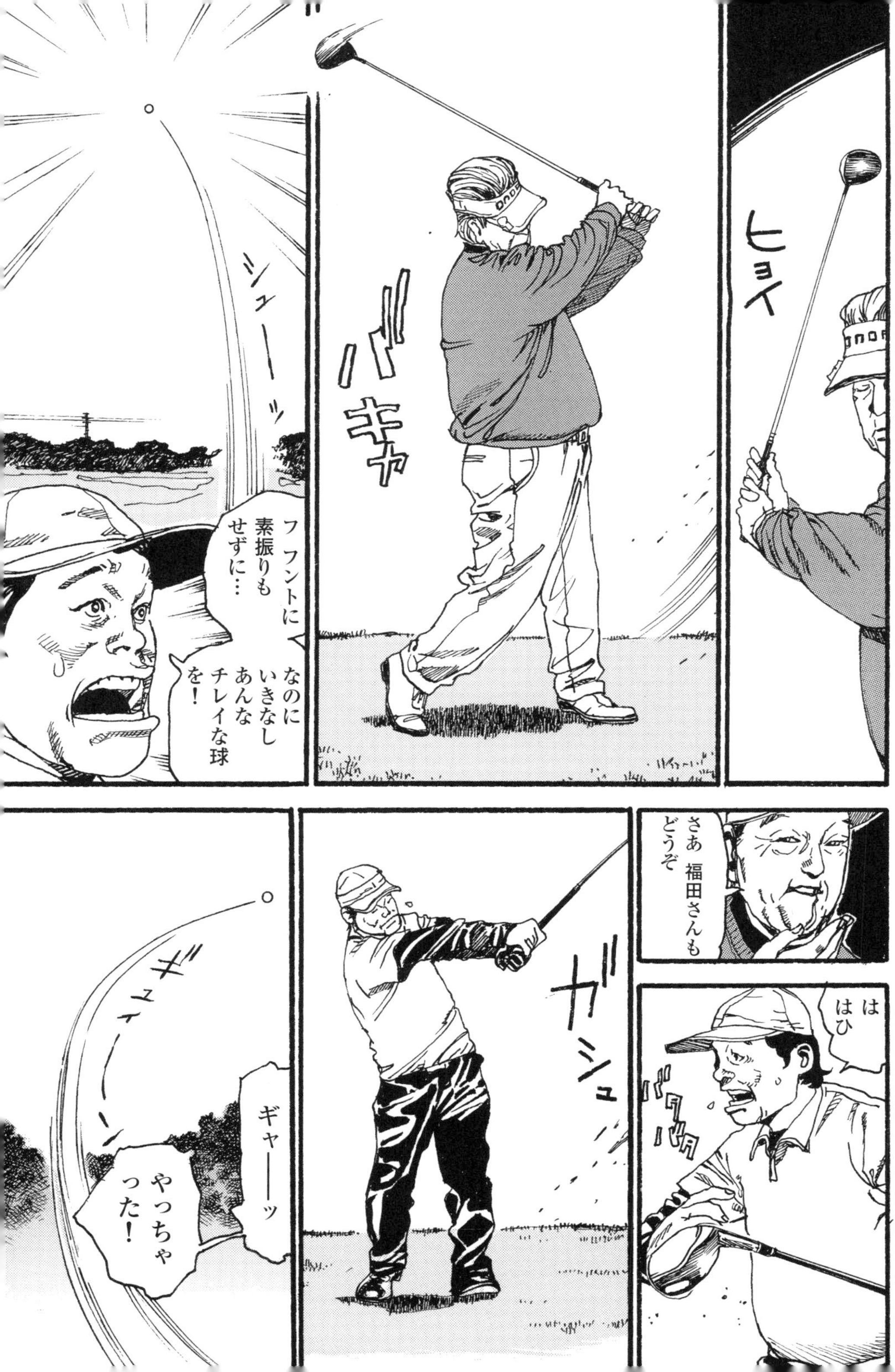
ヒョイ
バキャ
シューーーッ
フフントに素振りもせずに…
なのにいきなしあんなチレイな球を!
さあ 福田さんもどうぞ
は はひ
バタバタ
ガシュ
ギュイーーーン
ギャーーーッ
やっちゃった!

バ バックスウィングで 体のねじりが 足りなかったもんなぁ
もっと深く ねじらない と……
人間の背骨は 17度しかねじれません
それ以上 ねじろう なんて 人体の構造上 ムリなことです
おえ？
ザクッ
あびゃあっ ダフった！
よくダフるん ですよぉぉ〜〜っ
オレっ てば!!
チョロ
じゃあ 今度は 球の上を振れば いいじゃないですか
へ!?

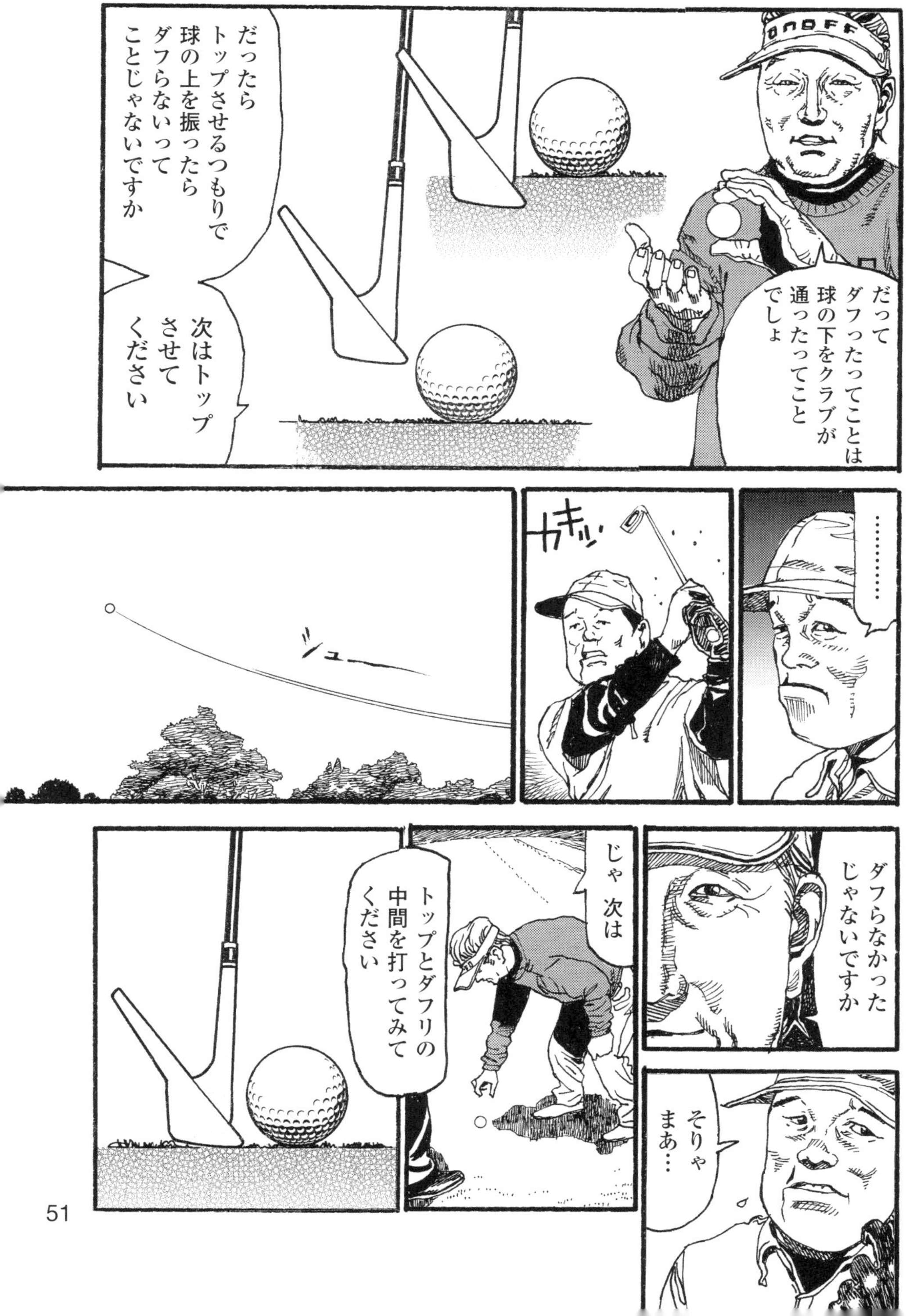
だって
ダフったってことは
球の下をクラブが
通ったってこと
でしょ
だったら
トップさせるつもりで
球の上を振ったら
ダフらないって
ことじゃないですか
次はトップ
させて
ください
…………
カキッ
シュー
ダフらなかった
じゃないですか
そりゃ
まあ…
じゃ 次は
トップとダフリの
中間を打ってみて
ください

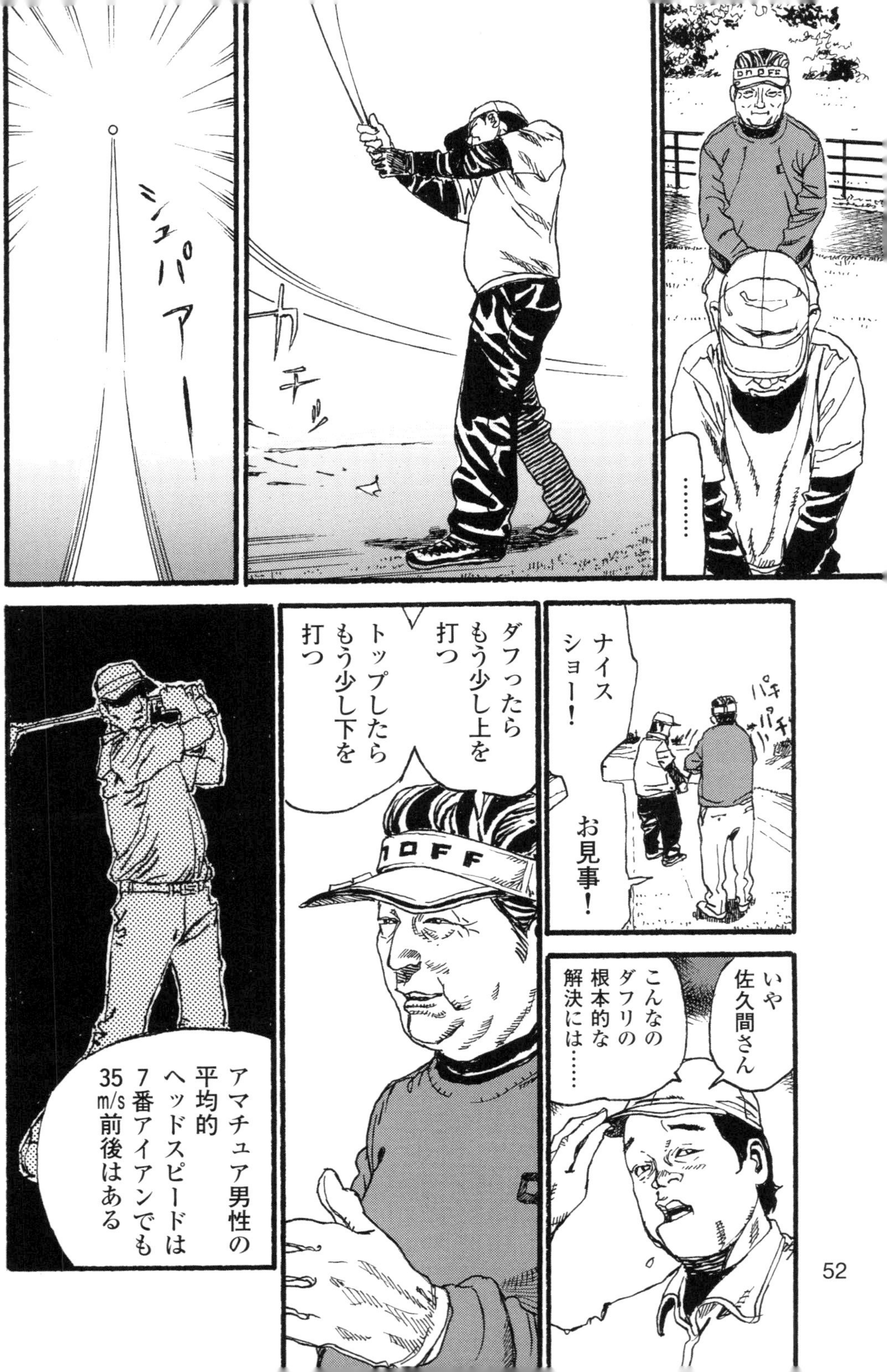
……
カチッ
シュパァーー
ナイスショー！
パチパチ
お見事！
いや佐久間さん
こんなのダフリの根本的な解決には……
ダフったらもう少し上を打つ
トップしたらもう少し下を打つ
アマチュア男性の平均的ヘッドスピードは7番アイアンでも35m/s前後はある

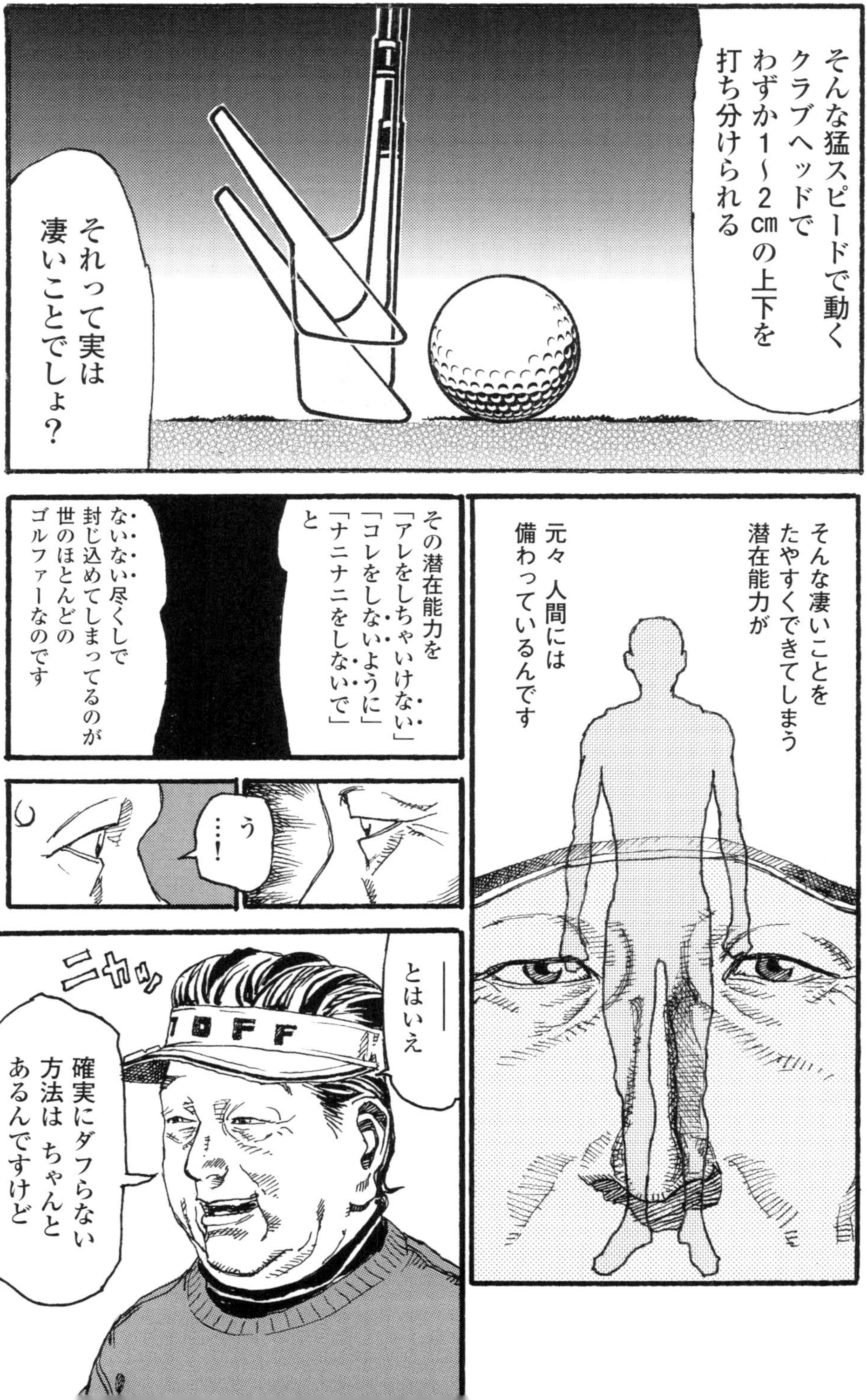
そんな猛スピードで動く
クラブヘッドで
わずか1～2㎝の上下を
打ち分けられる
それって実は
凄いことでしょ？
そんな凄いことを
たやすくできてしまう
潜在能力が
元々 人間には
備わっているんです
その潜在能力を
「アレをしちゃいけない」
「コレをしないように」
「ナニナニをしないで」
と
ない・ない・ない尽くしで
封じ込めてしまってるのが
世のほとんどの
ゴルファーなのです
う…！
ニカッ
――とはいえ
確実にダフらない
方法は ちゃんと
あるんですけど

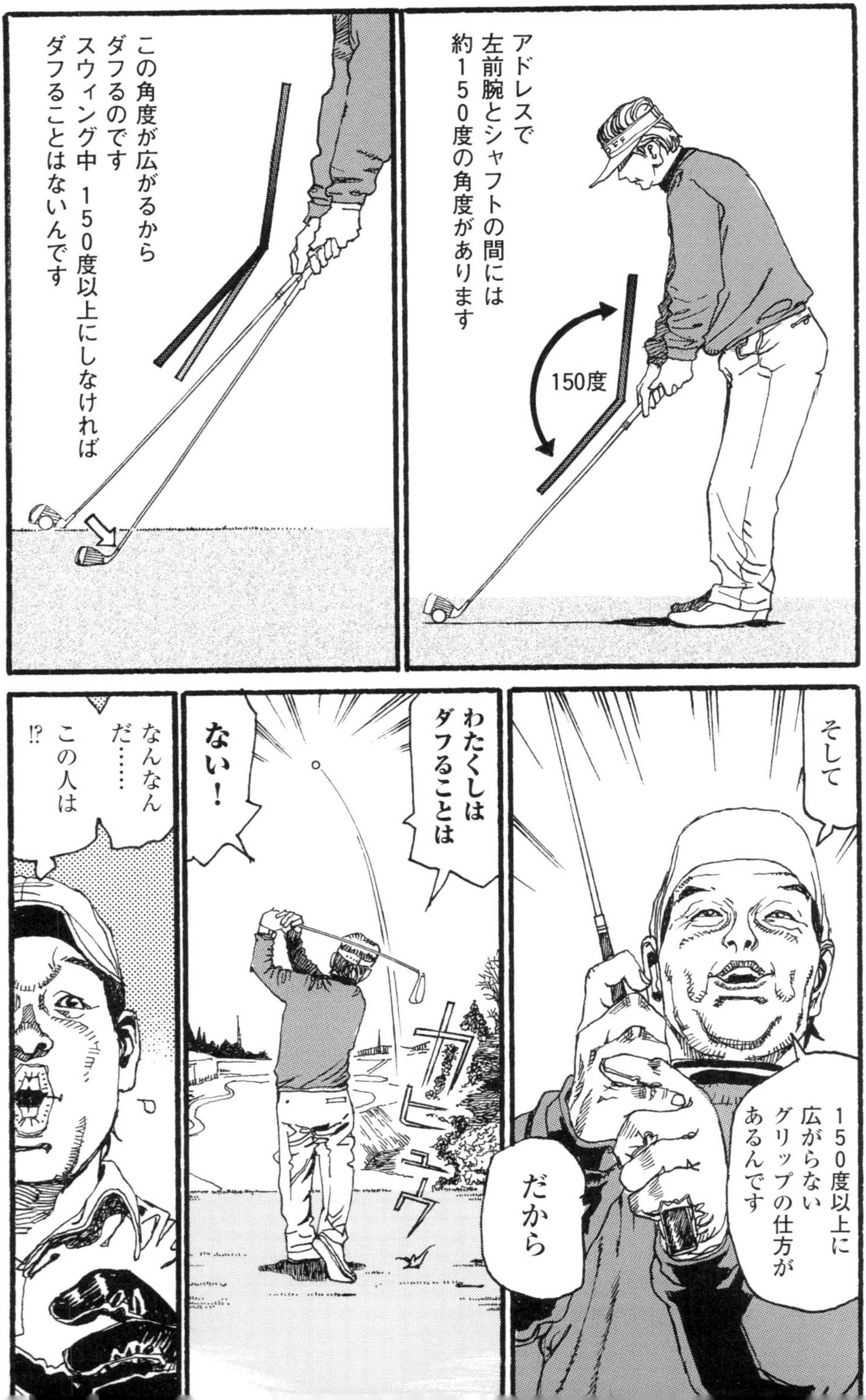
アドレスで
左前腕とシャフトの間には
約150度の角度があります
150度
この角度が広がるから
ダフるのです
スウィング中 150度以上にしなければ
ダフることはないんです
そして
150度以上に
広がらない
グリップの仕方が
あるんです
だから
わたくしは
ダフることは
ない！
なんなん
だ……
この人は
⁉

第2講 でも

佐久間さんはボディターンで打っているじゃないですかっ？
だから あんなショットがビシバシ出るんでしょ！
まったくの初心者であるケイジローが佐久間さんのレッスンを受け
30分後にはドローを打ち1時間20分後にはヘッドスピードが40m/sに達したという話を聞いて
いてもたってもいられず佐久間さんの元を訪れたオレだったが
いいえ
わたくしはボディターンをしている意識は
これっぽっちもありません
むしろアドレス時のままボディは止めておこうと思っているくらいです
でも
佐久間さんのスウィングはトップで背中がフィニッシュでは胸が目標をしっかり向くぐらい
大きくターンしているじゃないですかっ!?

そうですね
けどそれは
「自分でターンをしよう」
としてるんじゃなくて
「結果としてターンしている」
だけなんです
もっと正確にいえば
バックスウィングでは
「ターンしているように見える」
だけなんです
……
これだ
何をいっているのか
分からない
宇宙人としゃべって
いるようなのだ

かと思えば――
ズッヒュウ！
ギューン
ひゃあ――っ
ゲロ飛び！
やっぱダウンスウィングで手首のタメができているから
飛ぶんだなあ
オレも もっと深くタメを作らないと…
！
手首は90度までで鋭角には折れません
骨の構造が そうできているのです
もし それ以上 角度をつけるとすれば骨折してしまいます
ポキーン
お゛ー怖っ

でも…っ！
プロのスウィング写真とか見たら こんなに——
それはスウィングを正面から見てるからです
スウィングプレーンの正面から見れば
90度以下の鋭角に折れているプロなんて1人もいません
その証拠に
手首を90度に折ってる この状態でシャフトを寝かせていくと…
すっ

あ…
あ
あ
あ
ああっ!?

…………
ね？
このとおり
スウィングを正面から見て
タメが深い人は　フラットな軌道で
インサイドからクラブを
下ろしている
コックが
たまっているなあ
コックが
ほどけてるなあ
逆にタメが足りないと思っている
人のほとんどは外からクラブが
下りてきているんです
理路整然と
ゴルフの常識を覆す
人体の構造とかを
持ち出してくるんだ

そうか…
そうだったんだ
そんなことも知らずオレはタメを作らなきゃタメを作らなきゃと思ってた
このタメの話1つとってもゴルフでは
「結果としてそう見えている」ことを
自分でやろうとするから難しくなるんです
例えばスウィングで「ビュッ」と音を鳴らすとして
どこで音が鳴るのがいいと思います？
アハ
それくらいならオレにも分かりますよ
できるだけフォロースルーのほうで鳴るのがいいんスよね
ビュッ
プロや飛ばし屋はインパクトを遥かに過ぎたところで「ビュッ」と鳴りますもん
チッチ
それも「結果としてそう聞こえる」
だけなんです

考えてもみてください
ヘッドスピードはインパクトで一番速くなるほうがいいに決まってるじゃないですか
TOP SPEED!
でもっ!
実際にプロや飛ばし屋は……
ビュッ
ホラ
佐久間さんだってフォローで「ビュッ」と音が!
そう聞こえますよねでも
実際にはインパクトで音が鳴っているんです
もちろんプロたちもです
どういうことかというと
「光速」と「音速」の「差」が原因なのです
は 始まった
今度は科学の話だ

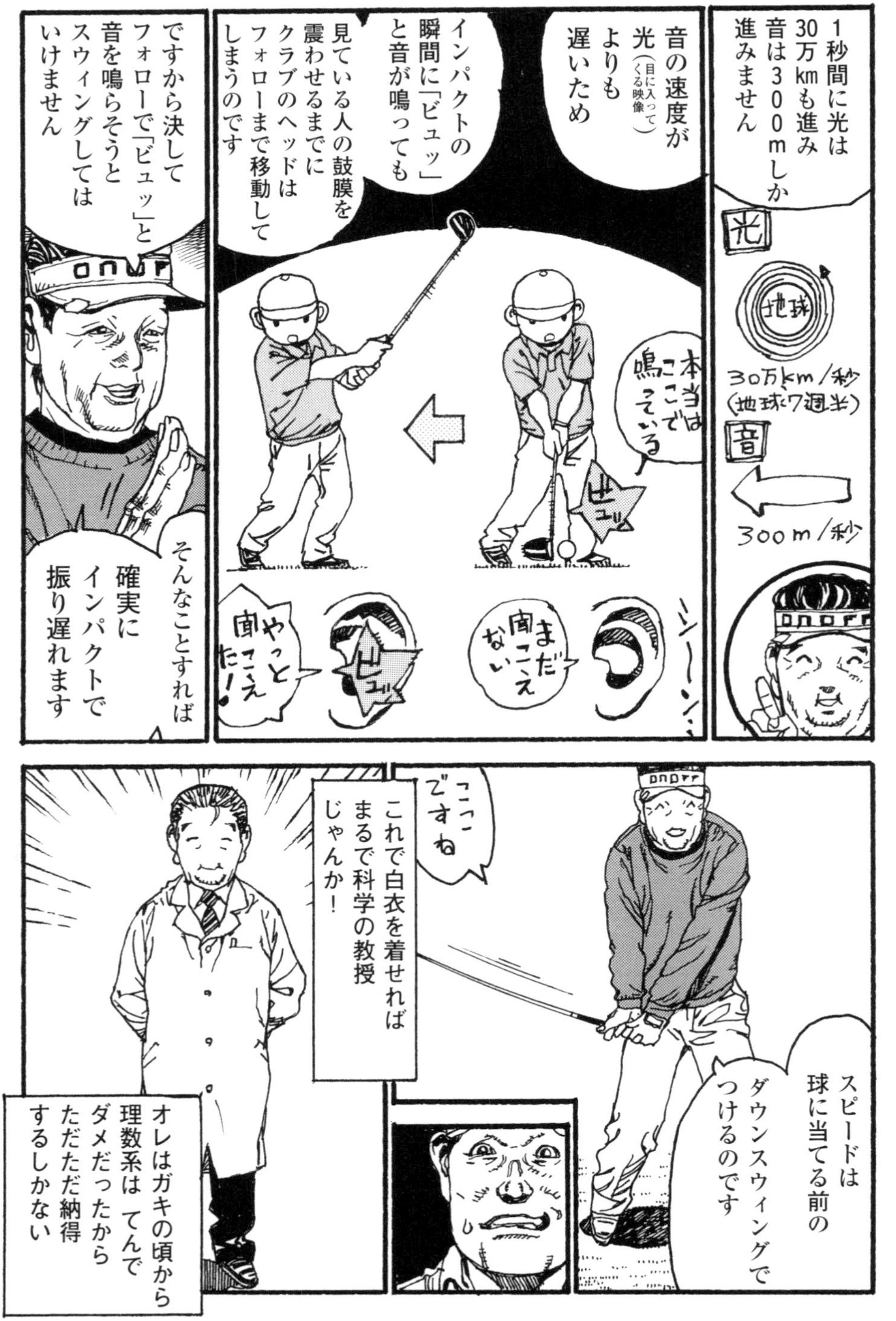
1秒間に光は
30万㎞も進み
音は300mしか
進みません
光
地球
30万km/秒
(地球7周半)
音
300m/秒
音の速度が
光（目に入ってくる映像）
よりも
遅いため
インパクトの
瞬間に「ビュッ」
と音が鳴っても
見ている人の鼓膜を
震わせるまでに
クラブのヘッドは
フォローまで移動して
しまうのです
本当はここで鳴っている
ビュッ
シ〜〜ン…
まだ聞こえない
やっと聞こえた！
ビュッ
ですから決して
フォローで「ビュッ」と
音を鳴らそうと
スウィングしては
いけません
そんなことすれば
確実に
インパクトで
振り遅れます
スピードは
球に当てる前の
ダウンスウィングで
つけるのです
ここですね
これで白衣を着せれば
まるで科学の教授
じゃんか！
オレはガキの頃から
理数系は てんで
ダメだったから
ただただ納得
するしかない

ゴルフで常識とされていることは人体の構造や科学の目で見ると実にウソが多いのです
ゴルフの常識
世のレッスン書の中でいわれている大きく「上体を回せ」とか「体重移動をしろ」などのほとんどは
「自分ですること」ではなく「自然に起きること」なのです
そ そうなの？
でも
バチコーンと体重移動しないと飛ばないんじゃ……
その「でも」のことをわたくしはカルマと呼んでいます
わたしくのSメソッドゴルフではまずカルマを落としていただくことから始めるんです
大きく体が回って見えるのも体重移動も全部自然に起きること
難しい
ゴルフって
「自然に起きること」をムリに「自分でしよう」として
ゴルファーは「ゴルフってむずかしい！」と思い込んでしまうのです

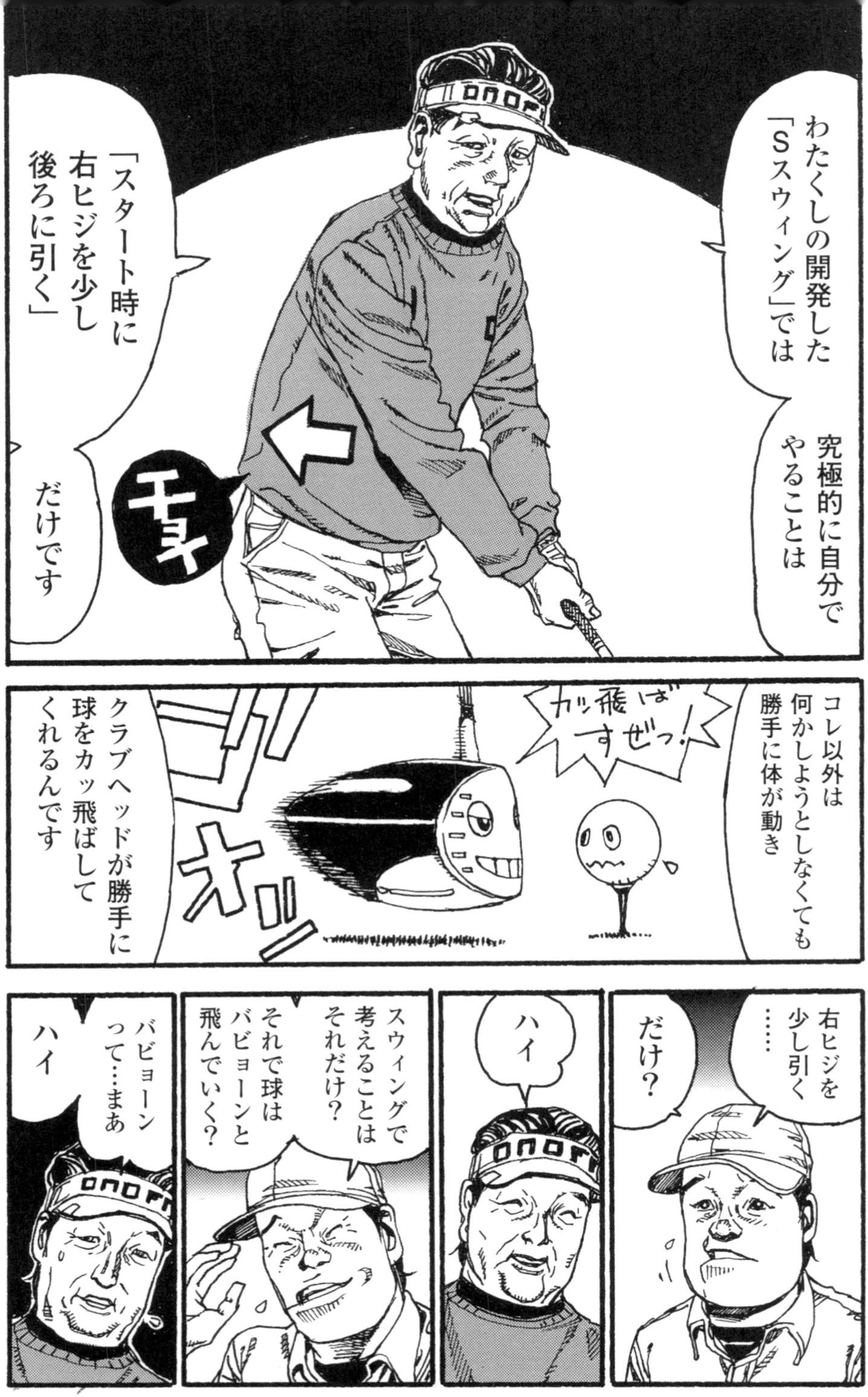
わたくしの開発した「Sスウィング」では
究極的に自分でやることは
「スタート時に右ヒジを少し後ろに引く」
だけです
キョイ
コレ以外は何かしようとしなくても勝手に体が動き
カッ飛ばすぜっ!
クラブヘッドが勝手に球をカッ飛ばしてくれるんです
右ヒジを少し引く……
だけ?
ハイ
スウィングで考えることはそれだけ?
それで球はバビョーンと飛んでいく?
バビョーンって…まあ
ハイ

ウソだあぁ〜〜〜っ！
あ〜っはははっ
あ〜っはははっ
誰もがそうおっしゃいます
でも
ホント
………………
おせーてくらはいっ！
ガバーッ
そのSスウィング！

オレ もう20年ゴルフ やってるんスけど
いまだに90を切ったことが ないんですぅぅ〜〜っ！
ぐりぐり
そんなこと恥ずかしくて ゴルフ仲間には一言も しゃべれなくて…っ!!
あらら
ベストスコアを聞かれるのが この世で一番怖いんです！
ビョーン
分かりまひゅ この気持ち？
そ そんな 鼻水まで ズルズルにして 訴えなくても
ゴルフがうまく なりたいという 人は いつでも 大歓迎です……
喜んで教えさせて もらいますが…
福田さんは どれくらいまで うまくなりたい のですか？
へ？
それは…その …まあ
90を…

ただ90を切ればいい
というだけなら
わたくしは教える気は
ございません
せっかく
ですから
パープレーを
目指しましょう
パープレー
って……
72
？
にゃ――
ははは！
ムリムリ
オレがパープレー
なんて！
……
いいえ
あなたは
72で
回れます

ゴルフというのは
プルプル
誰だってパープレーで回れるゲームなんです
多くの人が勝手にむずかしいと思い込んでいるだけなのです
さあ
この場で「オレは72で回る！」と宣言してください！
それがSメソッドゴルフの入口なのです
え……
佐久間 馨……
……
この男 やっぱり宇宙人だ！

第3講 2cmがすべてを決める

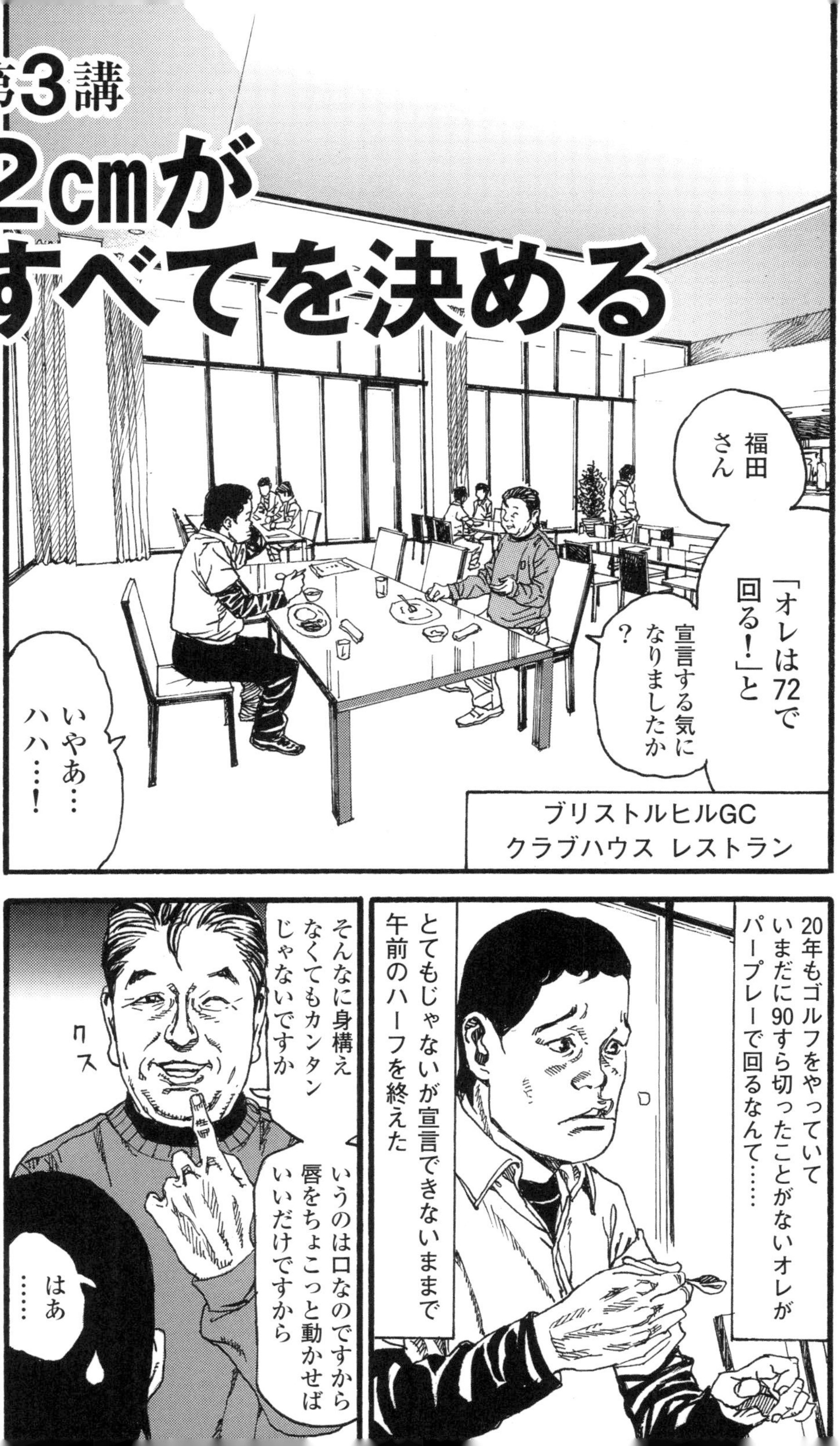

福田さん
「オレは72で回る!」と宣言する気になりましたか?
ブリストルヒルGC クラブハウス レストラン
いやあ……ハハ……!
20年もゴルフをやっていていまだに90すら切ったことがないオレがパープレーで回るなんて……
とてもじゃないが宣言できないままで午前のハーフを終えた
そんなに身構えなくてもカンタンじゃないですか
クス
いうのは口なのですから唇をちょこっと動かせばいいだけですから
はあ……

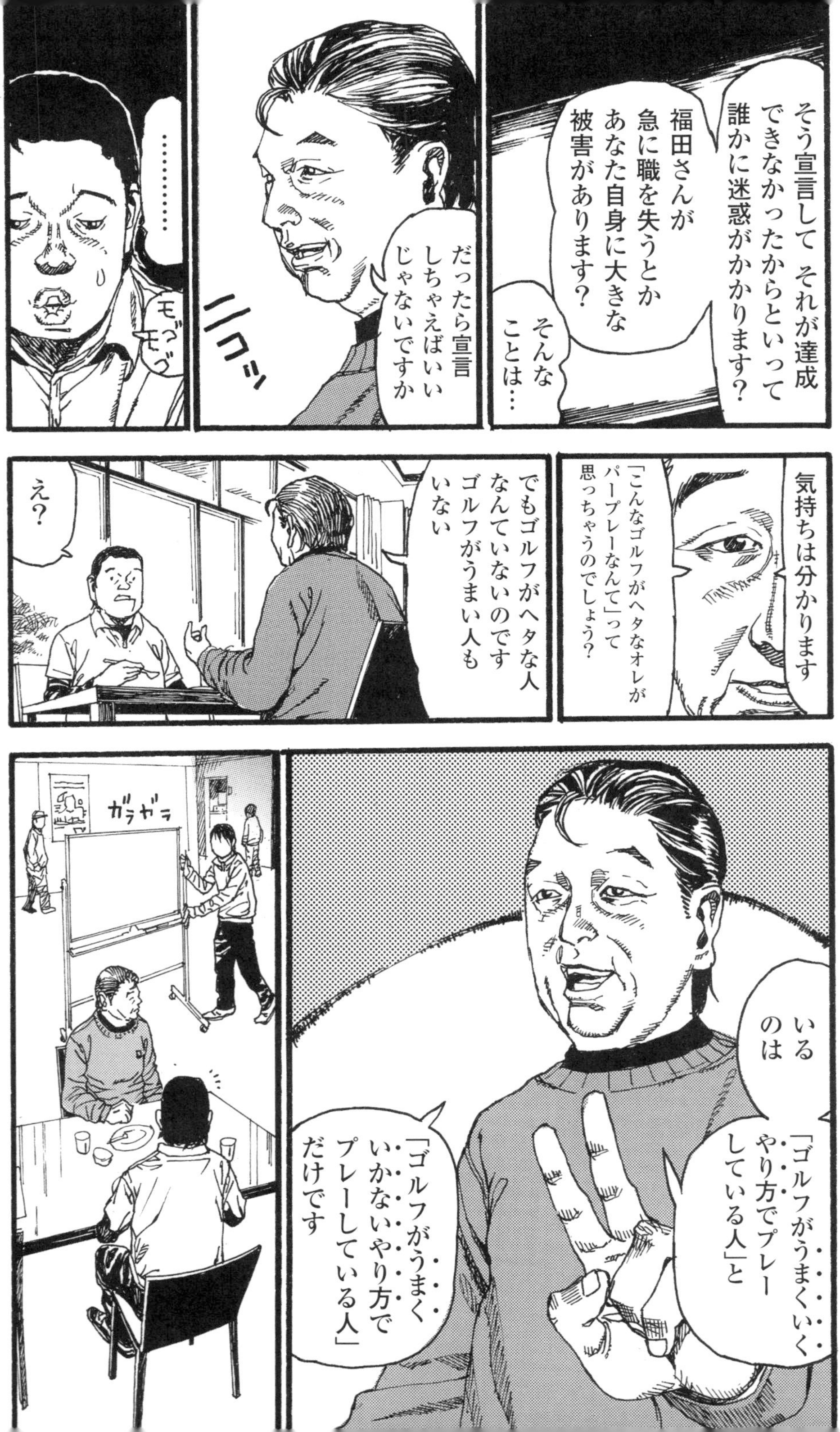
そう宣言して それが達成できなかったからといって誰かに迷惑がかかります？
福田さんが急に職を失うとかあなた自身に大きな被害がありますか？
そんなことは…
ニコッ
だったら宣言しちゃえばいいじゃないですか
………
モグモグ
気持ちは分かります
「こんなゴルフがヘタなオレがパープレーなんて」って思っちゃうのでしょう？
でもゴルフがヘタな人なんていないのですゴルフがうまい人もいない
え？
いるのは
「ゴルフがうまくいくやり方でプレーしている人」と
「ゴルフがうまくいかないやり方でプレーしている人」だけです
ガラガラ

……
だ
誰？
藤田
ボンッ
うまくいってない
ゴルファーに
ぜひ
やってもらいたい
ことがあります
キュポ
それは何か？
キュ
成功するまで〇〇〇ことをやり続ける
この3つの〇の中に
平仮名を1字ずつ入れて
正解文に
してみて
ください
え…
えーと……
うーん
……
つらい？
修業じゃ
ねえんだから
ボンッ
な なんだよ コイツ！

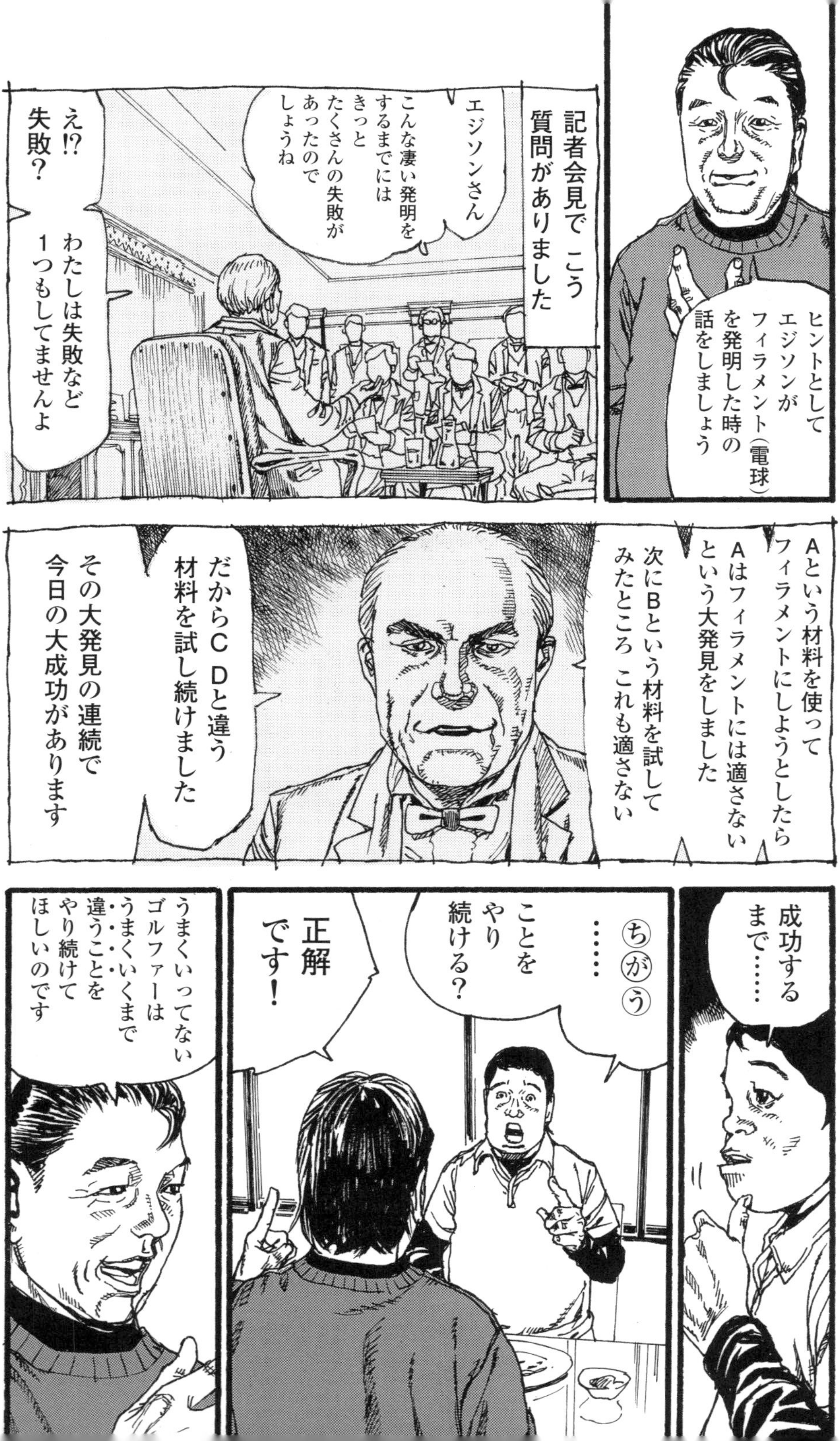
ヒントとして
エジソンが
フィラメント(電球)を発明した時の
話をしましょう
記者会見で こう
質問がありました
エジソンさん
こんな凄い発明をするまでには
きっと
たくさんの失敗が
あったのでしょうね
え!?
失敗?
わたしは失敗など
1つもしてませんよ
Aという材料を使って
フィラメントにしようとしたら
Aはフィラメントには適さない
という大発見をしました
次にBという材料を試して
みたところ これも適さない
だからC Dと違う
材料を試し続けました
その大発見の連続で
今日の大成功があります
成功する
まで……
ちがう
……
ことを
やり
続ける?
正解
です!
うまくいってない
ゴルファーは
うまくいくまで
・・・
違うことを
やり続けて
ほしいのです

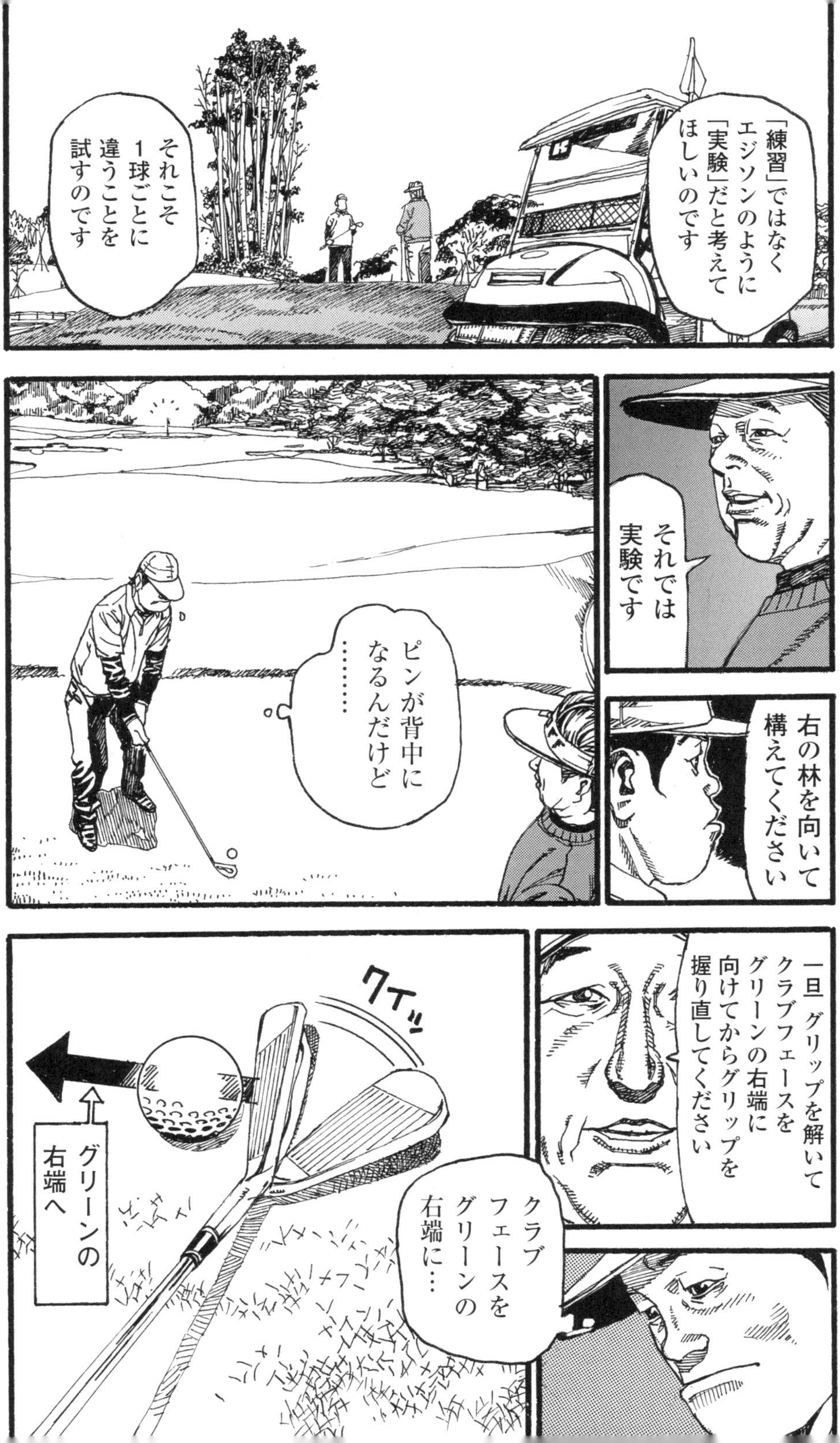
「練習」ではなく エジソンのように 「実験」だと考えて ほしいのです
それこそ 1球ごとに 違うことを 試すのです
それでは 実験です
右の林を向いて 構えてください
ピンが背中に なるんだけど ………
一旦 グリップを解いて クラブフェースを グリーンの右端に 向けてからグリップを 握り直してください
クラブ フェースを グリーンの 右端に…
クイッ
グリーンの 右端へ

フェースが ほとんど左足を 向いてるんだけど ………
じゃ 打ってみま しょうか？
こ こんなに 右を向いて
フェースは こんなに左に 向けて打っ なんて…！
その「なんて」を やってみるのです だって きっとそれは 今までやったことが ない人がほとんど だからです
福田さんも やったことない でしょう？
あ あるわけ ないっしょ！
だから「実験」 なのです もちろん わたくしは やったことが あります
ですから この「実験」の 結果が どうなるか 知っています
球は右の林には 入りません 必ず球は左に 曲がります
か…必ず!? 20年来 スライスに 悩んでいる オレでも……？

皆さん！
クルッ
練習場に通って
どんな練習を
していますか？
パシーーン
フントら！
フックした
1球ごとに違うことを
するどころか
毎球　同じことを
繰り返していませんか？
マットどおりに立って
同じ位置に球を置いて
同じ長さでグリップを
握って――
モジモジ
ウィン
ウィン
当たったら
喜んで
パカ
今の
良かった！
当たらなかったら
もう一度
パカ
あー
ダメ
また同じ
構えで
エイヤっと全部
フルスウィング
パコン
エイッ！
わっ
スライス
同じ球の
位置で
ウィン
パカ
同じ振り
……
自動ティアップ機と自動金払い機

そういうのは「練習」じゃなくただの「運動」だな
ボンッ
スッ
…ただの運動！
ガーン
また現れやがった！
同じフィラメントの材料しか使わず
いつか電球がつくことを期待しているようなものです
けけどオレだって
いろいろ考えて打ってはいるんですよ
もっと肩を回そうとか頭が起きないようにとか ヒザを…
全部 体のことばかりですね 考えているのは
ボンッ
実際に球を打つのはクラブヘッドだっつーの
だから誰なのおまえ？
え……
ショットはクラブヘッドと球の衝突という単純な物理現象にすぎません

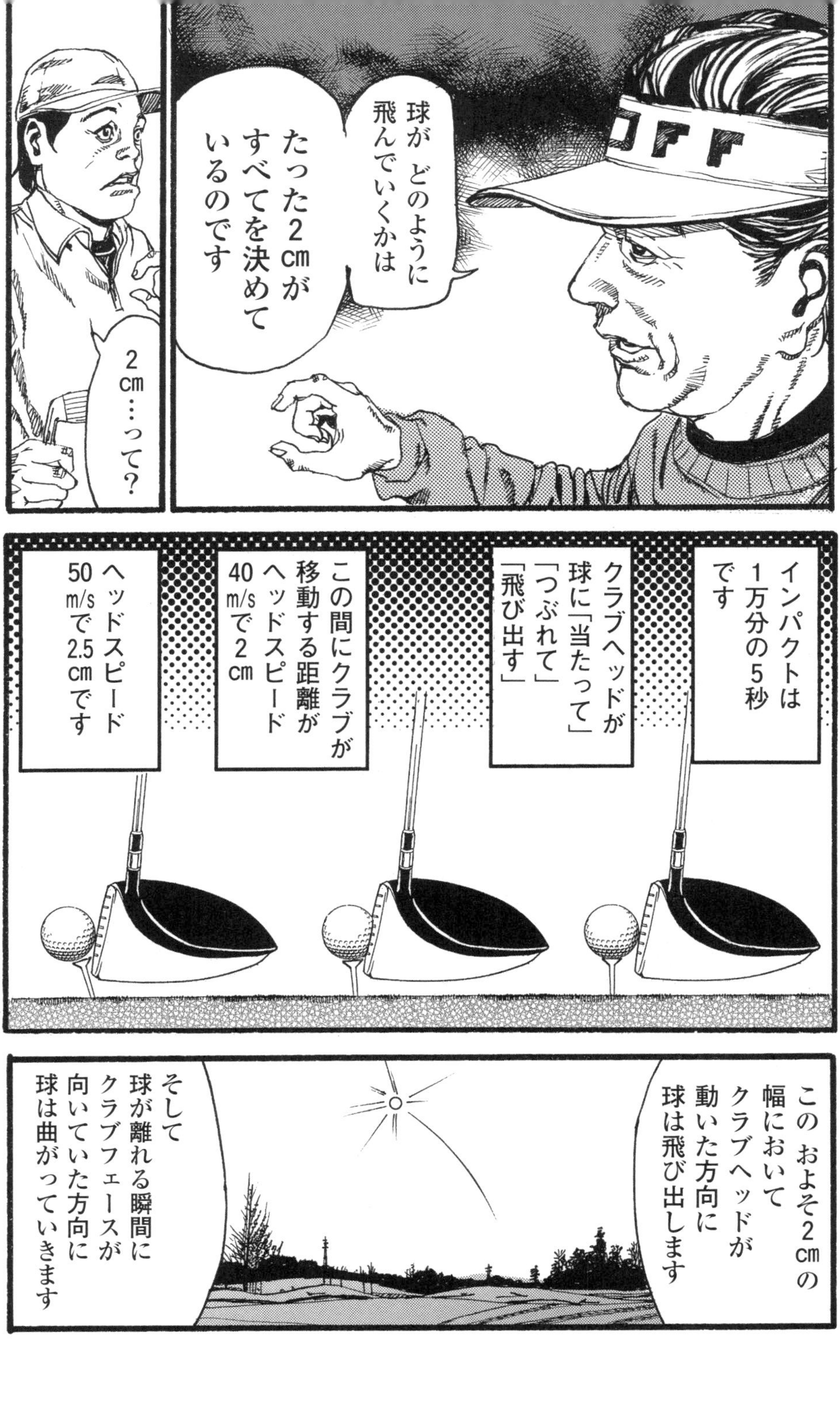
球が どのように飛んでいくかは
たった2cmがすべてを決めているのです
2cm…って?
インパクトは1万分の5秒です
クラブヘッドが球に「当たって」「つぶれて」「飛び出す」
この間にクラブが移動する距離がヘッドスピード40m/sで2cm
ヘッドスピード50m/sで2.5cmです
このおよそ2cmの幅においてクラブヘッドが動いた方向に球は飛び出します
そして球が離れる瞬間にクラブフェースが向いていた方向に球は曲がっていきます

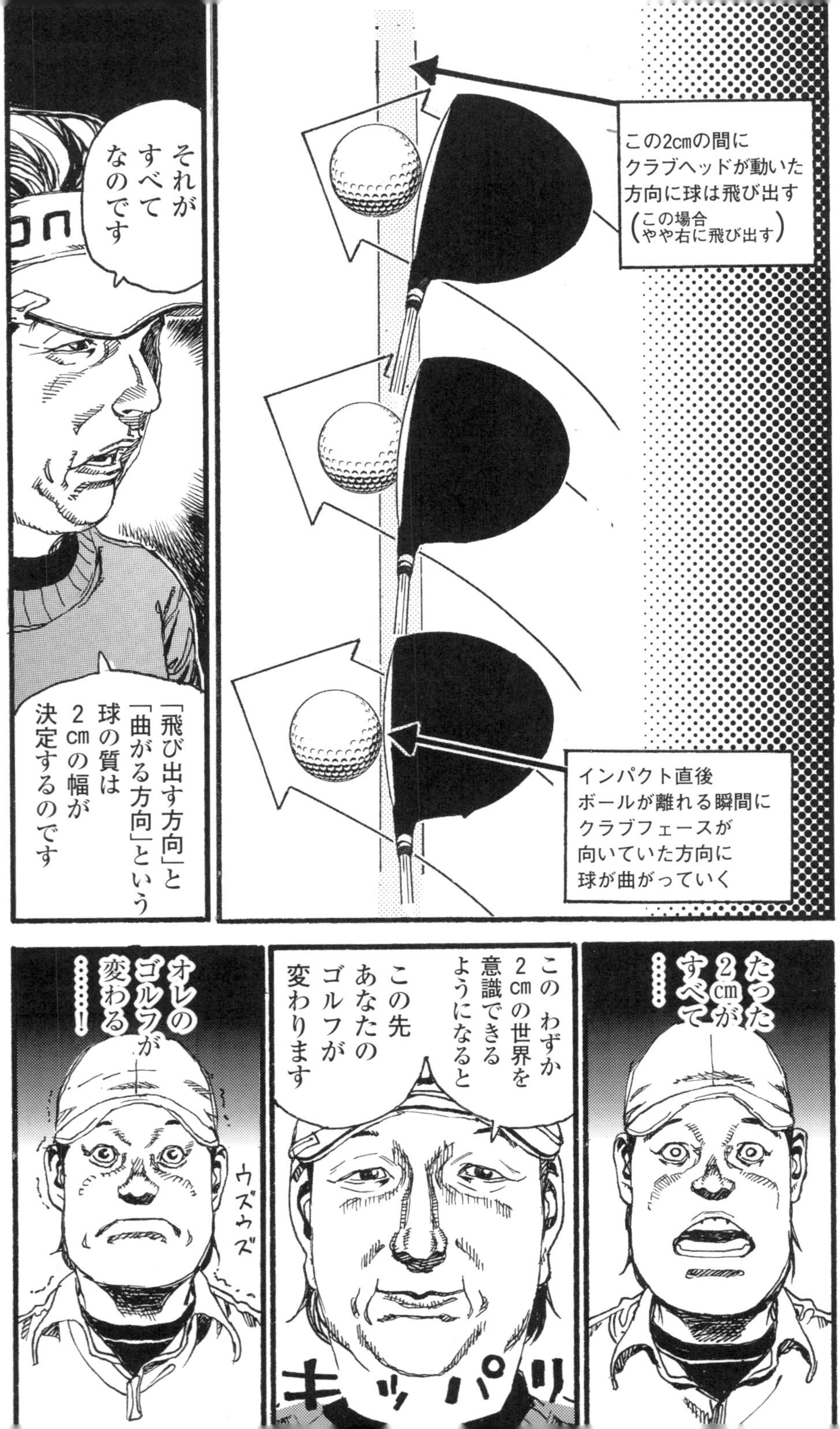
この2cmの間にクラブヘッドが動いた方向に球は飛び出す
(この場合やや右に飛び出す)
インパクト直後ボールが離れる瞬間にクラブフェースが向いていた方向に球が曲がっていく
それがすべてなのです
「飛び出す方向」と「曲がる方向」という球の質は2cmの幅が決定するのです
たった2cmがすべて……
このわずか2cmの世界を意識できるようになると
この先あなたのゴルフが変わります
キッパリ
オレのゴルフが変わる……!
ウズウズ

体の動きを考えるより
……クラブをどう球に衝突させるか
そこを考えるのです！
わ
分かりました考えます！
バッチリ考えちゃいますから
ヘコヘコ
モミモミ
誰でもいつでもカンタンにナイスショットが打てるというSスウィングってのを早く…
その前に福田さんに「72で回る！」と宣言してほしいのです
「72で回りたい」ではなく「72で回ります」と
そのことになぜわたくしがこだわるのか？
………
イジワルだから……？
違います

ゴルフ導夢
おほ——
——っ
ここが佐久間さんのゴルフ科学研究所！
なんか怪しい練習器具がいっぱいあんなぁ……！

ここで ついに
カンタンで便利で早くて
旨いSスウィングを
教えてもらえるのかぁ
ワクワク
イ… インスタント ラーメンじゃ ないんですから
Sスウィングの説明に入る前に
ちょっとした遊びをしましょう
この部屋全体を見回して
景色を しっかり記憶してください
クルッ
あなたも 今 その場で 同じことをして みてください
そこが屋内でも 屋外でも 構いません
誰に いってんの？
しっかり 観察したら 目を閉じて ください
キョロ
キョロ

それでは周囲にあった赤いものを5つ挙げてみてください
エ!
あ 赤いもの?
えーと………え――と
はい目を開けてみてください
パチッ
あ
佐久間さんのシャツのワンポイントマークが赤だった
カレンダーの日曜も赤だし
椅子のステッチも…
スッ
どうです目を開けると思ったよりたくさんの赤があったことに気付くでしょう?
あ

ニコ
人間の脳には色んな情報が入ってきますが すべてを処理しようとすると脳は大変疲れることになる
ツカレル……
ですから意識しているものに絞って脳は情報を得ようとする
つまり赤いものを意識していない時はそれが目に入っていたとしても脳は情報としてキャッチしない
しかし赤を意識した途端次々にキャッチする
赤!
あなたが「72で回る!」と明確に決意すると
あなたの潜在意識がパープレーで回るために必要な様々な情報を入手しようと努めるのです
そして本当に72で回れるよう行動しだすのです
だから……「72で回る!」と宣言しろ……と

コク
さあ
オ…
オレは
……
はい
オレは
72で回る！
回り
ますっ！
いっちゃっ
たぁ！
やーっ！
もう
取り消せ
ないっス
よーっ！
ヤンヤ
ヤンヤ
だから
誰よ
おまえっ

第4講
Sスウィングの概要 始動からトップまで

ここは新横浜にある「ゴルフ導夢《ドーム》」——佐久間さんのゴルフ科学研究所である
前回 はからずも「72で回る！」と宣言してしまったオレだが…

まったく この佐久間さんという人は博識というか…
人間の身体には骨格筋（意識して動かすことのできる筋肉）だけで400ぐらい骨は206個あります
初めて耳にする話ばかりポンポンと連発してくる

これらを たった1秒ちょっとの ダウンスウィング中に 全てコントロールする ことはムリですよね
でも世のゴルファーは それに近いことを やろうとしている
テークバックの右ヒジは……
トップでは肩の回転がこうで…
右足の蹴りが…
ダウンは右足の踏み込みから…
ハハ… かも
動くところがたくさん あるのだったら
動かすところを限定したほうが 常に同じスウィングが できるのではないか――
この発想が Sスウィングの 根幹です

Sスウィングでは 身体の「動くところ」と 「止めるところ」を 分けて考えます

もう少し 詳しく いえば

身体は
「自分で動かすパート」と 「勝手に動かされるパート」に 分かれるのです

ちなみに なぜ Sスウィングと いうか 分かりますか？
佐久間さんのSでしょ
違います
Sスウィングの「S」には
①シンプル
②サイエンティフィック（科学的）
③ストッパー（身体の関節をストッパーとして利用する）
といった意味が込められています
ショルダーブレード（肩甲骨）やセパレート（分離する）って意味もある
だから 誰なんだよ おまえ エラそーに…
ストッパー 肩甲骨 分離……

今から
Sスウィングの
一連の流れを
ごくカンタンに
説明します
概要といっても
いいでしょう
どひょおっ
待って
ました！
まずは
身体を
「自分で動かす
パート」…
と
「勝手に
動かされるパート」
の2つに
分離します
Sスウィングでは
自分で動かすところは
ほんの少しだけ
トッ
少しだから
狂いが少なく
再現性が高い
にしても…
コイツ
うまいな

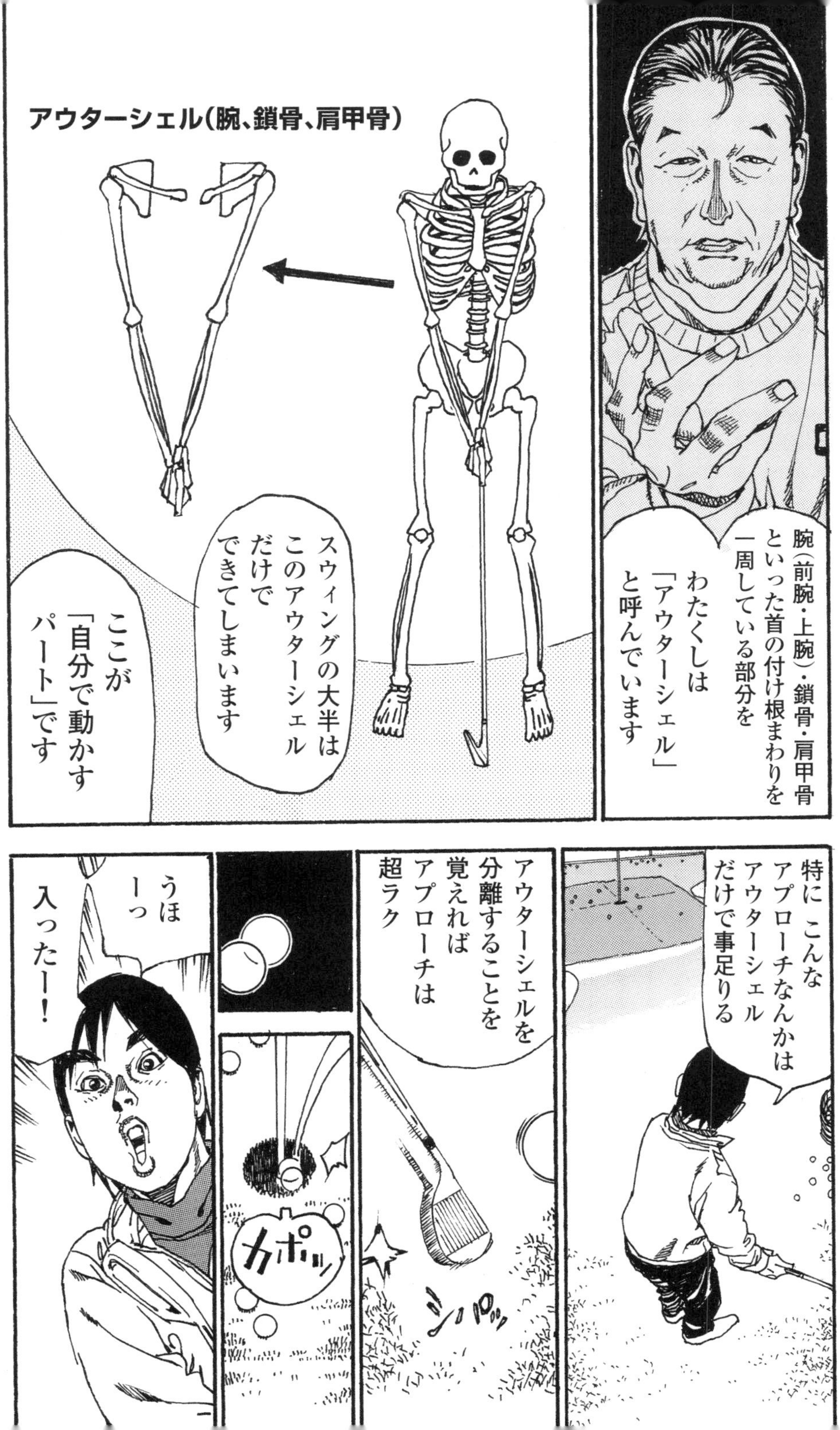
腕（前腕・上腕）・鎖骨・肩甲骨といった首の付け根まわりを一周している部分を
わたくしは「アウターシェル」と呼んでいます
アウターシェル（腕、鎖骨、肩甲骨）
スウィングの大半はこのアウターシェルだけでできてしまいます
ここが「自分で動かすパート」です
特に こんなアプローチなんかはアウターシェルだけで事足りる
アウターシェルを分離することを覚えればアプローチは超ラク
シュパッ
カポッ
うほーっ
入ったー！

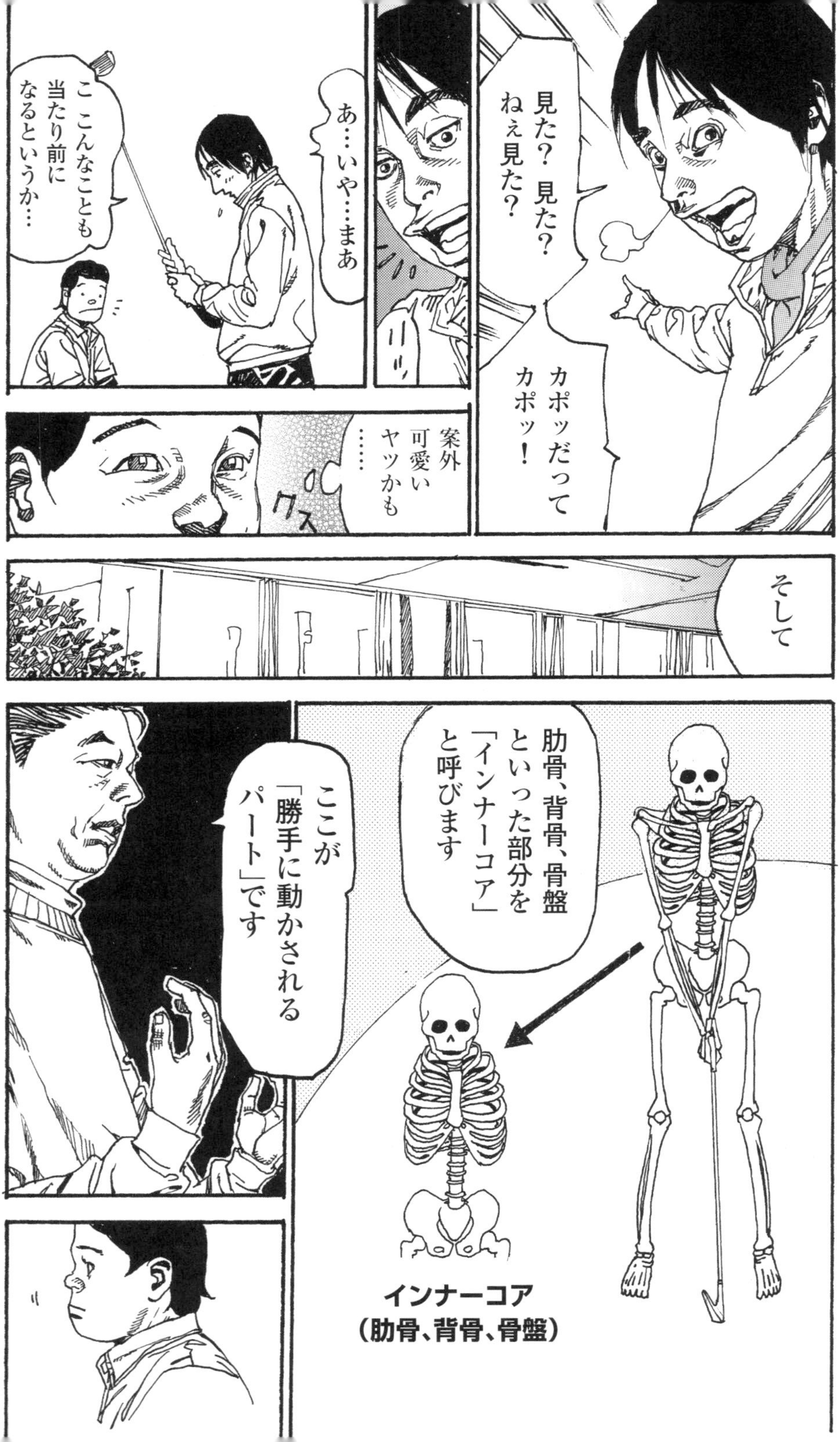
見た？ 見た？ ねぇ見た？
カポッだって カポッ！
あ…いや…まあ
こ こんなことも 当たり前に なるというか…
案外 可愛い ヤツかも ……
クス
そして
肋骨、背骨、骨盤 といった部分を 「インナーコア」と呼びます
ここが「勝手に動かされるパート」です
インナーコア
（肋骨、背骨、骨盤）

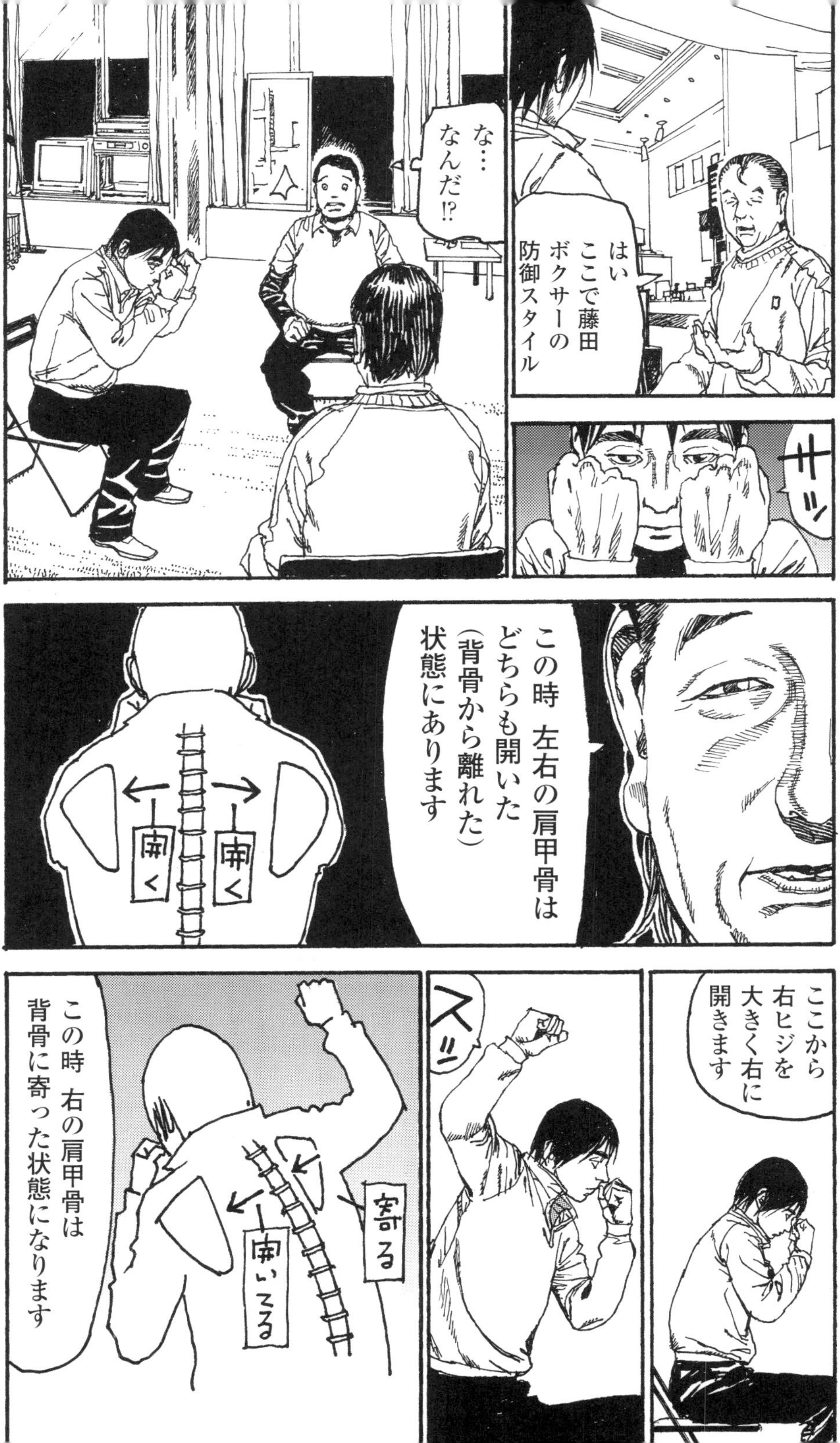
はい ここで藤田 ボクサーの防御スタイル
サッ
な…なんだ!?
この時 左右の肩甲骨は どちらも開いた (背骨から離れた) 状態にあります
開く
開く
ここから右ヒジを大きく右に開きます
スッ
この時 右の肩甲骨は背骨に寄った状態になります
寄る
開いてる

さて
一度お話ししたかと思いますが 背骨はどれほど ねじれるものでしたっけ?
エ?
あ…えっと確か
背骨は17度しか ねじれないと…
人体の構造上 それ以上 ねじることは不可能だと
ピンポーン
当たりです
では藤田
そこから右に身体をねじって
グッ
イスに座っているため 骨盤(腰)は回転できないので 17度しか右にねじれません
それでも どうです
ほぼ左肩が90度回った 立派なトップの形に 見えませんか?

ああっ!?
たっ……確かに!
これに骨盤回転がもう少し加わればそれこそ上体をフルターンしたトップに見えます
このことからも分かるように「上体がしっかりねじられたトップ」というものは実は
ボーゼン
……
「左の肩甲骨が背骨から離れて」「右の肩甲骨が背骨に寄る」だけでほとんど達成されてしまうのです
なのに自分で「上体を大きくターン」させようと思って身体のあっちもこっちも動かすからスウィングは難しくなる
だって動かすところは少ないほうがシンプルでラクに決まってるだろ
フクちゃん?
フクちゃん!
ななれなれしいんだよっ
ボン
器《うつわ》小さっ

アウターシェルとインナーコアを知ってもらったところで
アドレスからフィニィッシュまでのSスウィングの流れに話を戻します
はいっ! いよいよ打つんスね
座ってろってフクちゃん
!
球は打ちません
へ!?
導夢《ここ》では球を打ちながら
ああしろこうしろというレッスンはしません
ゴルフ導夢
GOLF DOME
HOLE NO. 0
ゴルフ科学研究所
社団法人 Sメソッドゴルフ普及協
まず正しいクラブと身体の動きを徹底して理解してもらう
座学から始めるのです
ひゃい……

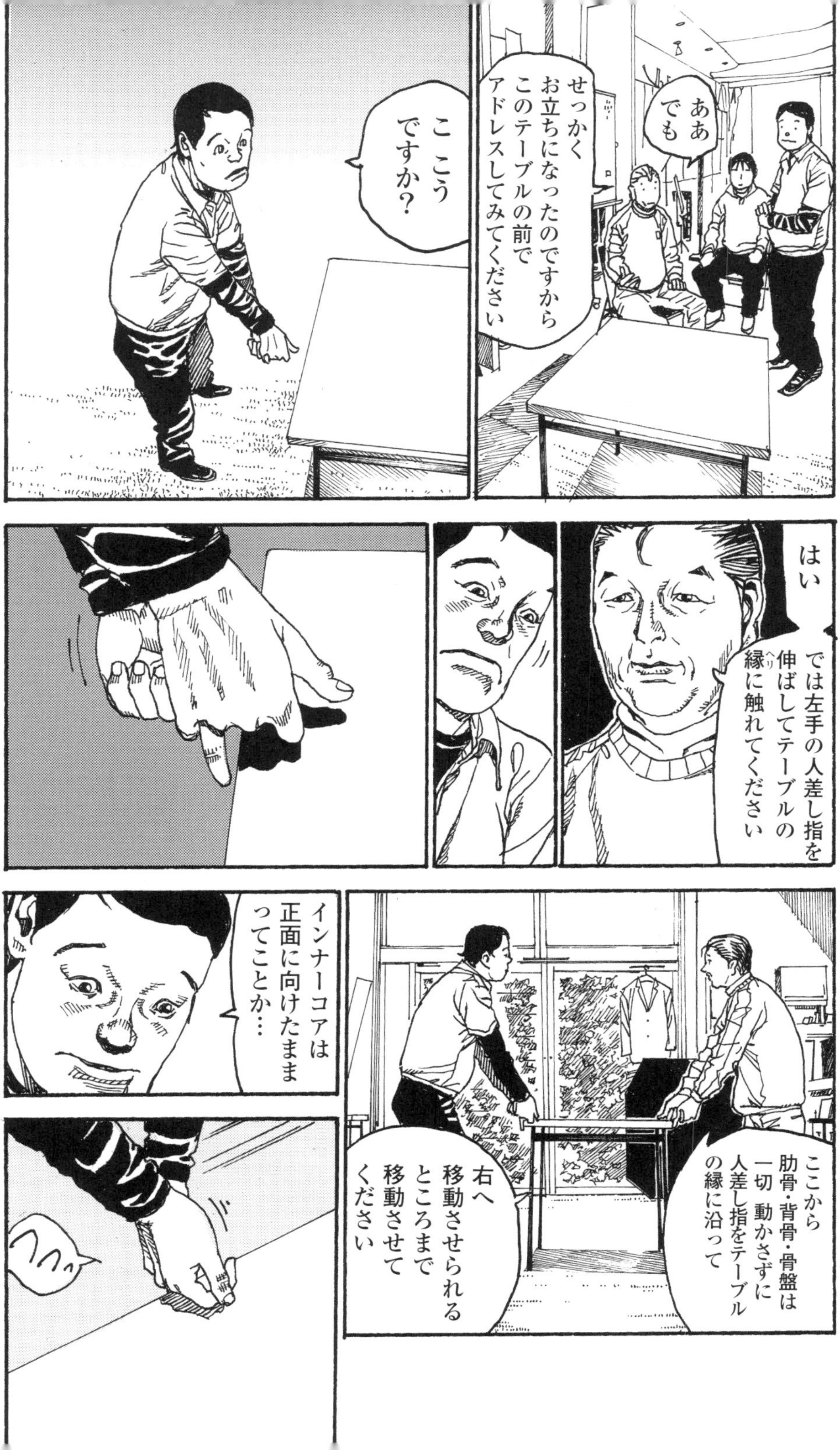
ああ
でも
せっかく
お立ちになったのですから
このテーブルの前で
アドレスしてみてください
こ こう
ですか？
はい
では左手の人差し指を
伸ばしてテーブルの
縁《ヘリ》に触れてください
ここから
肋骨・背骨・骨盤は
一切 動かさずに
人差し指をテーブル
の縁に沿って
右へ
移動させられる
ところまで
移動させて
ください
インナーコアは
正面に向けたまま
ってことか…
へへっ

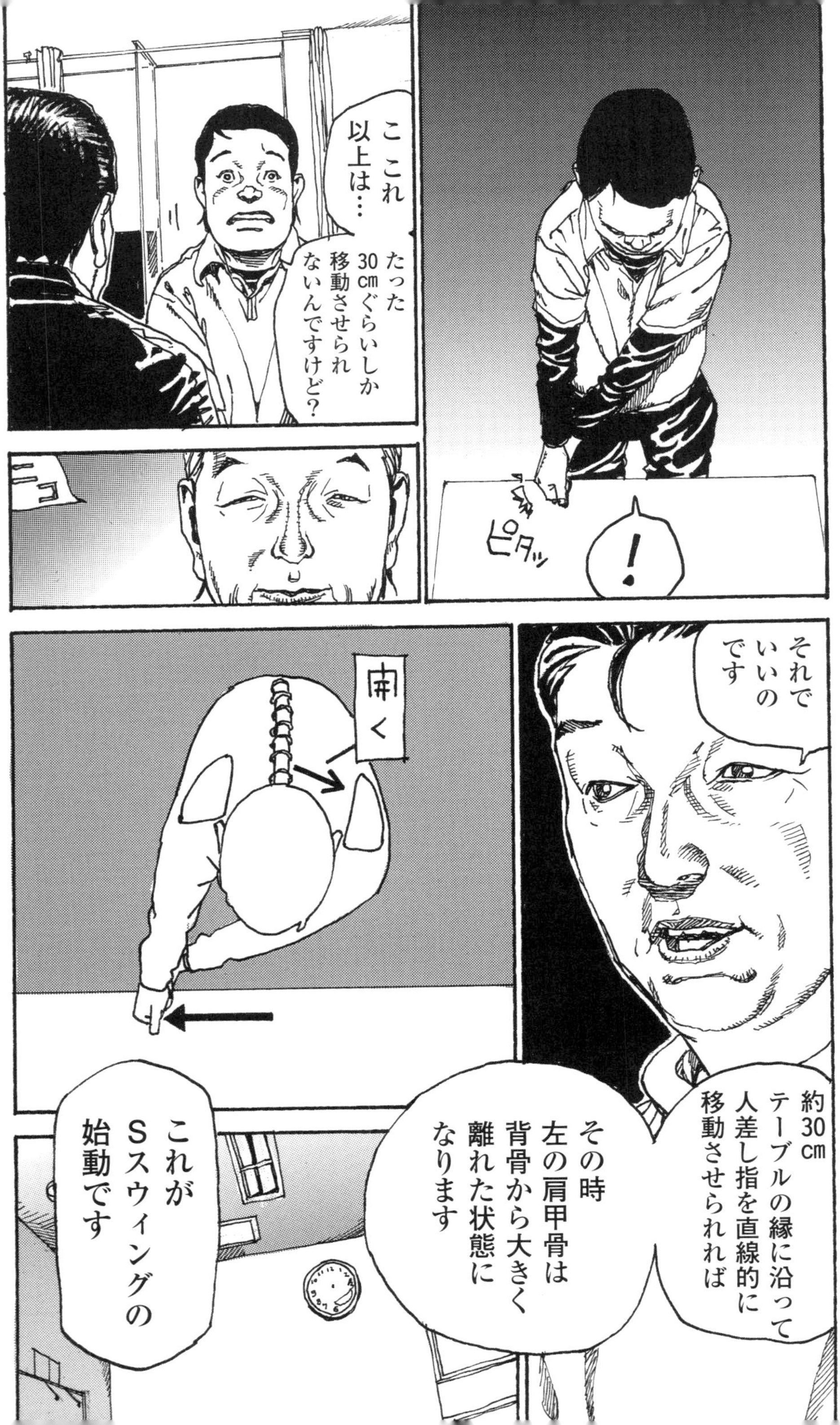

ここれ以上は…
たった30㎝ぐらいしか移動させられないんですけど？
ピタッ
ニコッ
！
それでいいのです
開く
約30㎝テーブルの縁に沿って人差し指を直線的に移動させられれば
その時左の肩甲骨は背骨から大きく離れた状態になります
これがSスウィングの始動です

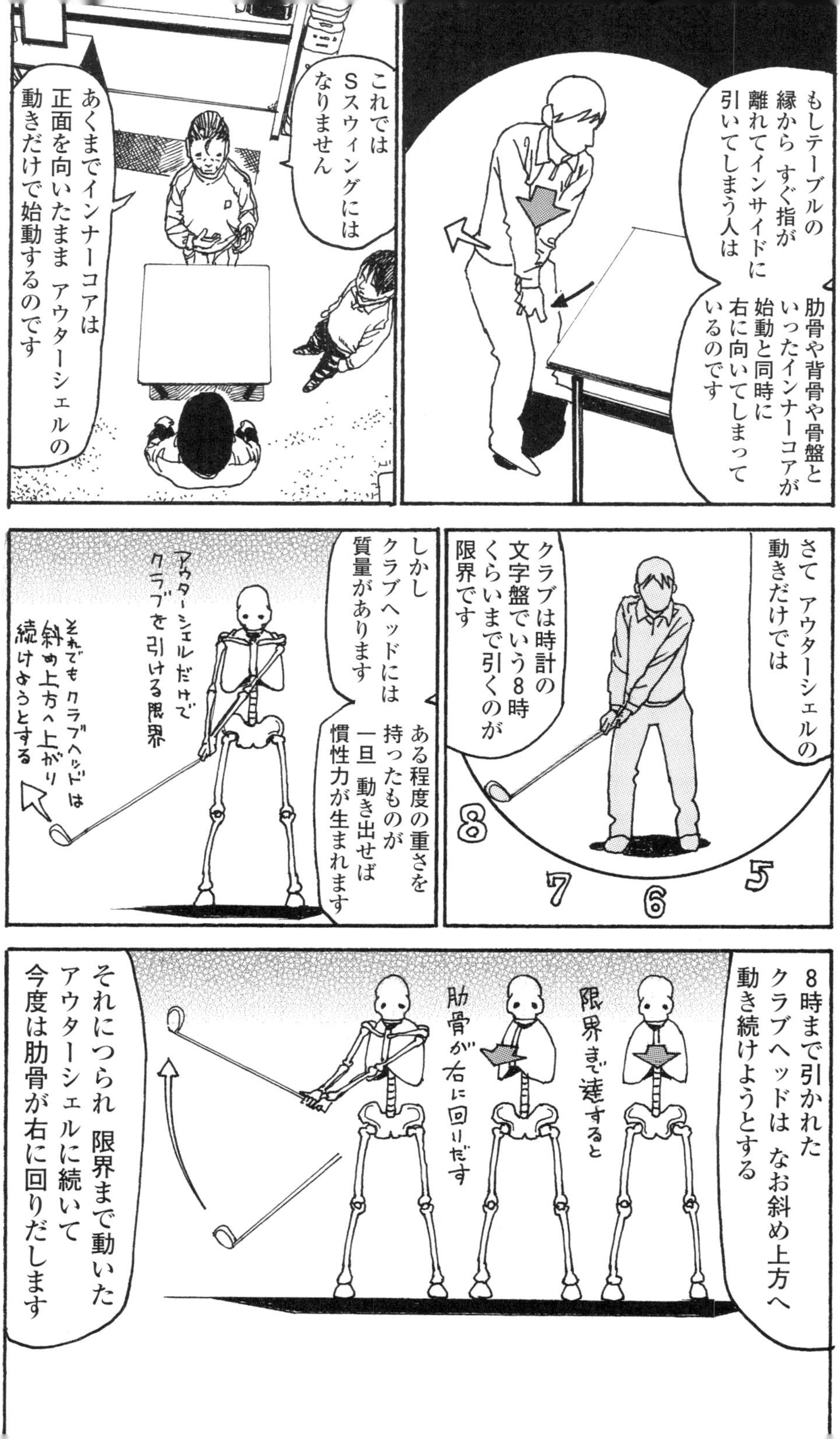

もしテーブルの縁から すぐ指が離れてインサイドに引いてしまう人は
肋骨や背骨や骨盤といったインナーコアが始動と同時に右に向いてしまっているのです
これではSスウィングにはなりません
あくまでインナーコアは正面を向いたまま アウターシェルの動きだけで始動するのです
さて アウターシェルの動きだけでは
クラブは時計の文字盤でいう8時くらいまで引くのが限界です
8
7
6
5
しかしクラブヘッドには質量があります
ある程度の重さを持ったものが一旦動き出せば慣性力が生まれます
アウターシェルだけでクラブを引ける限界
それでもクラブヘッドは斜め上方へ上がり続けようとする
8時まで引かれたクラブヘッドは なお斜め上方へ動き続けようとする
限界まで達すると
肋骨が右に回りだす
それにつられ 限界まで動いたアウターシェルに続いて今度は肋骨が右に回りだします

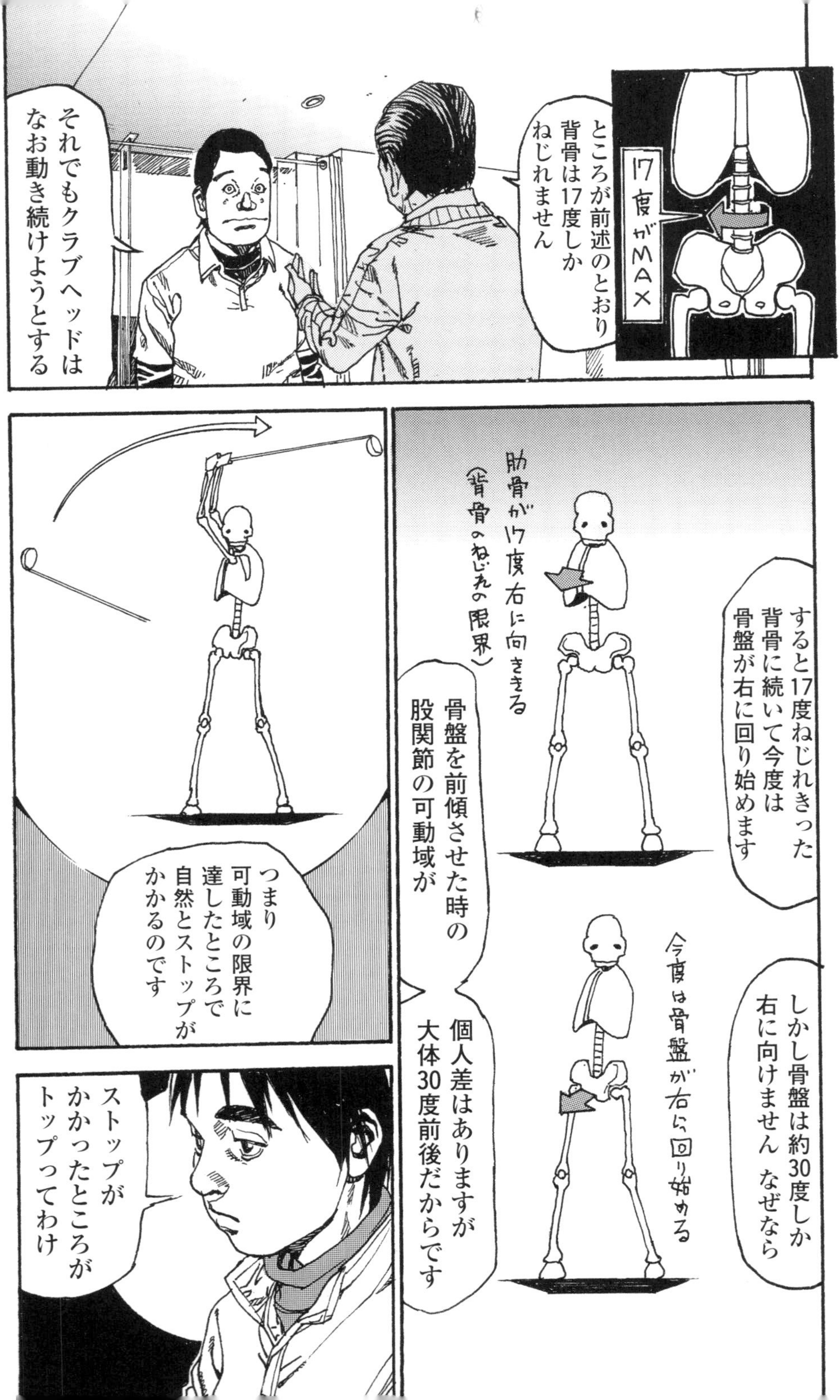
17度がMAX
ところが前述のとおり背骨は17度しかねじれません
それでもクラブヘッドはなお動き続けようとする
すると17度ねじれきった背骨に続いて今度は骨盤が右に回り始めます
肋骨が17度右に向ききる
（背骨のねじれの限界）
しかし骨盤は約30度しか右に向けません なぜなら
今度は骨盤が右に回り始める
骨盤を前傾させた時の股関節の可動域が
個人差はありますが大体30度前後だからです
つまり可動域の限界に達したところで自然とストップがかかるのです
ストップがかかったところがトップってわけ

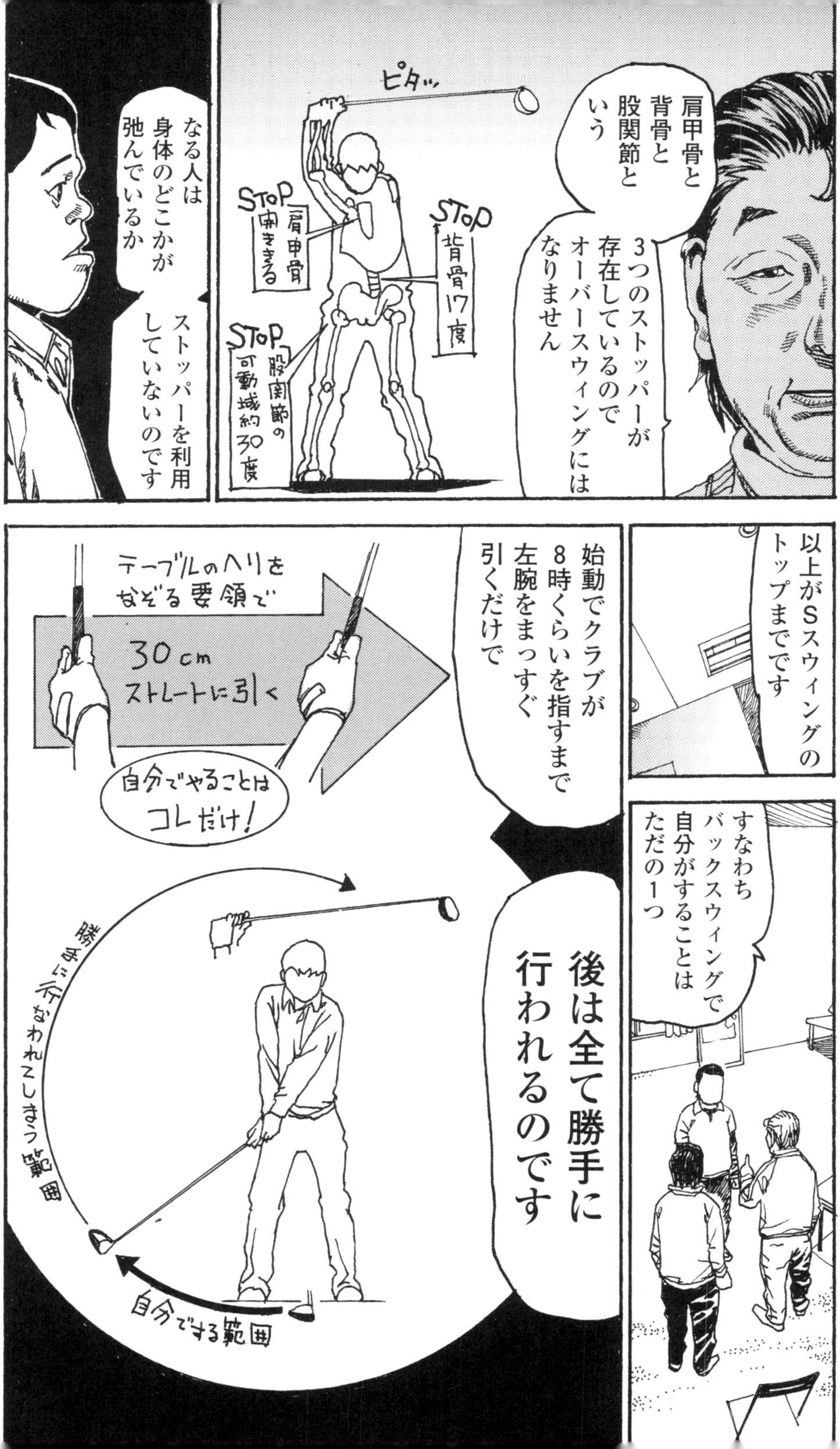
肩甲骨と背骨と股関節という
3つのストッパーが存在しているのでオーバースウィングにはなりません
ピタッ
STOP 背骨17度
STOP 肩甲骨 開ききる
STOP 股関節の可動域約30度
なる人は身体のどこかが弛んでいるか
ストッパーを利用していないのです
以上がSスウィングのトップまでです
すなわちバックスウィングで自分がすることはただの1つ
始動でクラブが8時くらいを指すまで左腕をまっすぐ引くだけで
テーブルのへりをなぞる要領で
30cm ストレートに引く
自分でやることはコレだけ!
後は全て勝手に行われるのです
勝手に行なわれてしまう範囲
自分でする範囲

超シンプルだわな
バックスウィングで意識することは ただの1つって…
ちょちょっと待ってくださいよ
スウィングプレーンは？
コックはどうすんの？
質量を持っているクラブヘッドが初めに正しい軌道上を動きだせば
後はクラブヘッドが行きたい方向は1つしかありません
慣性力によって正しいトップまで行ってしまうのです
でも…！
同じく慣性力でコックも勝手に生まれます
クラブの重さで自然とコッキングされるの
そんなのって……
そんなのって……
カンタンすぎるじゃないですかあああっ!!

そんなの…そんなのって…
ゴルフ導夢《ドーム》
バックスウィングですることは始動でテーブルのヘリをなぞるように左腕をまっすぐ引くだけ
後はクラブの慣性によって全て勝手に行われる——
カンタンすぎるじゃないかぁぁぁっ!!
第5講
Sスウィングの概要
トップ〜フィニッシュ
というSスウィングのあまりの単純さにオレは信じられない思いでいっぱいであった

Sスウィングの
トップまでの動きを
説明したところで
ちょっと
休憩を挟み
ましょうか
ん?
コーヒーの
いい香りが
……

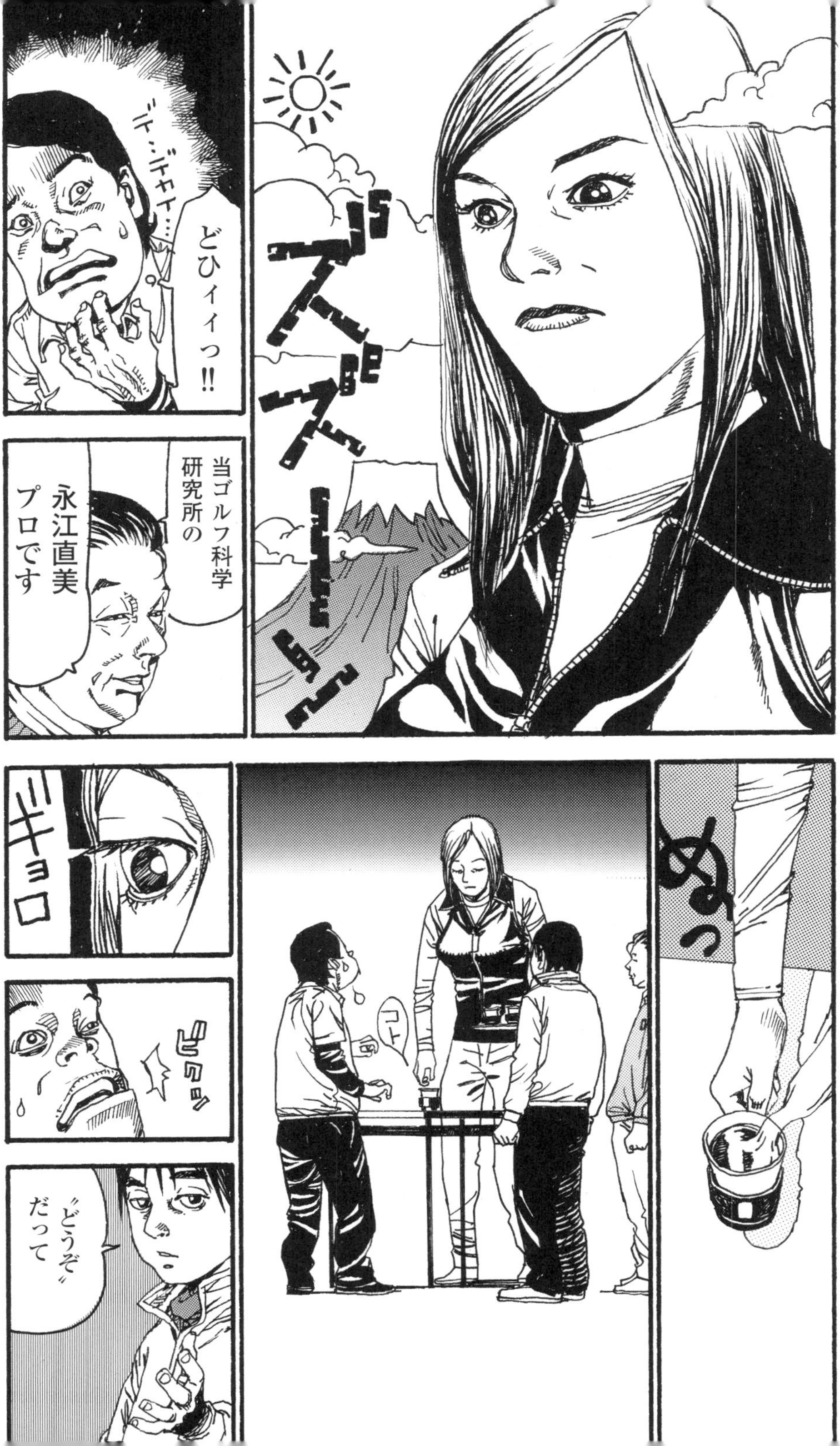

デ…デカイ…
どひィィイっ!!
当ゴルフ科学研究所の永江直美プロです
ぬっ
コト
ギョロ
ビクッ
〝どうぞ〟だって

細やかな気遣いをなさるステキな方でね
ズーン
ズーン
チビるかと思った…てか ちょっと出ちゃった
コーヒーでも飲みながら Sスウィングのトップの特徴を述べておきましょうか
Sスウィングのトップでは右ヒジが身体の横へ外れた形で収まります
Sスウィングのトップ
右ヒジは身体から離れる
真下は向かない
ですが一般的にはよくトップで「右脇を閉めろ」といった表現がなされます
一般にいわれる「いいトップ」
右脇を閉める
右ヒジが地面を指す

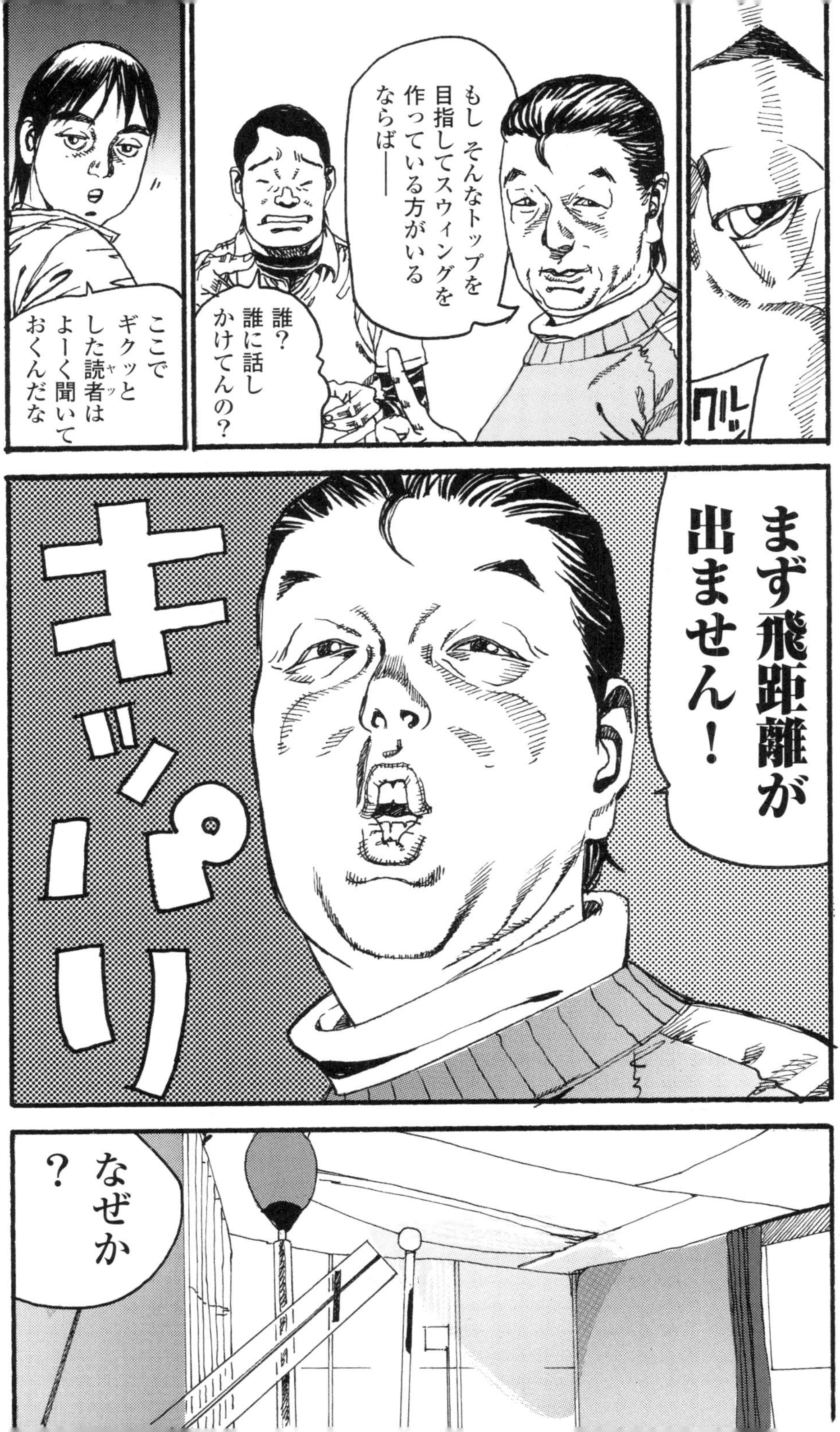
クルッ
もし そんなトップを目指してスウィングを作っている方がいるならば——
誰？誰に話しかけてんの？
ここでギクッとした読者《ヤッ》はよーく聞いておくんだな
まず飛距離が出ません！
キッパリ
なぜか？

それでは右の肩甲骨が
充分に動かない
「背骨に寄っていかない」
からです
寄る
開いている
右の肩甲骨を背骨に
寄せるようにすると
右胸が大きく開いた
形になります
ちょうど
ピッチャーが
球を投げるために
大きく右腕を
テークバックした
時と同格好ですね
この時 胸筋という
大きな筋肉が引き伸ば
される形になります
さて ここで
ミニ講義！
ポンッ
筋肉というのは
収縮する時にしか
力を発揮しません
そのように
できているのです
うおっ
また人体の
話！
教授姿に
変わったぁ
！

つまり大きな力を発揮させるためには筋肉を一旦伸張させてやってから一気に収縮させてやる必要があるわけです
ちょうどジャンプする時に一旦しゃがんでから上方に跳ぶことと同じです
小さくしゃがむよりある程度大きくしゃがんだほうがより高くジャンプできる
伸ばす
ババビョーーン
これは太もも（大腿筋）を目一杯伸長させて一気に収縮させるからです
縮む
右の胸を開くということは胸筋という大きな筋肉を伸長させること
それをダウンスウィングで収縮させていくから大きな力が出せる
しかし右脇を閉めたトップでは胸筋の力を使えない
右上腕の小さな筋力しか動員できず当然パワー不足となるのです
オレ草野球をやるけど…
確かに強い球を投げる時右ヒジを後方に引いて右胸を大きく張るわな
右ヒジを身体につけたまま投げようとすれば手先だけでヒョイと投げるしかない
それじゃあ弱っちい球しかいかないよなぁ

でも
でた
フクちゃん
お得意の
〝でも〟
世のレッスンには
両脇にタオルを
挟んで球を
打たせる練習とか
あるじゃ
ないですかっ？
そういった
レッスンを
するコーチは
うまくさせたく
ないのでしょうね
え？
だって生徒さんに
うまくなられたら
教えることが
なくなっちゃって
オマンマの食い上げ
じゃないですか
ケッコーなんて
モンじゃねえ
よ
あははは
ひどーー！
佐久間さんって
科学の先生みたいな
堅物に見えたけど
ケッコー
辛辣なんですね！
オレなんか もう
毎日ズケズケ
いわれてん
だから…

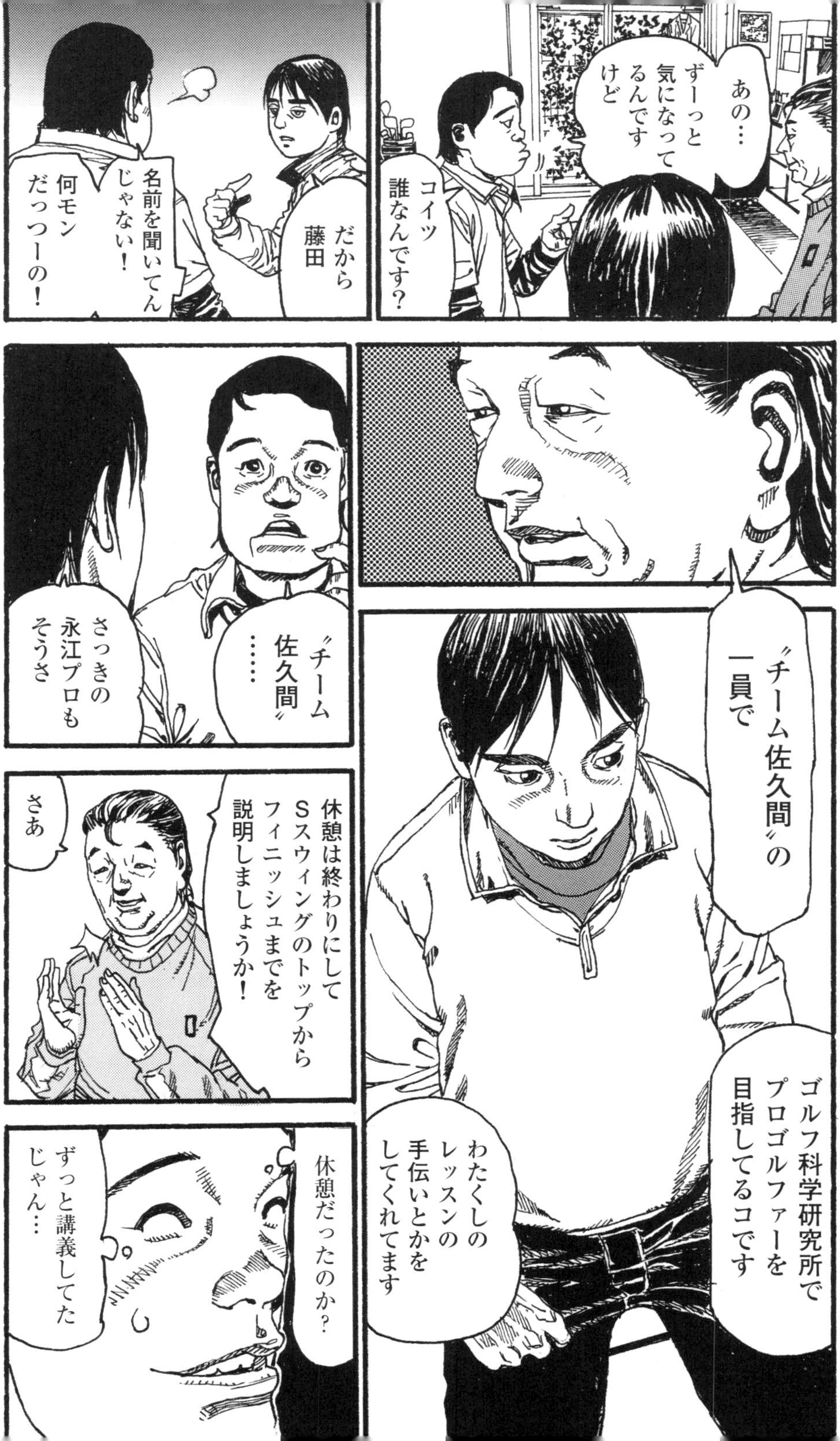
あの…
ずーっと気になってるんですけど
コイツ誰なんです？
だから藤田
名前を聞いてんじゃない！
何モンだっつーの！
〝チーム佐久間〟の一員で
〝チーム佐久間〟……
さっきの永江プロもそうさ
ゴルフ科学研究所でプロゴルファーを目指してるコです
わたくしのレッスンの手伝いとかをしてくれてます
休憩は終わりにしてSスウィングのトップからフィニッシュまでを説明しましょうか！
さあ
休憩だったのか？
ずっと講義してたじゃん…

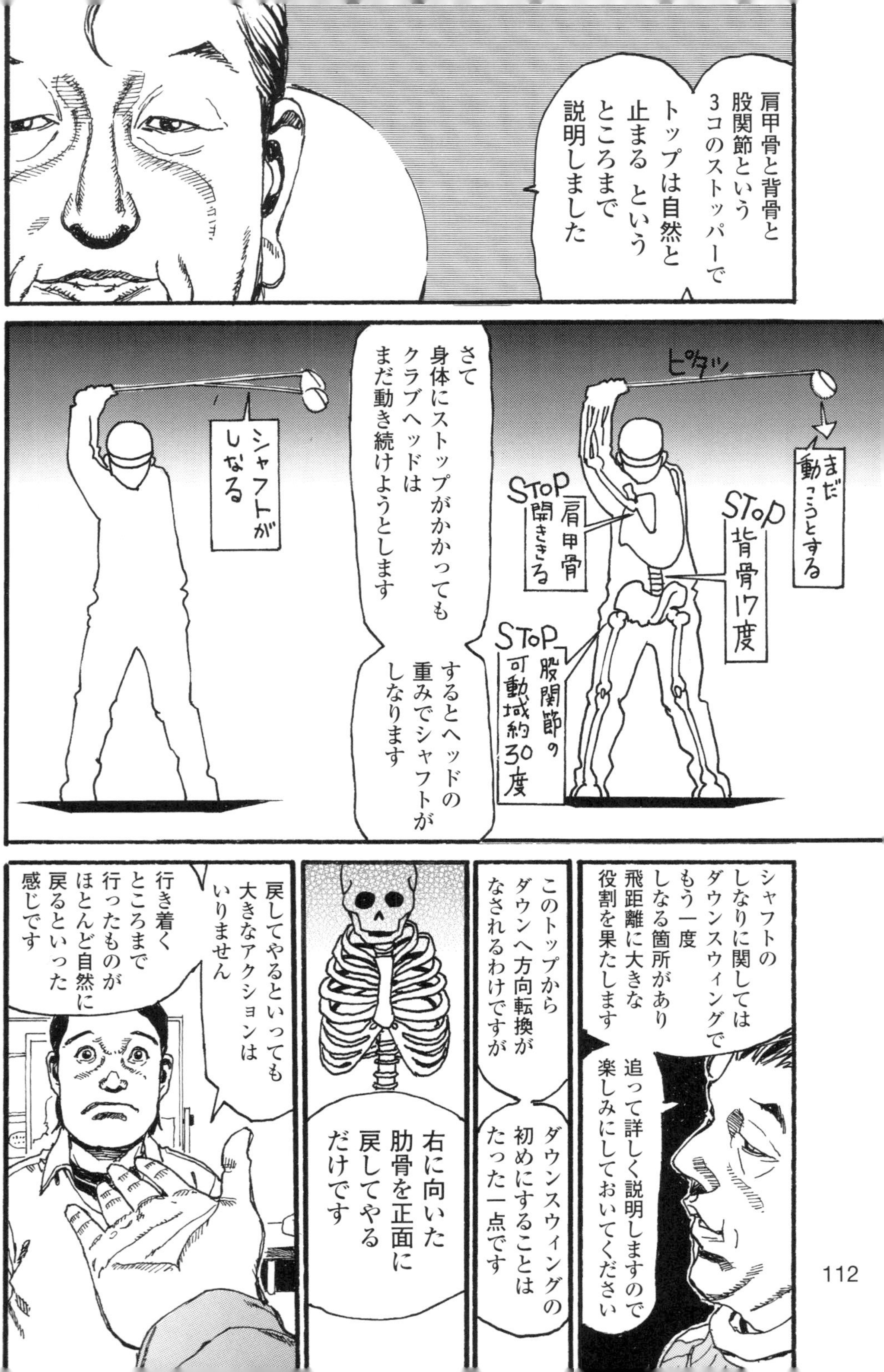
肩甲骨と背骨と股関節という3コのストッパーでトップは自然と止まる というところまで説明しました
ピタッ
まだ動こうとする
STOP 背骨17度
STOP 肩甲骨 開ききる
STOP 股関節の可動域約30度
さて身体にストップがかかってもクラブヘッドはまだ動き続けようとします
するとヘッドの重みでシャフトがしなります
シャフトがしなる
シャフトのしなりに関してはダウンスウィングでもう一度しなる箇所があり飛距離に大きな役割を果たします
追って詳しく説明しますので楽しみにしておいてください
このトップからダウンへ方向転換がなされるわけですが
ダウンスウィングの初めにすることはたった一点です
右に向いた肋骨を正面に戻してやるだけです
戻してやるといっても大きなアクションはいりません
行き着くところまで行ったものがほとんど自然に戻るといった感じです

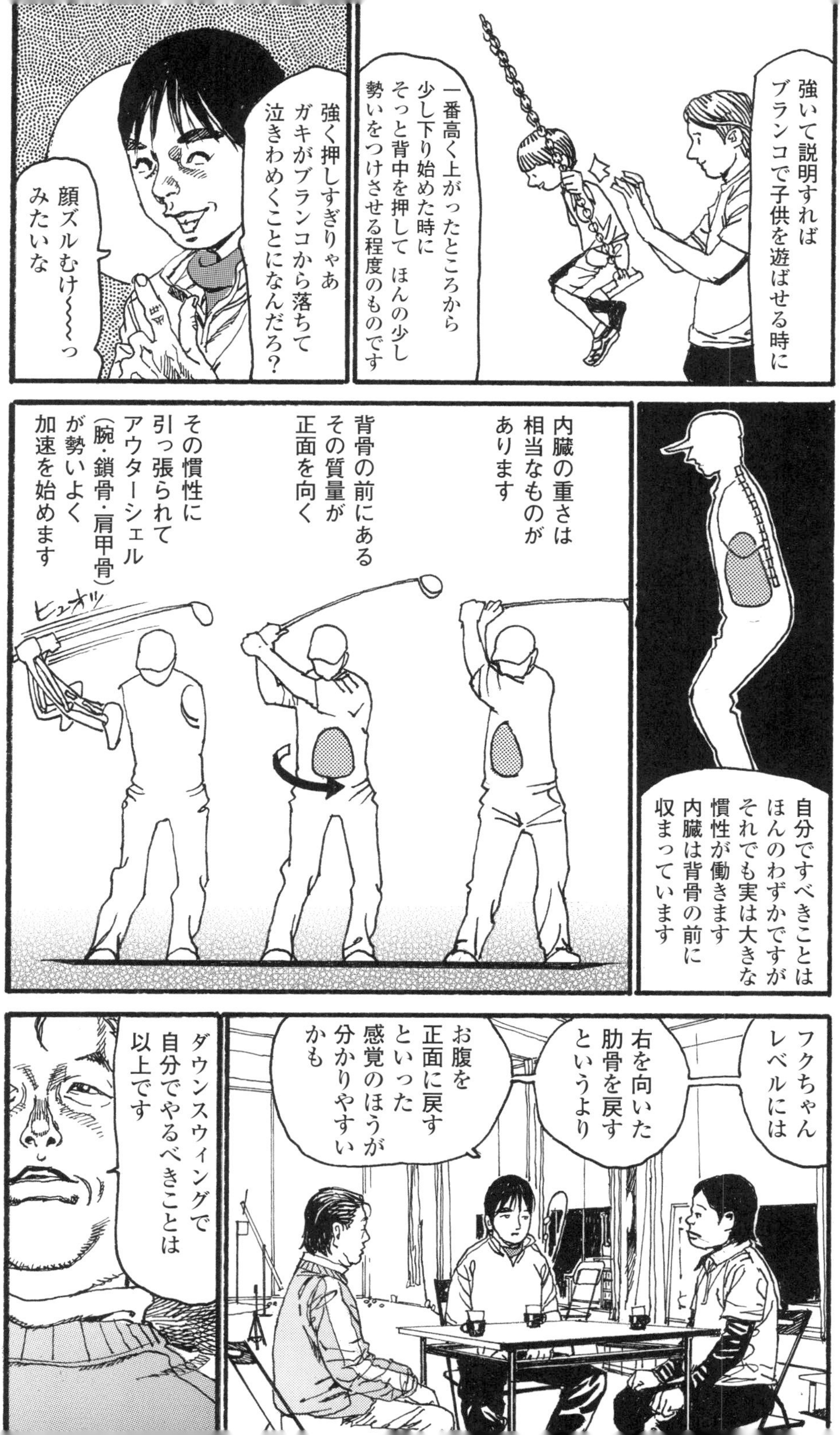
強いて説明すれば
ブランコで子供を遊ばせる時に
一番高く上がったところから
少し下り始めた時に
そっと背中を押して ほんの少し
勢いをつけさせる程度のものです
強く押しすぎりゃあ
ガキがブランコから落ちて
泣きわめくことになんだろ?
顔ズルむけ〰〰っ
みたいな
自分ですべきことは
ほんのわずかですが
それでも実は大きな
慣性が働きます
内臓は背骨の前に
収まっています
内臓の重さは
相当なものが
あります
背骨の前にある
その質量が
正面を向く
その慣性に
引っ張られて
アウターシェル
(腕・鎖骨・肩甲骨)
が勢いよく
加速を始めます
ヒュオッ
フクちゃん
レベルには
右を向いた
肋骨を戻す
というより
お腹を
正面に戻す
といった
感覚のほうが
分かりやすい
かも
ダウンスウィングで
自分でやるべきことは
以上です

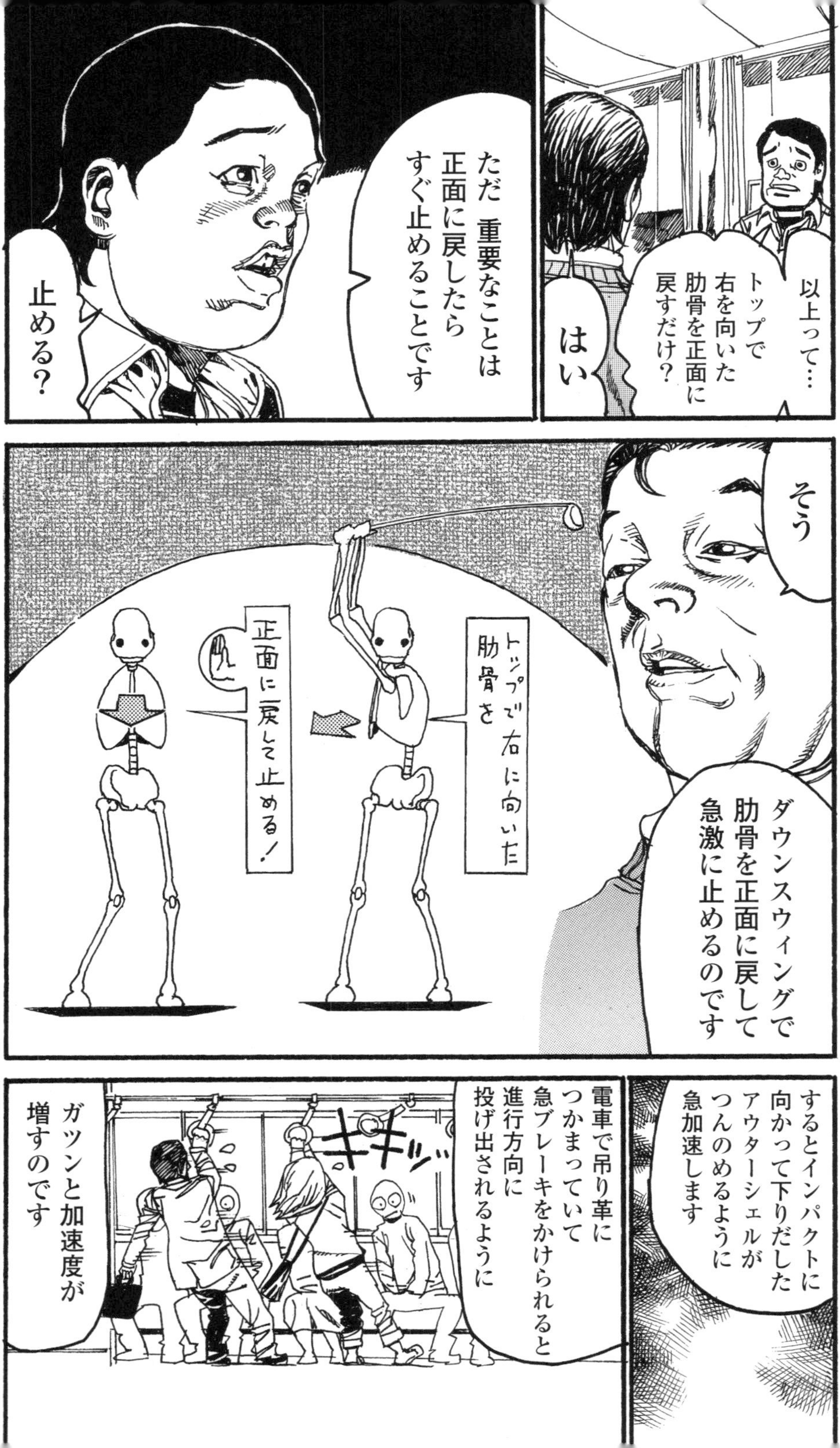
以上って…
トップで
右を向いた
肋骨を正面に
戻すだけ？
はい
ただ　重要なことは
正面に戻したら
すぐ止めることです
止める？
そう
トップで右に向いた
肋骨を
正面に戻して止める！
ダウンスウィングで
肋骨を正面に戻して
急激に止めるのです
するとインパクトに
向かって下りだした
アウターシェルが
つんのめるように
急加速します
電車で吊り革に
つかまっていて
急ブレーキをかけられると
進行方向に
投げ出されるように
キキッ
ガツンと加速度が
増すのです

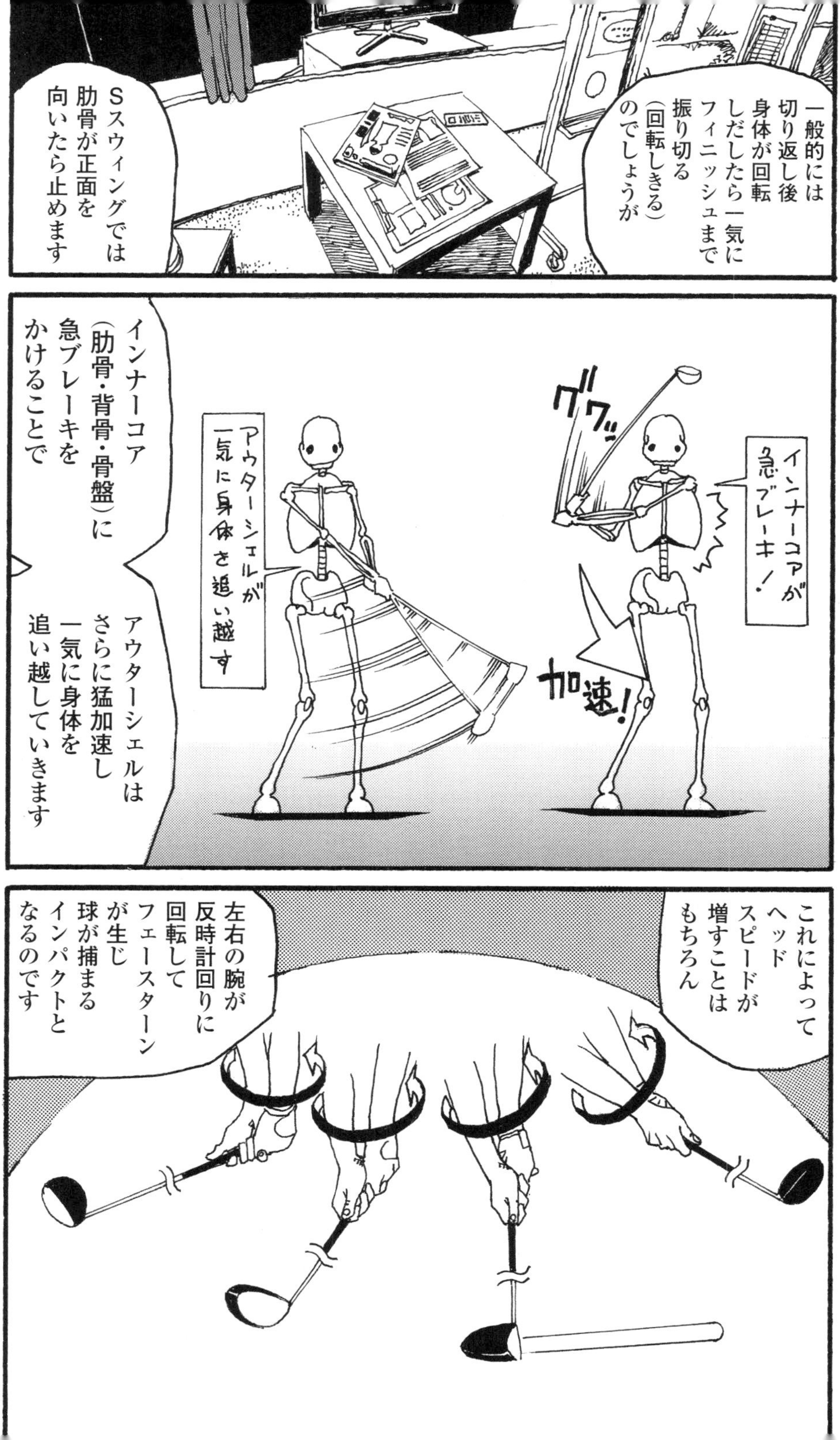
一般的には切り返し後身体が回転しだしたら一気にフィニッシュまで振り切る(回転しきる)のでしょうが
Sスウィングでは肋骨が正面を向いたら止めます
インナーコアが急ブレーキ!
グワッ
加速!
アウターシェルが一気に身体を追い越す
インナーコア(肋骨・背骨・骨盤)に急ブレーキをかけることで
アウターシェルはさらに猛加速し一気に身体を追い越していきます
これによってヘッドスピードが増すことはもちろん
左右の腕が反時計回りに回転してフェースターンが生じ球が捕まるインパクトとなるのです

フックに悩んでいて
フェースが返りすぎて
しまう心配をする人が
いるかもしれませんね？
だから
誰に
話しかけ
てんの？
しかし
Sスウィング
では
インパクトで
スクェア以上に
フェースが返って
しまうことがない
ストッパーを
設けてます
これは
いずれ改めて
説明しましょう
オレは
スライサーだから
フェースが
返りすぎる
心配なんて
いんない！
アウターシェルが
身体を追い越した
その先は？
フォロースルーは
どうすんの？
何もしません
勝手に
フィニッシュを
迎える
クラブヘッドの
慣性に引っ張られて
止めていたインナーコアが
自然と左へ向いていく
インパクト
エリアを
一気に
駆け抜けた
アウター
シェルに
今度はインナーコアが
引っ張られる形で
勝手に身体が左に向き
自然とフィニッシュを
迎えてしまいます

しまいます…って
もしかして 以上？
ハイ
いや
ハイじゃ
なくてさ
じゃあ何
自分で
することは
超シンプルだわな
切り返しで
「肋骨を正面に戻して」
「止める」……だけ？

ガタ
バカいってんじゃねえよっ!
体重移動は?
タメはどうした?
ゴルフをバカにするんじゃねええええっ!!
20年も悩んできたゴルフが そんなカンタンなものかっ!
オレはモーレツな怒りが沸いてきた!
ムキ――――ッ

バカいってんじゃねえよっ！
体重移動は？タメはどうしたっ？
ゴルフ導夢
GOLF DOME
HOLE No. 0
ゴルフ科学研究所
法人Sメソッドゴルフ普及協会
ゴルフをバカにすんじゃねえええええっ!!
20年も悩みに悩んできたゴルフが そんなにカンタンなものかっ！
ムキーーーッ
第6講
慣性と連鎖性

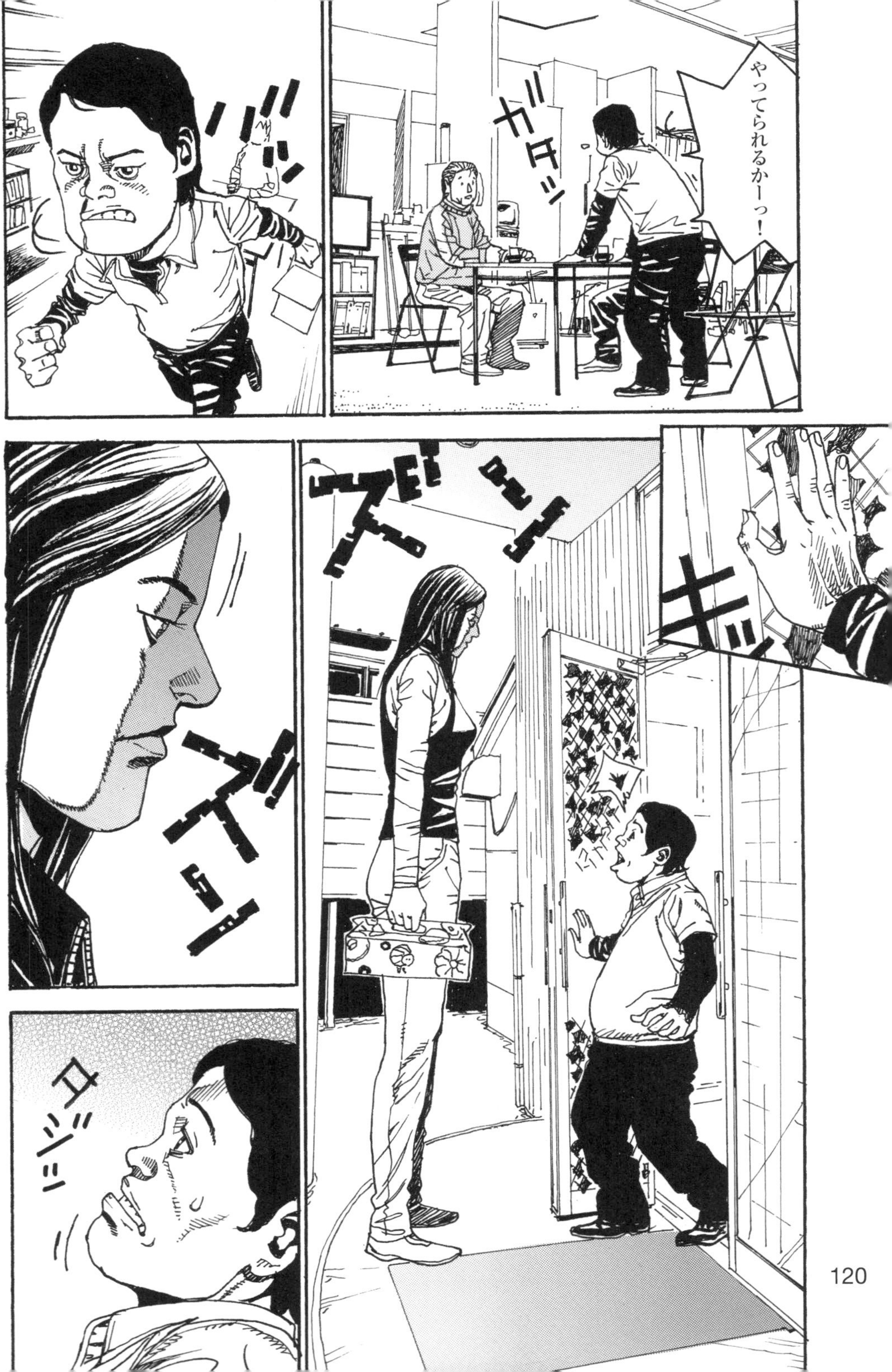

ガタッ
やってられるかーっ!
バンッ
キッ

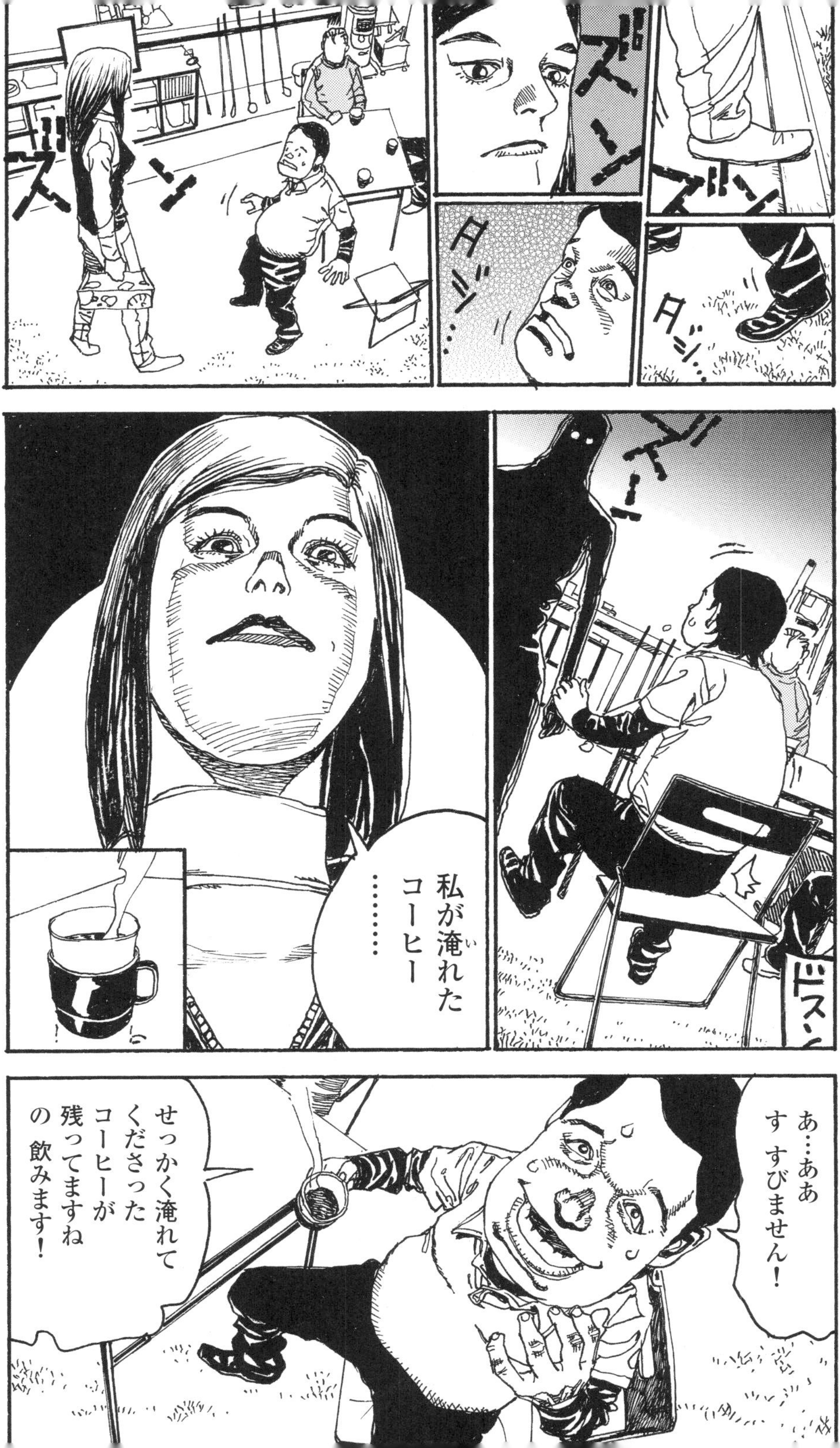
私が淹《い》れたコーヒー………
あ…ああ すすびません！
せっかく淹れてくださったコーヒーが残ってますね の飲みます！

コーヒーを飲む時 どうやって飲もうと 考えます?
え?
水平を保って カップを持ち上げ 下唇に そっと カップの縁をあてがい
その時 ヒジの 角度は 何度で… なんてこと 考えませんよね
わざわざ お茶請けを 買いに…
「今日は調子が悪いなぁ」といって まさか目や頭にコーヒーを 飲ませる人もいませんよね
そ そりゃあ…
誰だって無意識に コーヒーを飲む
もしカップを 持つ手首の 角度やヒジの 使い方を 意識したら かえって 飲むことが 難しくなる
でっ!

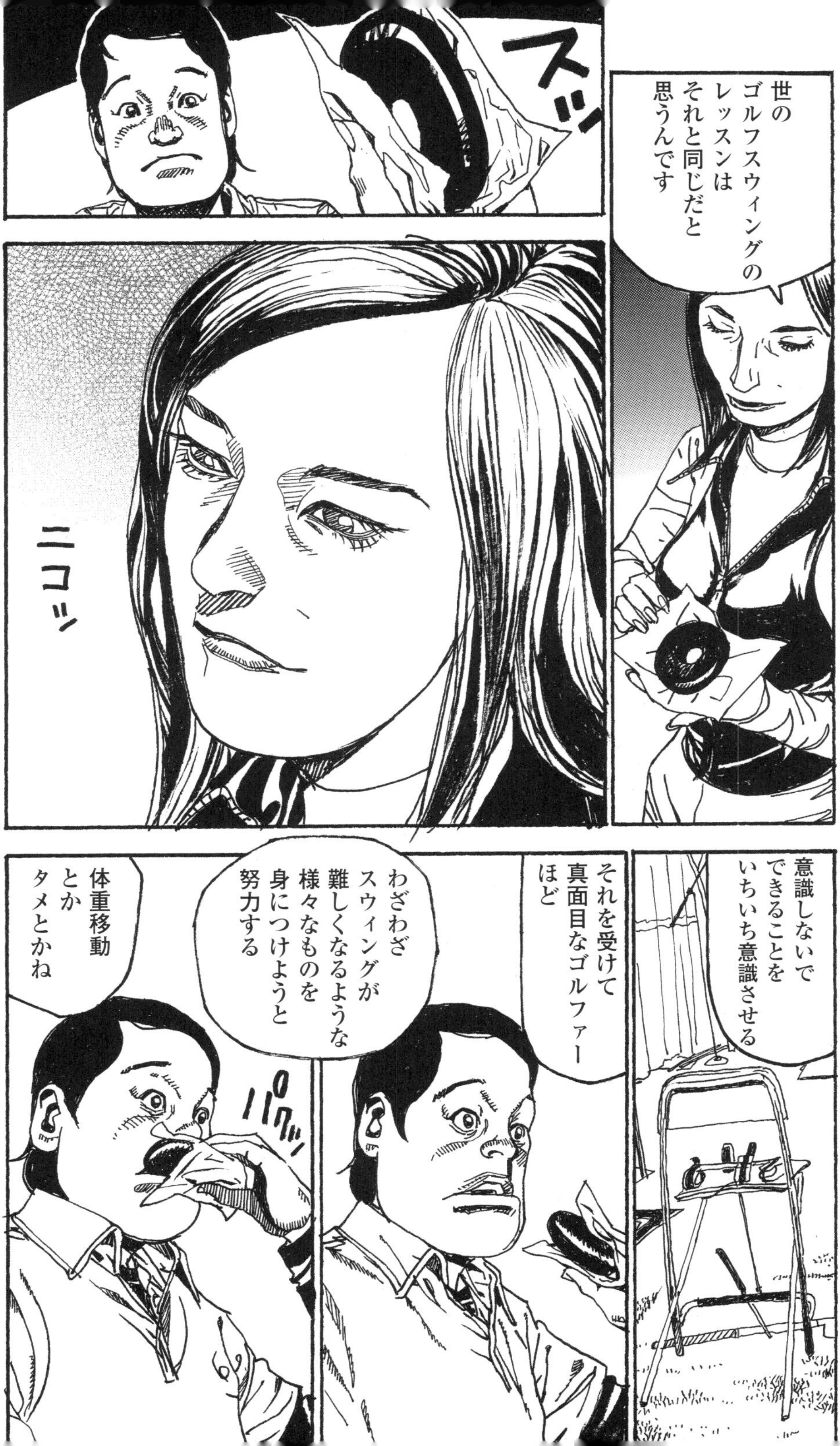
世のゴルフスウィングのレッスンはそれと同じだと思うんです
スッ
ニコッ
意識しないでできることをいちいち意識させる
それを受けて真面目なゴルファーほど
わざわざスウィングが難しくなるような様々なものを身につけようと努力する
体重移動とかタメとかね
パクッ

体重移動もタメも自分で意識してやるもんじゃないんだよ
フクちゃん
勝手に起きてしまうことなんだよ
勝手に起きてしまうことを自分でやろうとするからゴルフが難しくなるの
一番最初にいいましたよね
カルマを落とすことから始めると
あだっ！
体重移動しなきゃ・・・いけない
タメを作らなきゃ・・・いけない
右足を蹴らなきゃ・・・いけない
頭を残さなきゃ・・・いけない
etc…
ヒョイ
これは すべてカルマです

そうしないと
まともな球が打てないと
思い込んでいるだけです
パクッ
すべて忘れてください
ああっ
フレンチクルーラー取られたああ~~~っ!
けけどさ
佐久間さんがいうように
「スタート時に右ヒジを少し後ろに引く」だけで
誰もがまともな球を打てるようになるワケ!?
オレは どうしても信じられないんだけど………
わたくしが提唱するSスウィングは
〝慣性〟と〝連鎖性〟を最大限利用します
福田さん 目をつぶって右腰の高さでクラブを止めてください
……、

目をつぶって
右腰の高さでクラブを止める…
では目を開けてください
え
あ

クラブは右腰よりずっと高くに上がっていますよね
これが慣性です
一旦 動きだした両腕とクラブには勢いがつく
その勢いに任せれば
クラブはオートマチックにトップの位置まで持ち上がっていくのです
止めようと思ったのに勝手にクラブは上がってしまったわけです
上げようと思わなくても（自分でしようと思わなくても）
勝手に上がる（自然に起きてしまう）
のです
た 確かに…途中で止めようとしてここまで上がるんだ
止めることを意識せずに勢いに任せていればきっとトップまで……

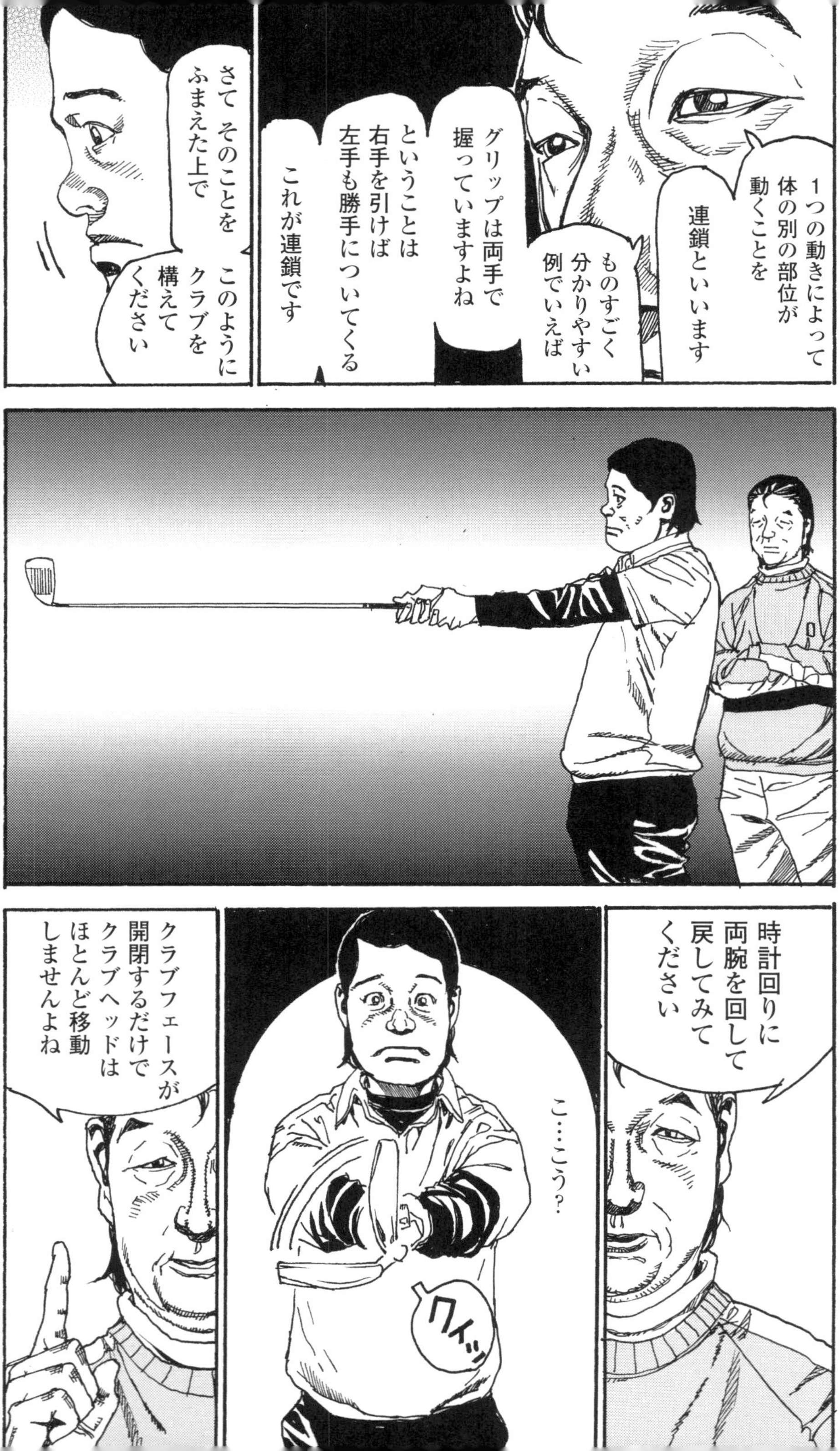
1つの動きによって体の別の部位が動くことを
連鎖といいます
ものすごく分かりやすい例でいえば
グリップは両手で握っていますよね
ということは右手を引けば左手も勝手についてくる
これが連鎖です
さて そのことをふまえた上で
このようにクラブを構えてください
時計回りに両腕を回してみてください
こ…こう？
クイッ
クラブフェースが開閉するだけでクラブヘッドはほとんど移動しませんよね

では次に左前腕とシャフトに角度をつけてクラブを構えてみてください
さっきと同じように時計回りに両腕を回してください
どうです
さっきとは比べ物にならないくらい
クラブヘッドが大きく移動するでしょう
クィッ
クィッ
う…
うん！
自分でやってることは同じなのにクラブの運動量が圧倒的に違うこれが効率のいいスウィングということです
肩をしっかり回そうとか
か…肩を…！
右足にしっかり体重移動しようとか
み右足に…！
両腕をできるだけ遠くに持って行ってワイドなスウィングアークを描こうとか
とお――くへ！
体を大きく使わないとクラブも大きく動かせないと思い込んでいる人がいますが
そんなことはないのです

左前腕とシャフトに150度の角度をつけて
腕を回すだけでクラブはこんなに大きく動く
グワッ
それを戻すだけで球は かなり飛んでいく
パシィ
パシィ
ああ…フントら！
続いて福田さん
右腕を肩の高さに上げてまっすぐ伸ばしてください手のひらは飛球方向に向けます
はい はい

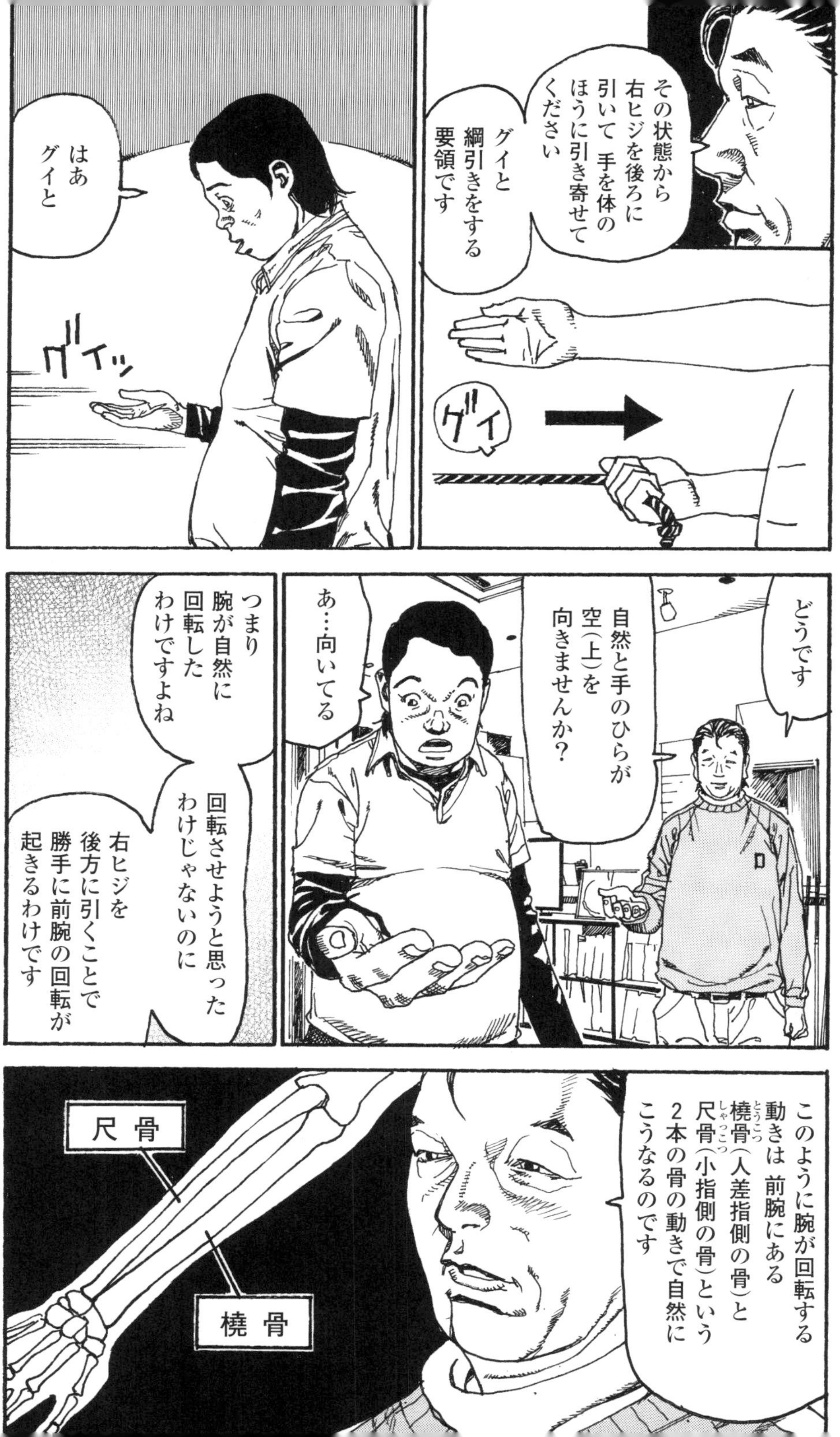
その状態から右ヒジを後ろに引いて 手を体のほうに引き寄せてください
グイと綱引きをする要領です
グイ
はあ グイと
グイッ
どうです
自然と手のひらが空(上)を向きませんか?
あ…向いてる
つまり腕が自然に回転したわけですよね
回転させようと思ったわけじゃないのに
右ヒジを後方に引くことで勝手に前腕の回転が起きるわけです
このように腕が回転する動きは 前腕にある橈骨《とうこつ》(人差指側の骨)と尺骨《しゃっこつ》(小指側の骨)という2本の骨の動きで自然にこうなるのです
尺骨
橈骨

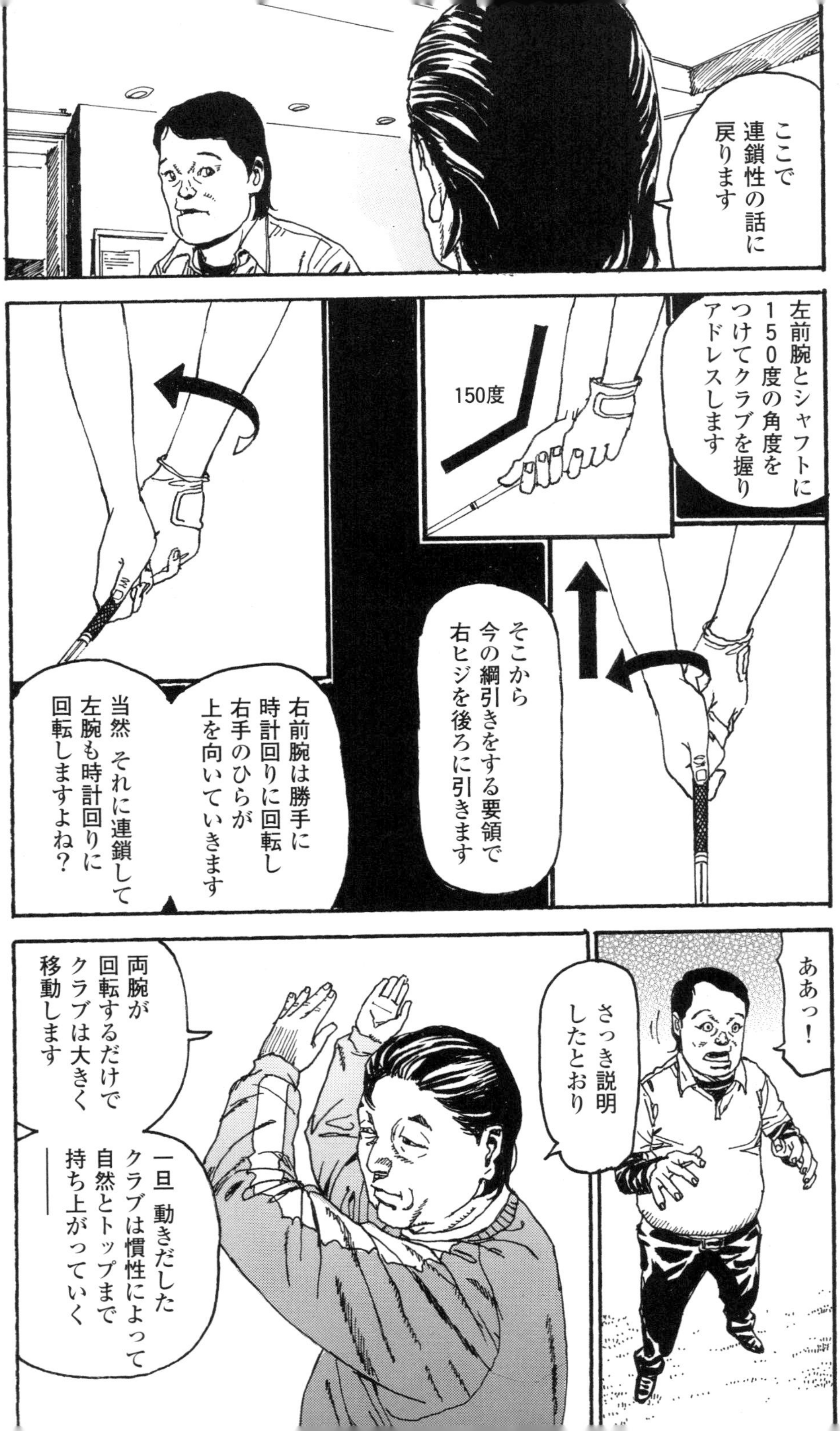
ここで連鎖性の話に戻ります
左前腕とシャフトに150度の角度をつけてクラブを握りアドレスします
150度
そこから今の綱引きをする要領で右ヒジを後ろに引きます
右前腕は勝手に時計回りに回転し右手のひらが上を向いていきます
当然 それに連鎖して左腕も時計回りに回転しますよね？
ああっ！
さっき説明したとおり
両腕が回転するだけでクラブは大きく移動します
一旦 動きだしたクラブは慣性によって自然とトップまで持ち上がっていく——

わたくしが「スタート時に右ヒジを少し後ろに引く」だけでトップまでの動きは完了するというのは——
こういうことなんです
ぜ 全部 つながった！
合点がいった
腑に落ちた……
こんなふうにスウィングを説明する人はこれまでいなかった！
フクちゃん こんなもんじゃないぜ カオルちゃんは
誰がカオルちゃんじゃっ！

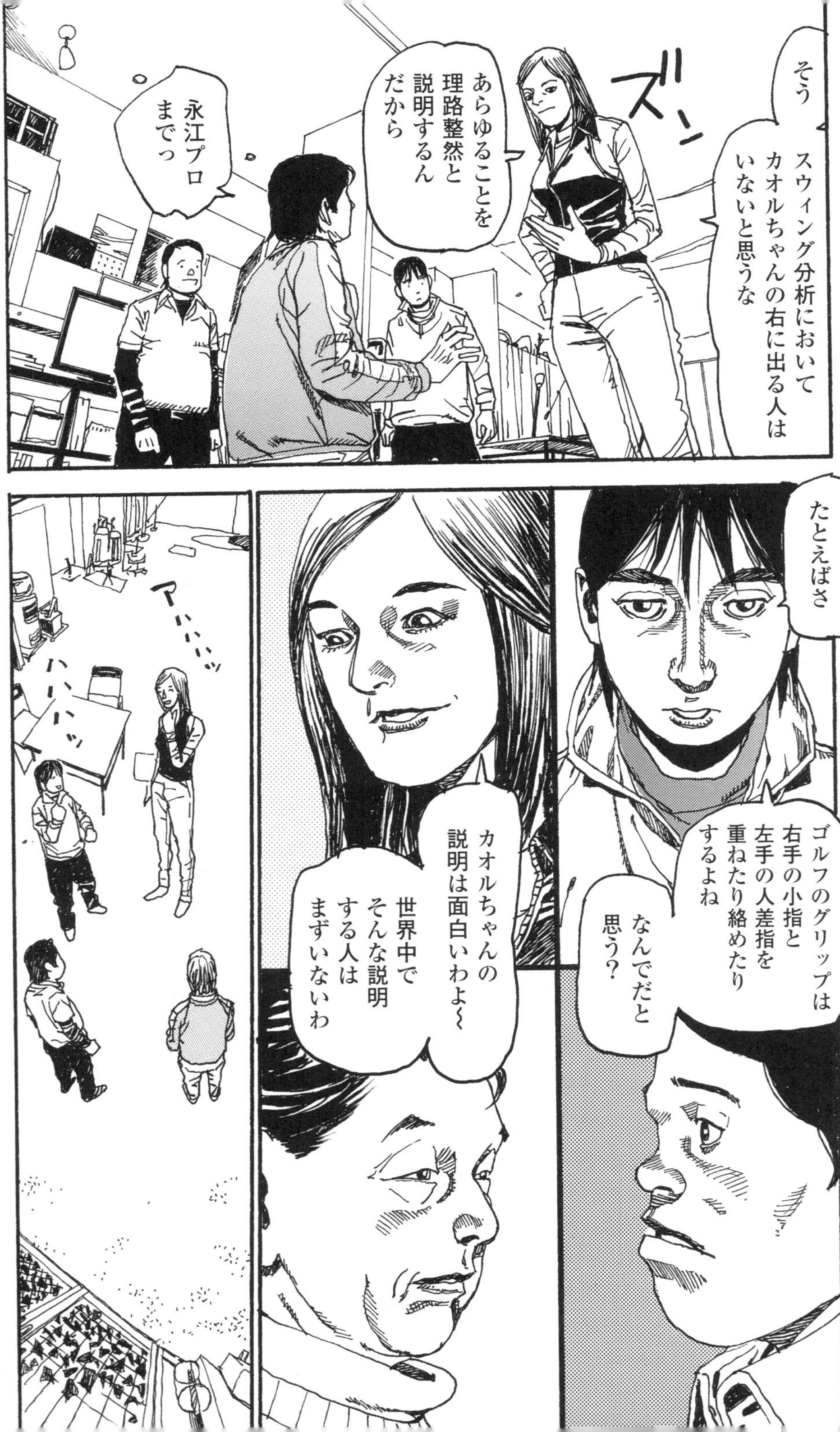
そう
スウィング分析において
カオルちゃんの右に出る人は
いないと思うな
ズン
あらゆることを
理路整然と
説明するんだから
永江プロまでっ
たとえばさ
ゴルフのグリップは
右手の小指と
左手の人差指を
重ねたり絡めたり
するよね
なんでだと
思う?
カオルちゃんの
説明は面白いわよ～
世界中で
そんな説明
する人は
まずいないわ
アハハハッ
ハハハッ

第7講 ダフらないグリップ

ゴルフのグリップは
右手の小指と左手の人差指を重ねたり絡めたりするよね
なんでだと思う？
カオルちゃんの説明は面白いわよー！
ウフフフ
世界中でそんな説明をする人まずいないわ

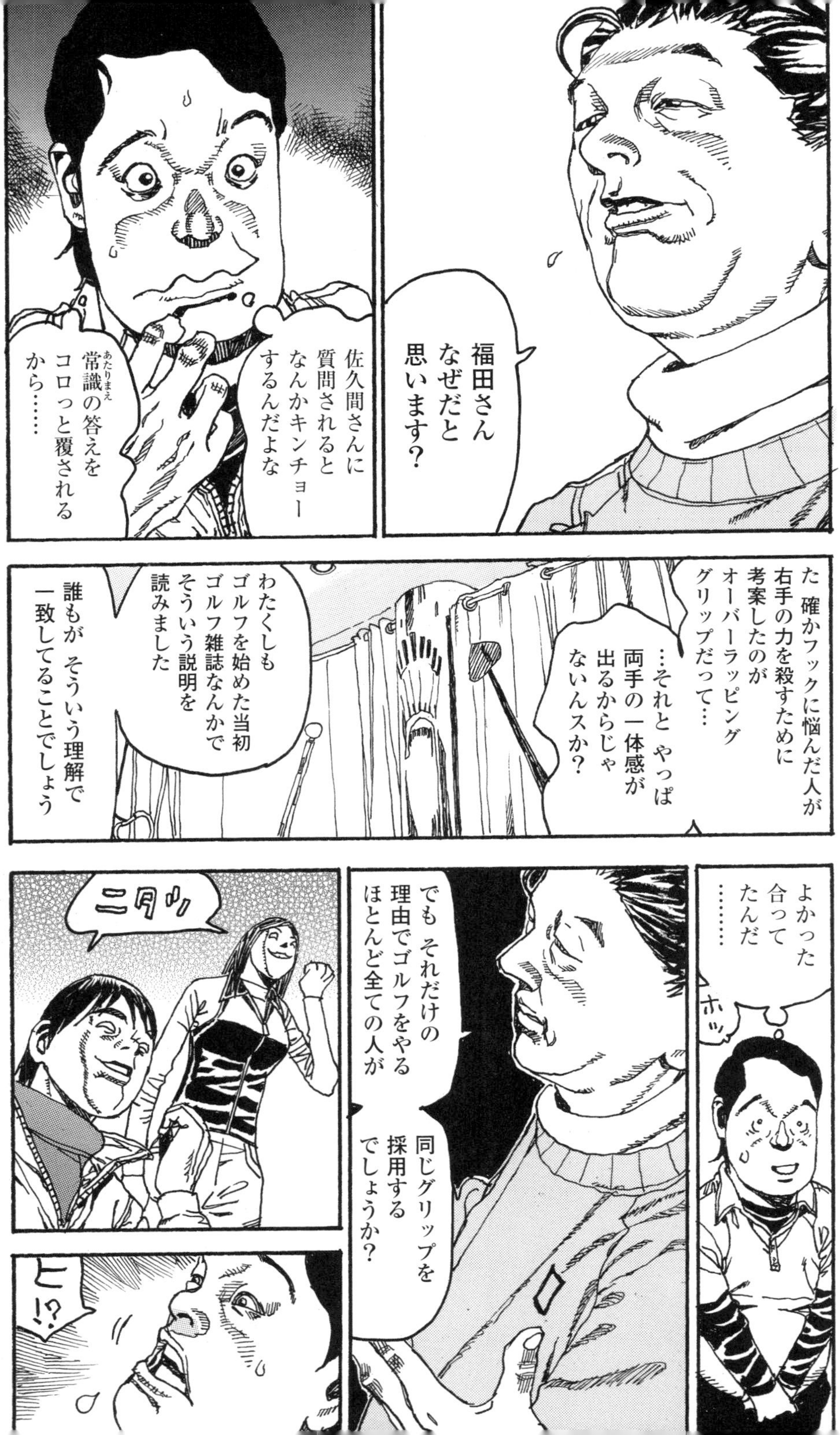

福田さん なぜだと 思います？
佐久間さんに 質問されると なんかキンチョー するんだよな
常識《あたりまえ》の答えを コロっと覆される から……
確かフックに悩んだ人が 右手の力を殺すためにた 考案したのが オーバーラッピング グリップだって…
…それと やっぱ 両手の一体感が 出るからじゃ ないんスか？
わたくしも ゴルフを始めた当初 ゴルフ雑誌なんかで そういう説明を 読みました
誰もが そういう理解で 一致してることでしょう
よかった 合って たんだ ………
ホッ
でも それだけの 理由でゴルフをやる ほとんど全ての人が
同じグリップを 採用する でしょうか？
ニタッ
と!?

ハリー・バードンがオーバーラッピンググリップを考案したのは1800年代の最後です
よほどすぐれた内容でなければ百数十年もの間に淘汰されているはずだと　わたくしは考えます
ハリー・バードン　1870〜1937
福田さん　左腕を肩の高さに上げてまっすぐ伸ばしてくれますか　手のひらは地面に向けます
え？　ハ…　ハイ！
その状態から小指と薬指をできるだけ強く速くギュッと握ってください
小指と薬指を強く速く……

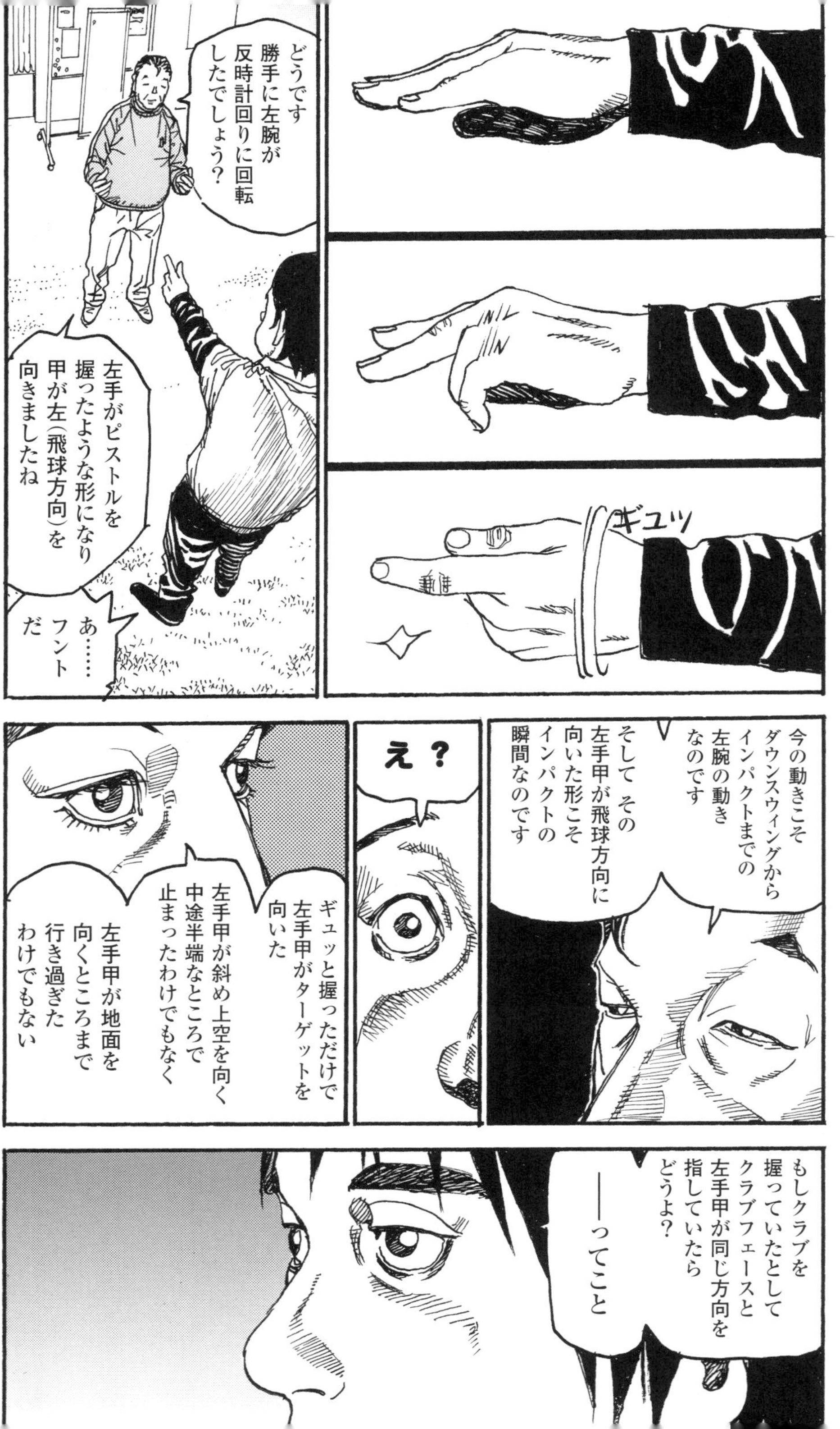

ギュッ
どうです 勝手に左腕が反時計回りに回転したでしょう?
左手がピストルを握ったような形になり甲が左(飛球方向)を向きましたね
あ……フントだ
今の動きこそダウンスウィングからインパクトまでの左腕の動きなのです
そして その左手甲が飛球方向に向いた形こそインパクトの瞬間なのです
え?
ギュッと握っただけで左手甲がターゲットを向いた
左手甲が斜め上空を向く中途半端なところで止まったわけでもなく
左手甲が地面を向くところまで行き過ぎたわけでもない
もしクラブを握っていたとしてクラブフェースと左手甲が同じ方向を指していたらどうよ?
——ってこと

ああっ
スクェアに球をヒットできる！
クラブフェースが戻りきらない（開く）でもなく閉じすぎるでもなく……！
左手小指と薬指をギュッと握り込むだけで
クラブフェース（左手甲）が勝手にスクェアになる
勝手にスクェアになるこの動きをスウィングに採り入れない手はないですよね
つまりヘッドスピードを上げ飛距離を出すためには左の人差指を中心にして手のひらをスピーディに回転させる
そしてこの動きをよく観察すると左の人差指を中心として回転しています
人差指が回転の中心
ダウンスウィングで小指と薬指をギュッと握り込んでピストルの形を作ればいいのです
フェースも勝手にスクェアに戻る

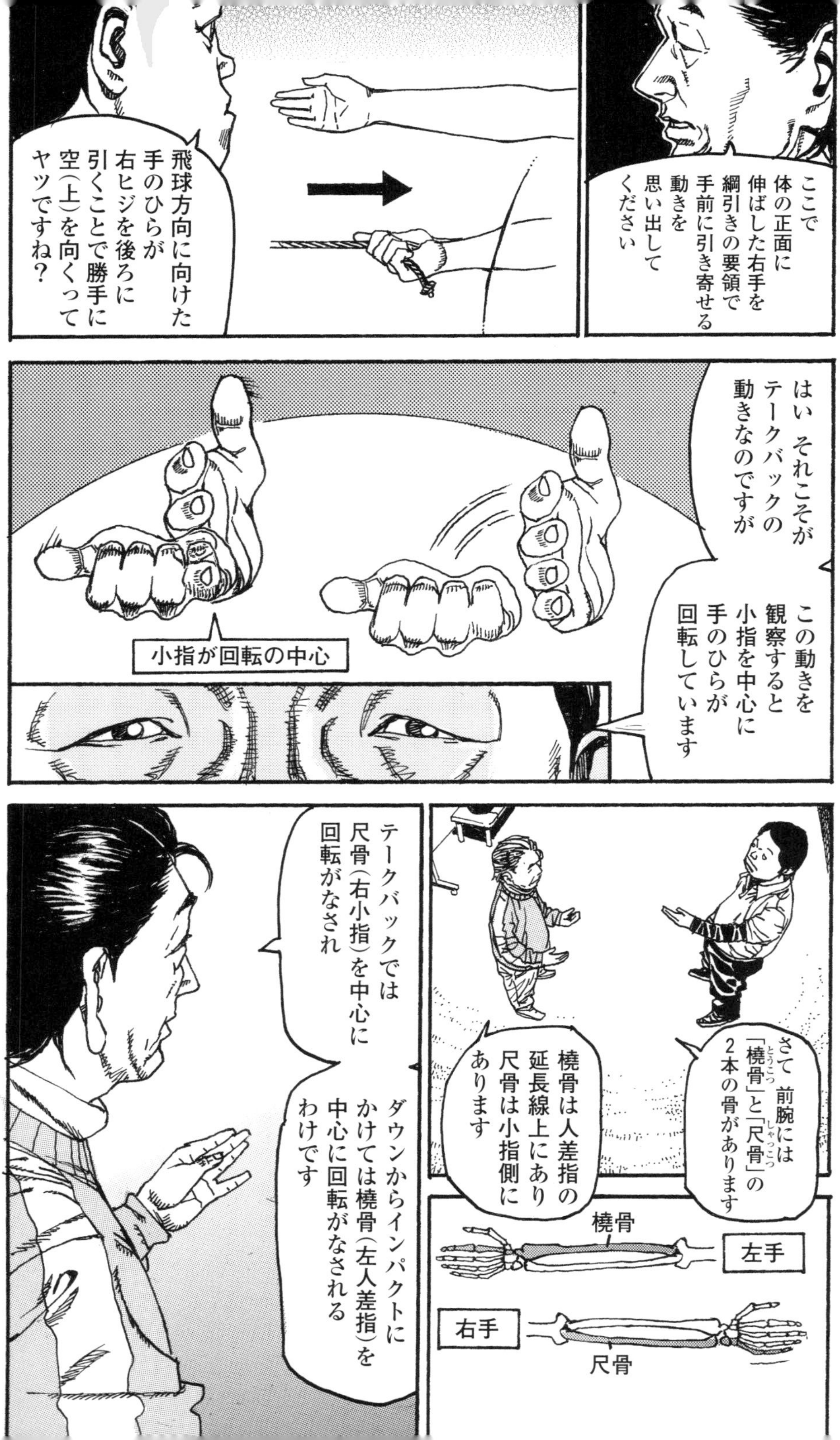
ここで体の正面に伸ばした右手を綱引きの要領で手前に引き寄せる動きを思い出してください
飛球方向に向けた手のひらが右ヒジを後ろに引くことで勝手に空(上)を向くってヤツですね?
はい それこそがテークバックの動きなのですが
この動きを観察すると小指を中心に手のひらが回転しています
小指が回転の中心
さて 前腕には「橈骨《とうこつ》」と「尺骨《しゃっこつ》」の2本の骨があります
橈骨は人差指の延長線上にあり尺骨は小指側にあります
テークバックでは尺骨(右小指)を中心に回転がなされ
ダウンからインパクトにかけては橈骨(左人差指)を中心に回転がなされるわけです
橈骨
左手
右手
尺骨

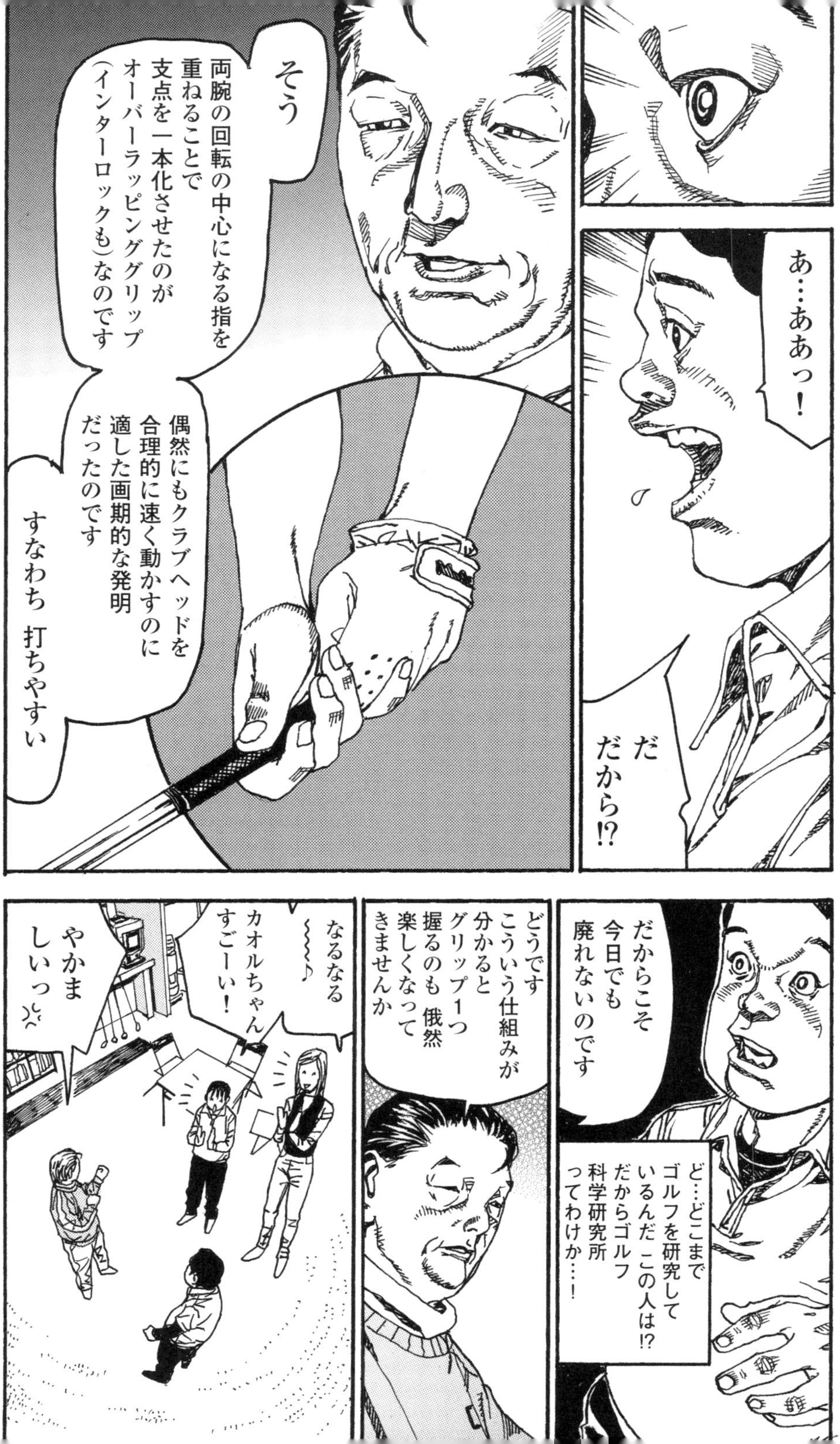

そう
両腕の回転の中心になる指を
重ねることで
支点を一本化させたのが
オーバーラッピンググリップ
(インターロックも)なのです
偶然にもクラブヘッドを
合理的に速く動かすのに
適した画期的な発明
だったのです
すなわち 打ちやすい
あ…ああっ！
だ
だから!?
だからこそ
今日でも
廃れないのです
ど…どこまで
ゴルフを研究して
いるんだ この人は!?
だからゴルフ
科学研究所
ってわけか……！
どうです
こういう仕組みが
分かると
握るのも
グリップ1つ 俄然
楽しくなって
きませんか
なるなる
〜〜〜♪
カオルちゃん
すごーい！
やかま
しいっ

Sスウィングの概要を大まかに理解してもらったところで
今日はこの辺にしておきましょうか
……ハイ
ありがとうございました
ペコッ
………
ピタッ
?
あの……
グリップについて教えてもらったついでに…ずっと気にかかっていることが1つだけあるんですけど
なんでしょう?

ホラ ダフらない グリップの 仕方があるって いってたじゃ ないですか
オレ よくダフるから すっごい ソレを 知りたいんです！
……
あ……
レッスン 終わったのに 迷惑ですよね？ つい 欲張っちゃって
何 いってんの フクちゃん
佐久間さんの 趣味 知ってる？
人にゴルフを うまくさせること なのよ
ゴルフがうまく なりたいという モチベーションの 高い方は 大歓迎です
福田さん ちょっと付き合って ください

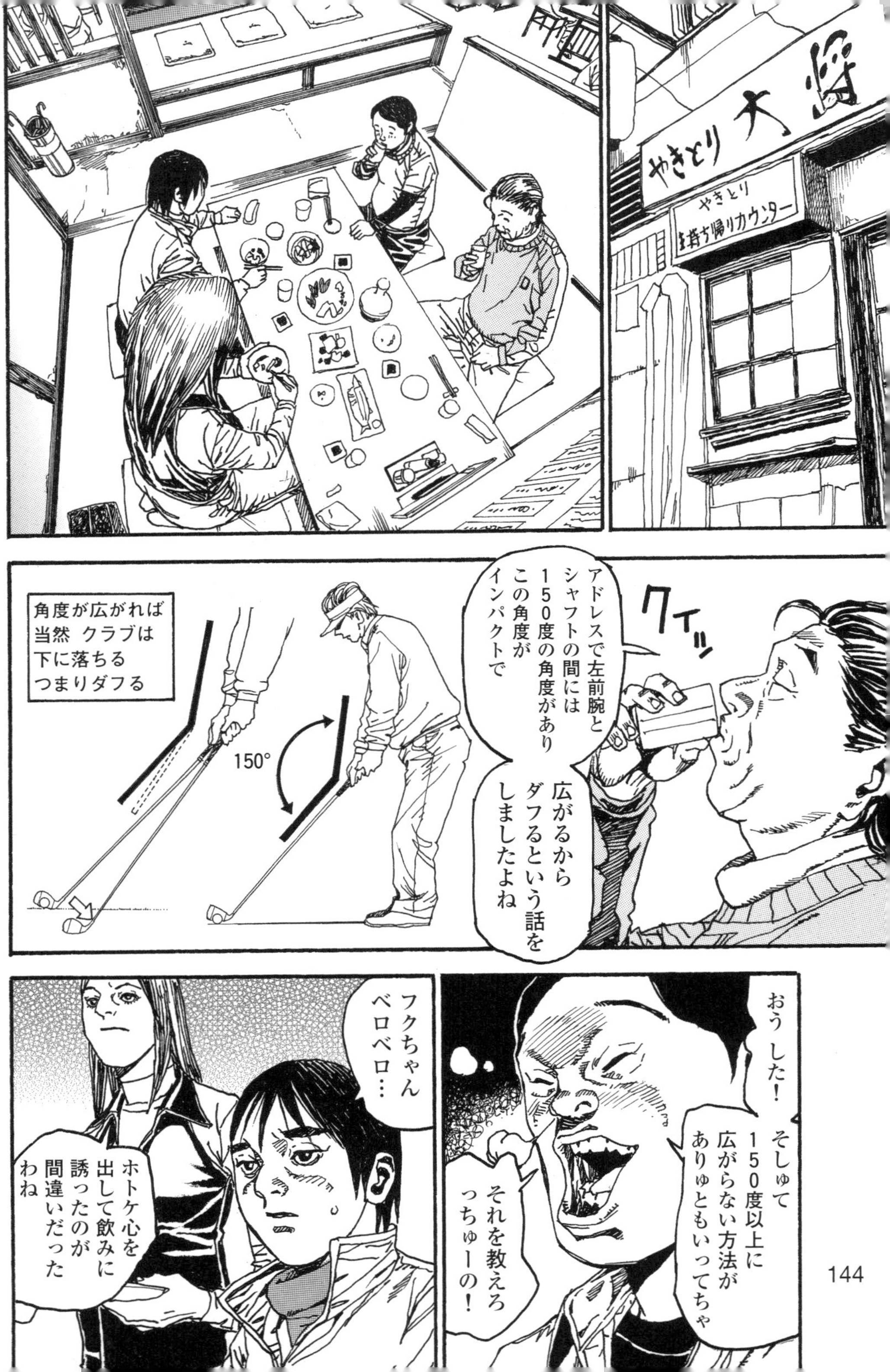
やきとり 大将
やきとり
主持ち帰りカウンター
クイッ
アドレスで左前腕と
シャフトの間には
150度の角度があり
この角度が
インパクトで
広がるから
ダフるという話を
しましたよね
角度が広がれば
当然 クラブは
下に落ちる
つまりダフる
150°
おう した！
そしゅて
150度以上に
広がらない方法が
ありゅともいってちゃ
それを教えろ
っちゅーの！
フクちゃん
ベロベロ…
ホトケ心を
出して飲みに
誘ったのが
間違いだった
わね

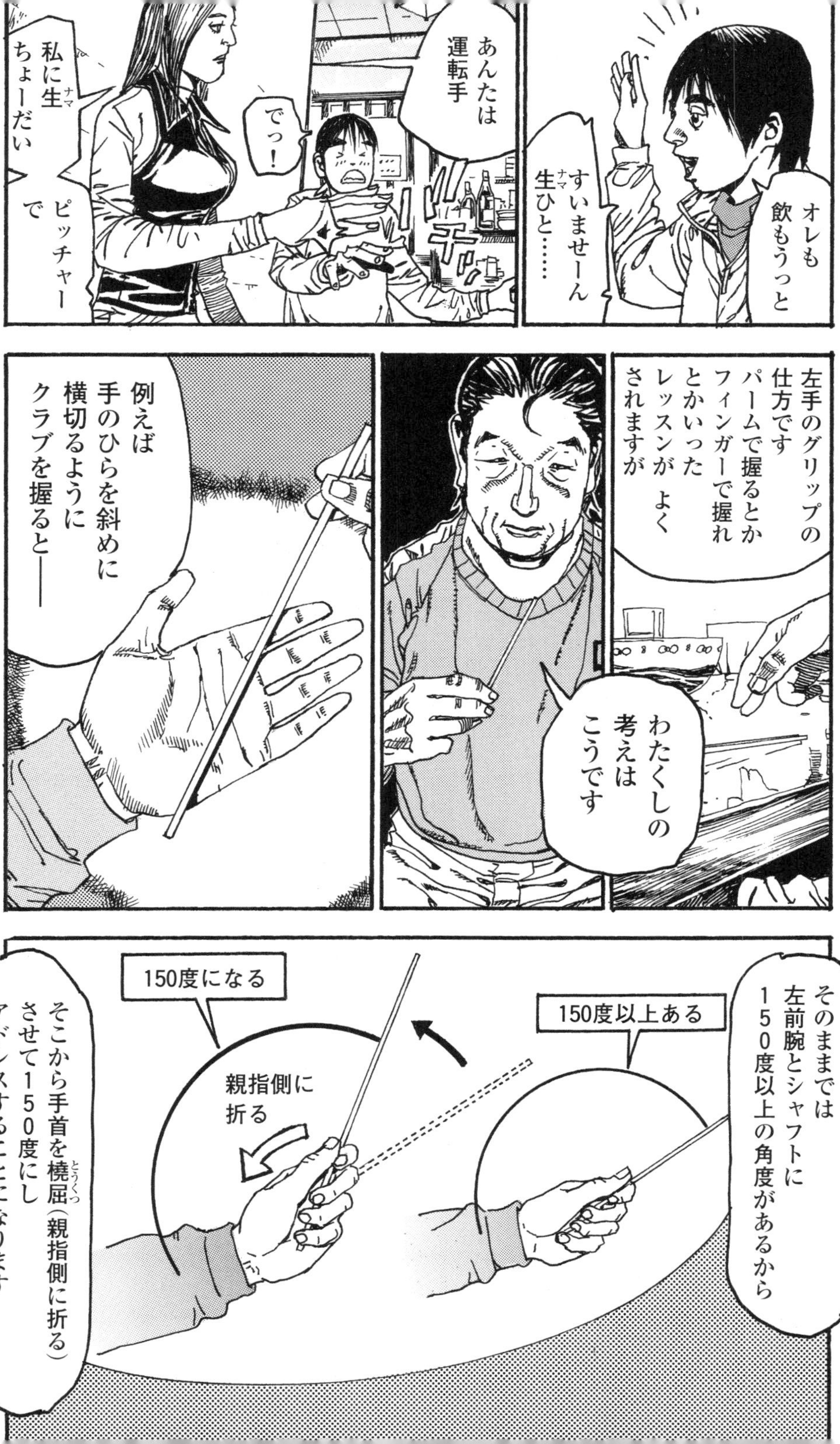

オレも飲もうっと
すいませーん生《ナマ》ひと……
あんたは運転手
でっ！
私に生《ナマ》ちょーだい
ピッチャーで
左手のグリップの仕方です パームで握るとかフィンガーで握れとかいったレッスンが よくされますが
わたくしの考えはこうです
例えば手のひらを斜めに横切るようにクラブを握ると——
そのままでは左前腕とシャフトに150度以上の角度があるから
150度以上ある
150度になる
親指側に折る
そこから手首を橈屈《とうくつ》（親指側に折る）させて150度にしアドレスすることになります

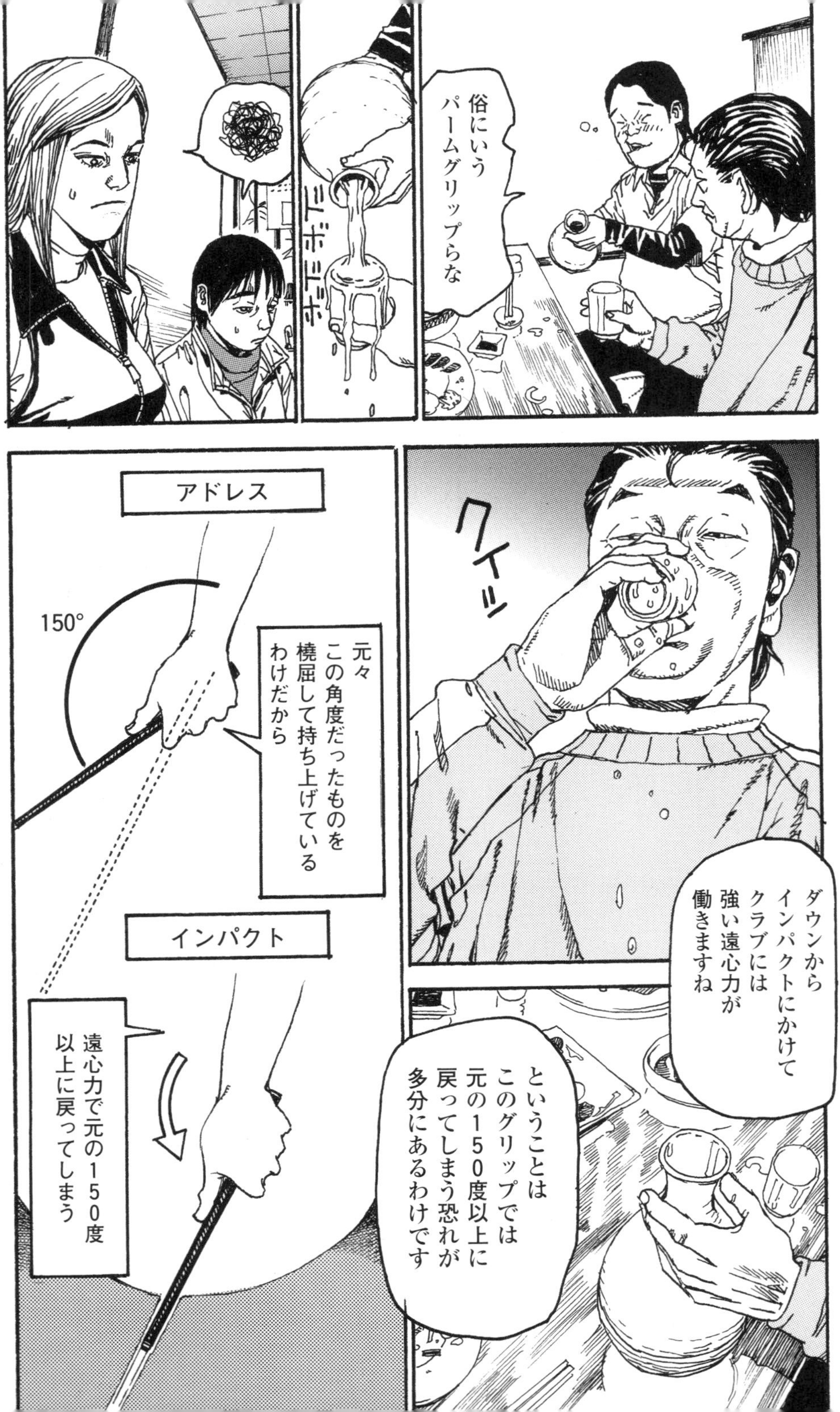
俗にいう
パームグリップらな
ドボドボドボ
クイッ
ダウンから
インパクトにかけて
クラブには
強い遠心力が
働きますね
ということは
このグリップでは
元の150度以上に
戻ってしまう恐れが
多分にあるわけです
アドレス
150°
元々
この角度だったものを
橈屈して持ち上げている
わけだから
インパクト
遠心力で元の150度
以上に戻ってしまう

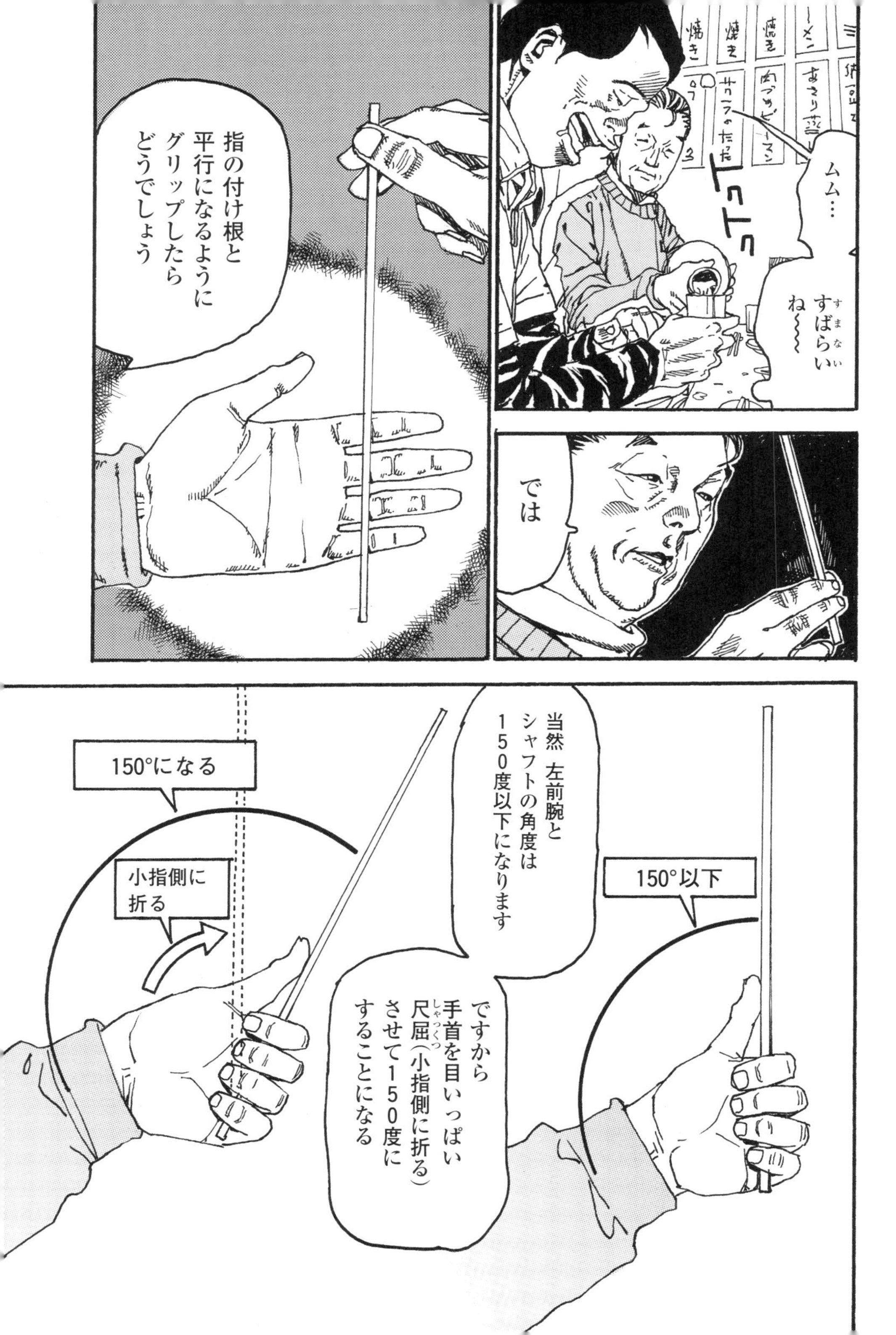
ムム…
すばらい《すまない》ね〜〜
トクトク
では
指の付け根と平行になるようにグリップしたらどうでしょう
当然 左前腕とシャフトの角度は150度以下になります
150°以下
ですから手首を目いっぱい尺屈《しゃっくつ》(小指側に折る)させて150度にすることになる
150°になる
小指側に折る

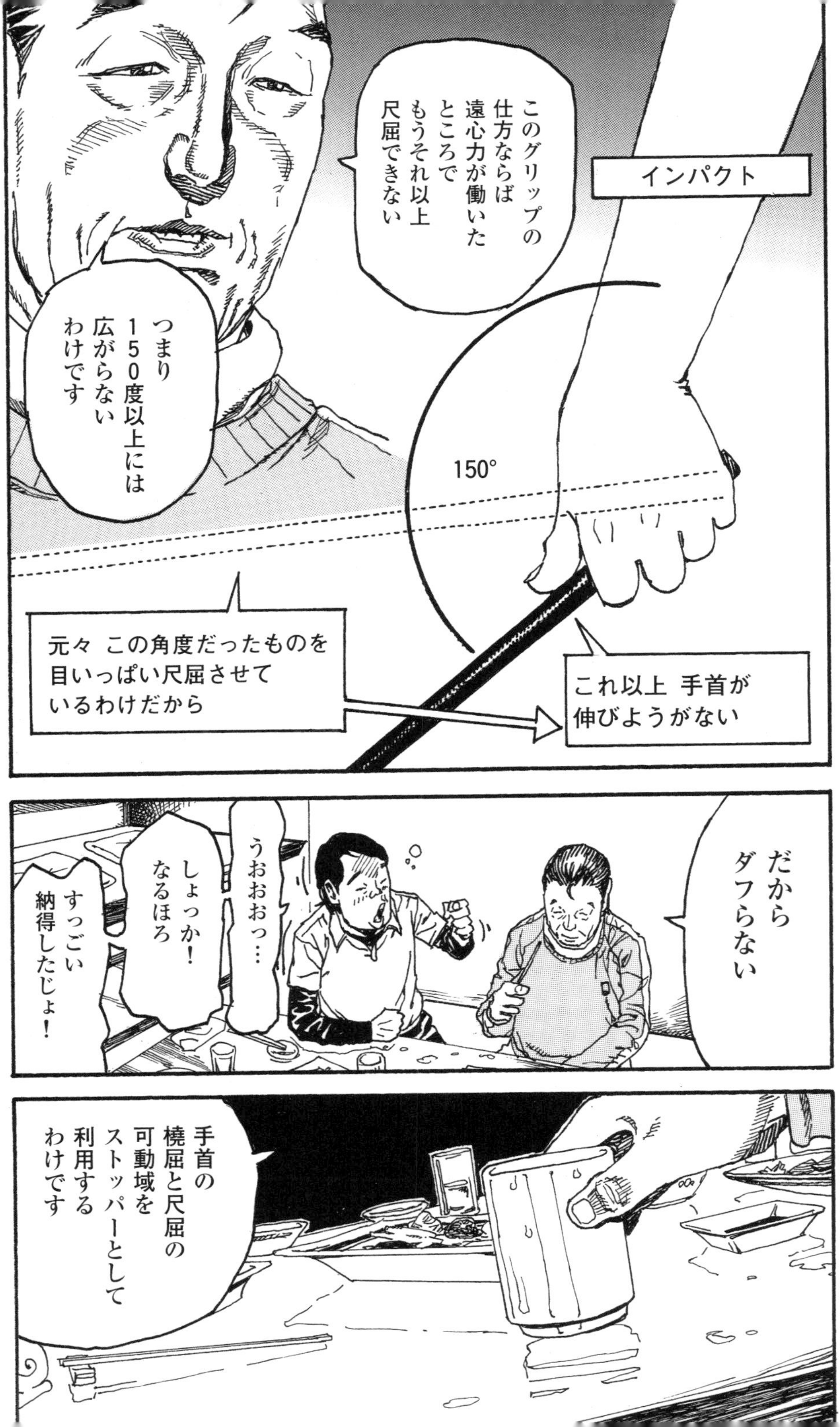
このグリップの仕方ならば遠心力が働いたところでもうそれ以上尺屈できない
つまり150度以上には広がらないわけです
インパクト
150°
これ以上 手首が伸びようがない
元々 この角度だったものを目いっぱい尺屈させているわけだから
だからダフらない
うおおおっ…
しょっか！なるほろ
すっごい納得したじょ！
手首の橈屈と尺屈の可動域をストッパーとして利用するわけです

クイッ
しゃくまひゃん…
あーたしゅごい！
あーたの説明にはかならじゅ
納得できりゅ答がありゅ…っ！
決めちゃ！
オレはあーたについていく！
オレをかならじゅうまくさせろっち！
ダフらないグリップの仕方も分かったけど…もう1つ分かったことがある
土手
ドテ
はい

フガ
佐久間馨はゴルフも
めっぽううまいが
アルコールも
めっぽう強いってことラ!
藤田
家まで送って
おやり
ええ――っ!?

第8講 左のグリちゃん

わたくしは練習を しません
それでも東名CCの クラブチャンピオンを とり
関東アマにも 何度も出場し ハンディキャップは +4までいきました
わたくしは キツイ つらい 苦しい ことが嫌いです
練習場で 何百球も打って 同じ動きを体に 染み込ませようとする ことを面白いと 思えないのです

『練習ぎらいはゴルフがうまい!』
という自著を出版してからは
佐久間馨は練習しない
というイメージが すっかり
できあがってしまいました
ルルル
だから わたくしが
練習場を訪れると――
バタン
アレ 佐久間馨
なんじゃん?
ホラ
ゴルフネットワークの
100切り選手権とかで
テレビに よく出てる…

ホントだ
練習なんかしないって嘯《うそぶ》いてるクセにやっぱ練習場に通ってるじゃん

だと思ったんだ練習もしないでいつもパープレーとかで回れるワケないもんな

陰でたくさん球を打ってんだよ

——といったように白い目で見られます（笑）
でも わたくしが今日 練習場《ここ》を訪れたのは……
いた いた！
やっぱりいやがった

福田さん
ブッポコ〜〜ン
あ
さ
佐久間さん!
Sスウィングを ちゃんと理解する までは 球は打たない ほうがいいぜって いったのに やっぱ 練習して やがったな フクちゃん
ケケッ
る…るせえ! 練習じゃない 実験をしてたんだよ
わたくしは別に 練習が悪いとは いってないのです
ただ 同じことを 繰り返すのは やめましょうと 提案しているのです

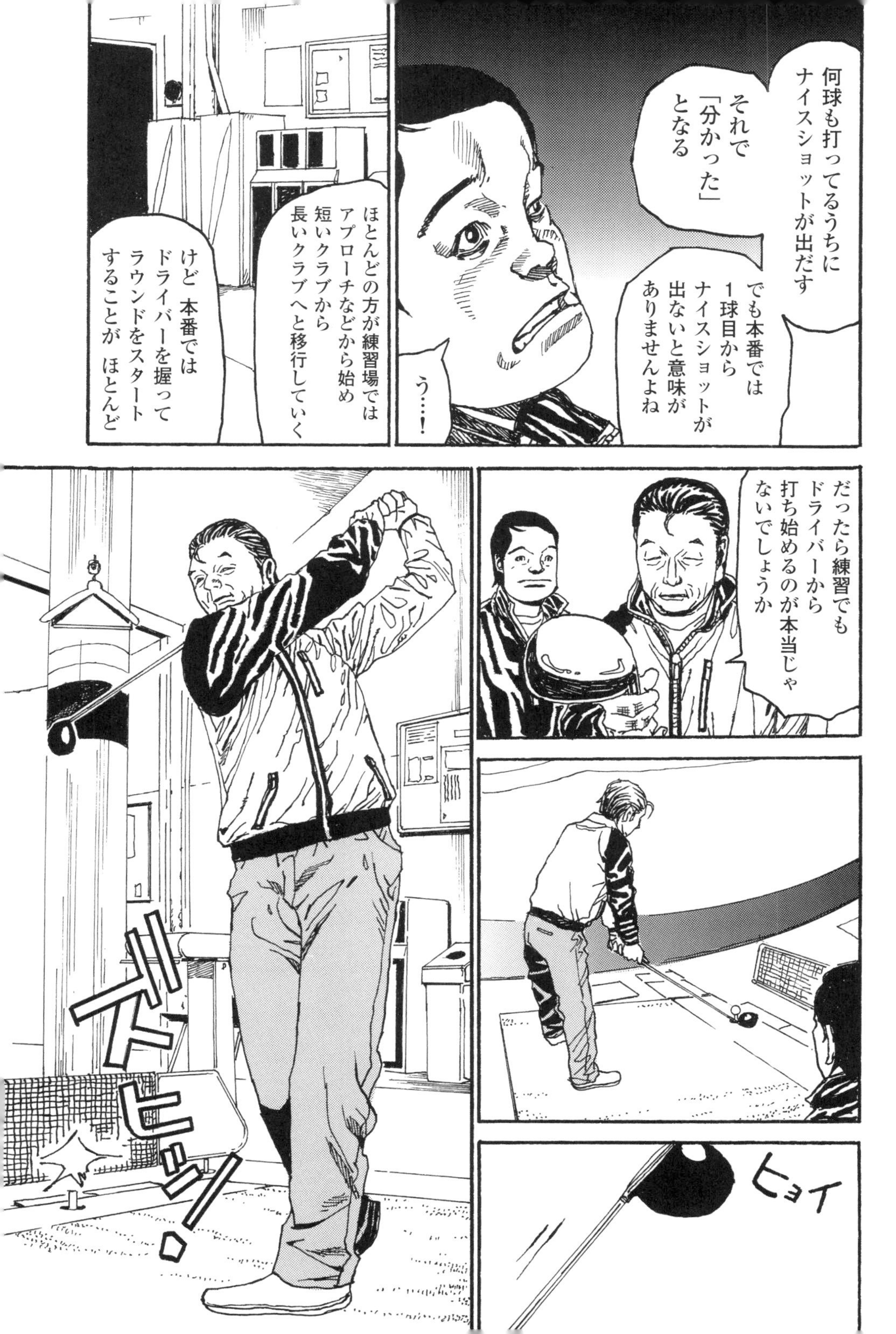
何球も打ってるうちにナイスショットが出だす
それで「分かった」となる
でも本番では1球目からナイスショットが出ないと意味がありませんよね
う…！
ほとんどの方が練習場ではアプローチなどから始め短いクラブから長いクラブへと移行していく
けど 本番ではドライバーを握ってラウンドをスタートすることが ほとんど
だったら練習でもドライバーから打ち始めるのが本当じゃないでしょうか
ヒョイ
ドヒッ！

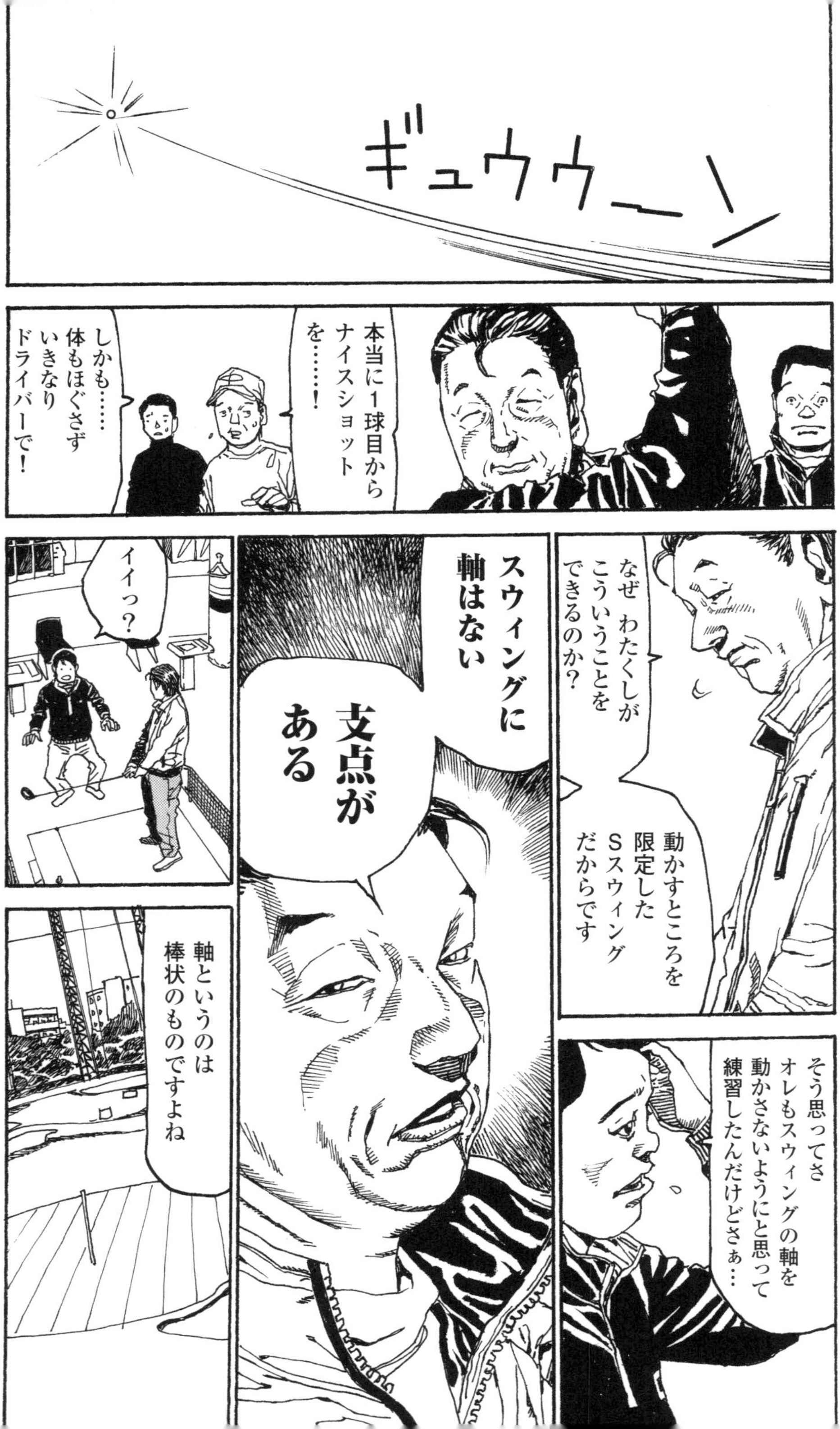
ギュウウーン
本当に1球目からナイスショットを……!
しかも……体もほぐさずいきなりドライバーで!
なぜ わたくしがこういうことをできるのか?
動かすところを限定したSスウィングだからです
スウィングに軸はない
支点がある
イイっ?
そう思ってさオレもスウィングの軸を動かさないようにと思って練習したんだけどさぁ…
軸というのは棒状のものですよね

よくいわれるのが「背骨を軸にして体を回転させろ」というレッスン
「頭のテッペンからお尻の穴まで串刺しにしてその串の先端が地面に固定されてるイメージ」
なんていい方も聞きます
しかし これだと肩と腰の回転の傾きは同じになります
そして背中側に軸があるわけですから
上体がバックスウィングでは大きく右へフォロースルーでは大きく左に移動することになります

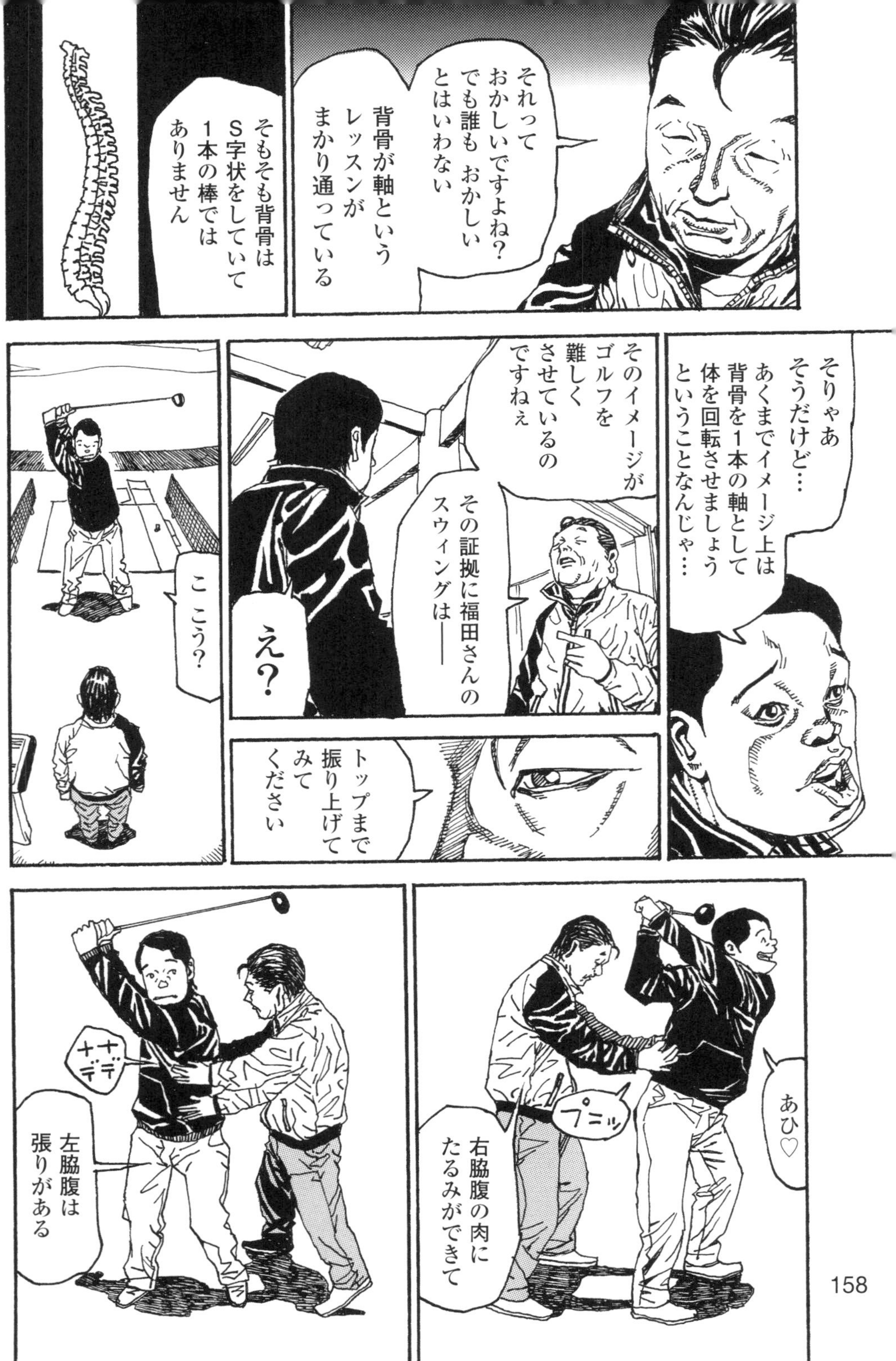

それって
おかしいですよね？
でも誰も おかしい
とはいわない
背骨が軸という
レッスンが
まかり通っている
そもそも背骨は
S字状をしていて
1本の棒では
ありません
そりゃあ
そうだけど…
あくまでイメージ上は
背骨を1本の軸として
体を回転させましょう
ということなんじゃ…
そのイメージが
ゴルフを
難しく
させているの
ですねぇ
その証拠に福田さんの
スウィングは——
え？
トップまで
振り上げて
みて
ください
こ こう？
あひ♡
プニッ
右脇腹の肉に
たるみができて
ナデナデ
左脇腹は
張りがある

大きく上体が回って 右に体重が乗ったトップじゃないですか
いやあ それほどでもぉ…
皆さんも ご自分のトップでどちらの脇腹にたるみが生じるか確認してみてください
ガビーン
ショック
褒められたと思ったのに
福田さんと同じなら球を打つのに四苦八苦していらっしゃることでしょう
ダ…ダメなの？
ダメとはいいませんが
いつもクラブの芯で球をとらえるのは難しいだろうなあと
それだと球に対して自分が あまりにも動きすぎだから打点がバラつくんだよ
だ だあら
体が動きすぎないよう 軸をイメージしてるわけであって…！
もう一度いいます
スウィングに軸はありません
軸をイメージするから体が無駄に動いてしまうのです

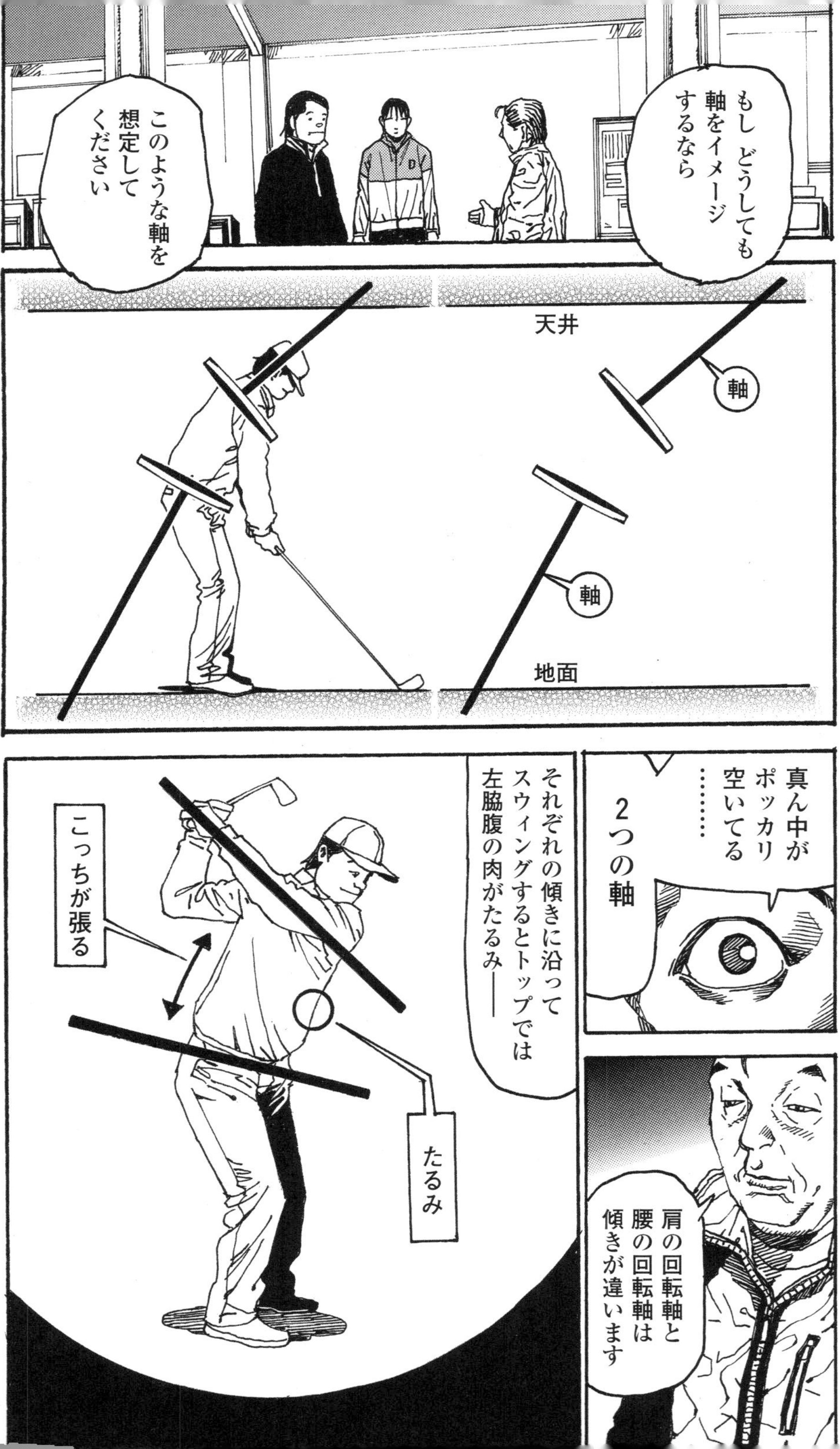

もし どうしても軸をイメージするなら
このような軸を想定してください
天井
軸
軸
地面
真ん中がポッカリ空いてる……
2つの軸
それぞれの傾きに沿ってスウィングするとトップでは左脇腹の肉がたるみ――
こっちが張る
たるみ
肩の回転軸と腰の回転軸は傾きが違います

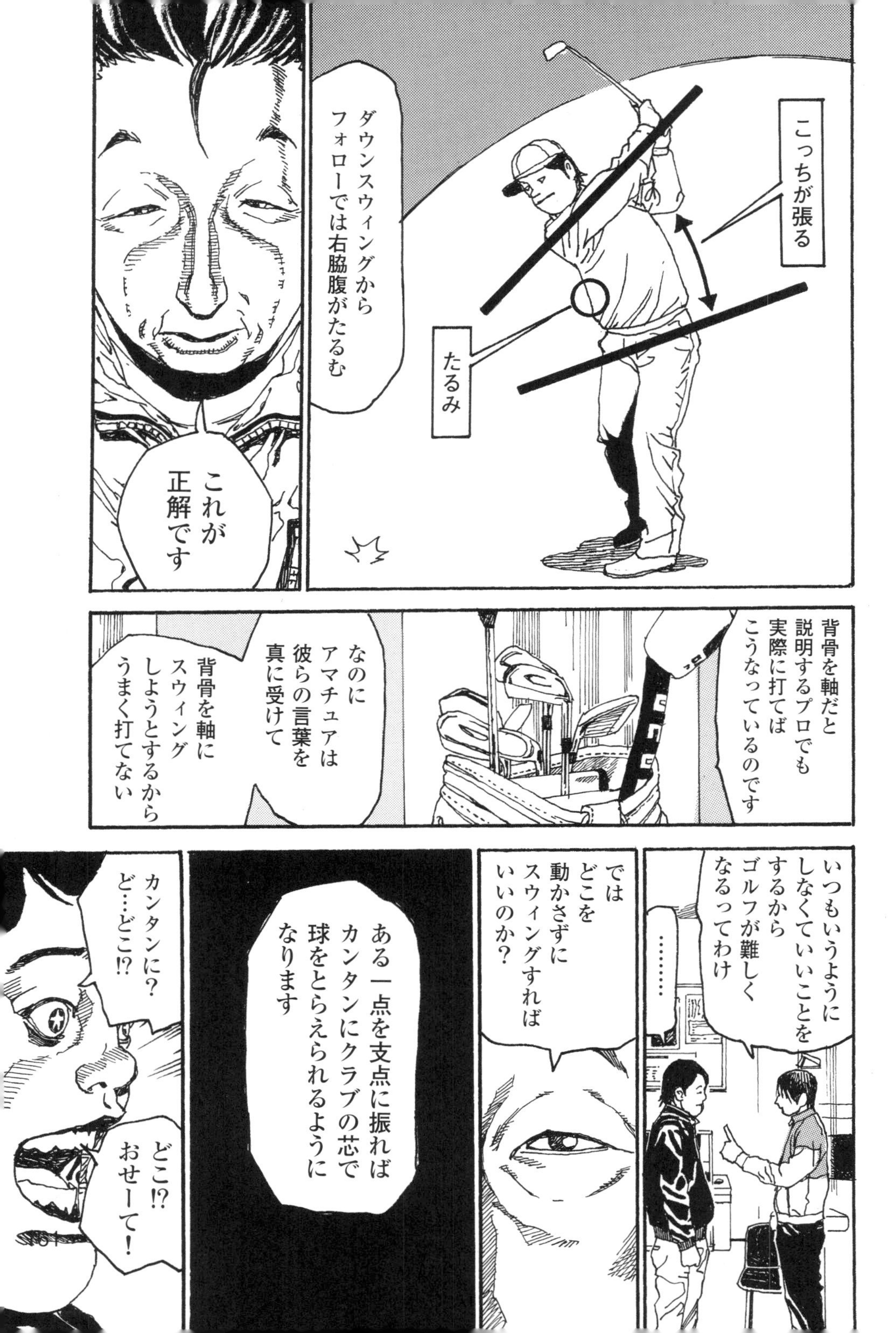
こっちが張る
たるみ
ダウンスウィングからフォローでは右脇腹がたるむ
これが正解です
背骨を軸だと説明するプロでも実際に打てばこうなっているのです
なのにアマチュアは彼らの言葉を真に受けて
背骨を軸にスウィングしようとするからうまく打てない
いつもいうようにしなくていいことをするからゴルフが難しくなるってわけ
………
ではどこを動かさずにスウィングすればいいのか?
ある一点を支点に振ればカンタンにクラブの芯で球をとらえられるようになります
カンタンに?ど…どこ!?
どこ!?おせーて!

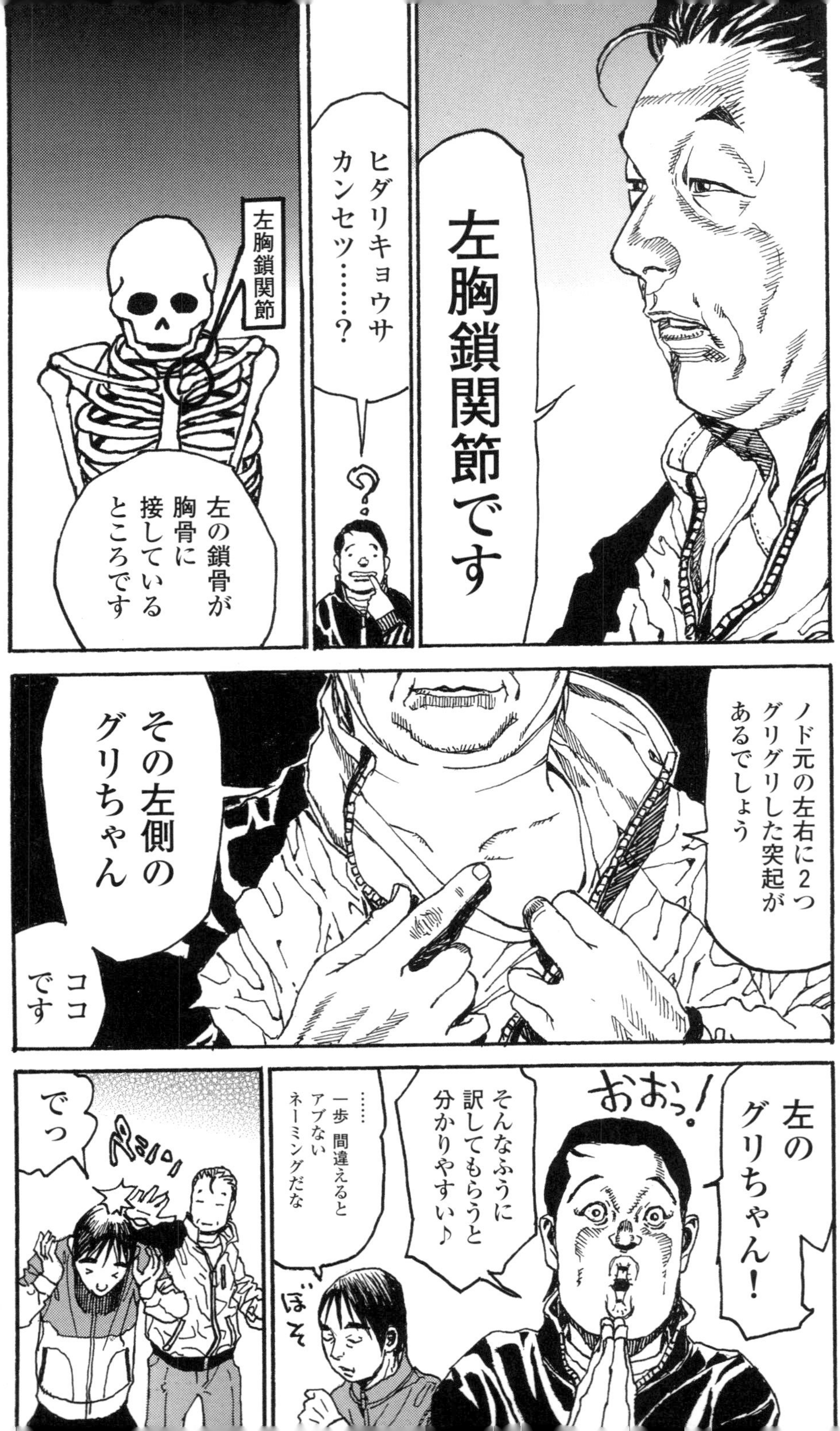
左胸鎖関節です
ヒダリキョウサカンセツ……？
左胸鎖関節
左の鎖骨が胸骨に接しているところです
ノド元の左右に2つグリグリした突起があるでしょう
その左側のグリちゃん
ココです
左のグリちゃん！
おおっ！
そんなふうに訳してもらうと分かりやすい♪
……一歩 間違えるとアブないネーミングだな
ぼそ
でっ

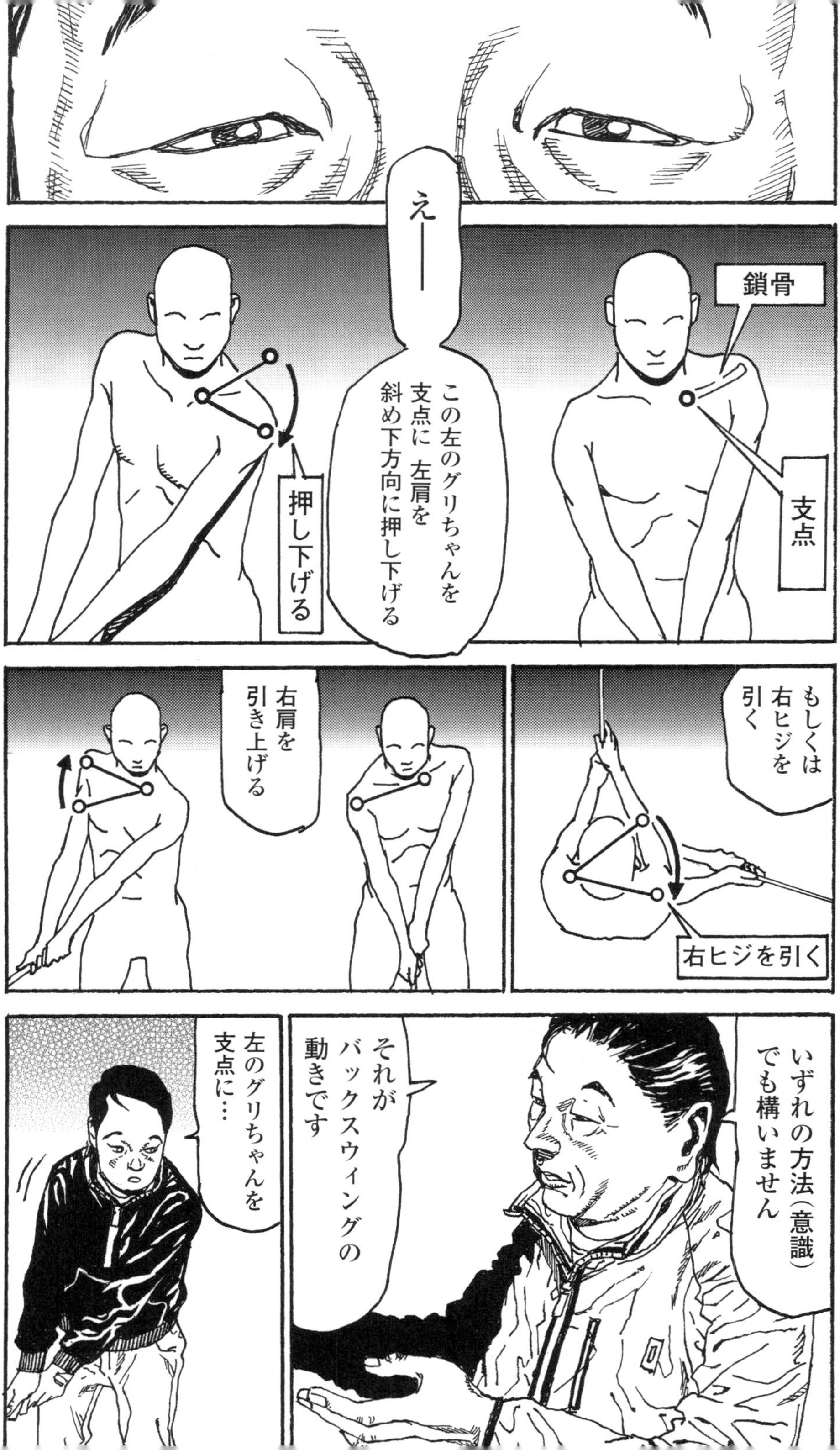

え――
鎖骨
支点
この左のグリちゃんを支点に 左肩を斜め下方向に押し下げる
押し下げる
もしくは右ヒジを引く
右ヒジを引く
右肩を引き上げる
いずれの方法(意識)でも構いません
それがバックスウィングの動きです
左のグリちゃんを支点に…

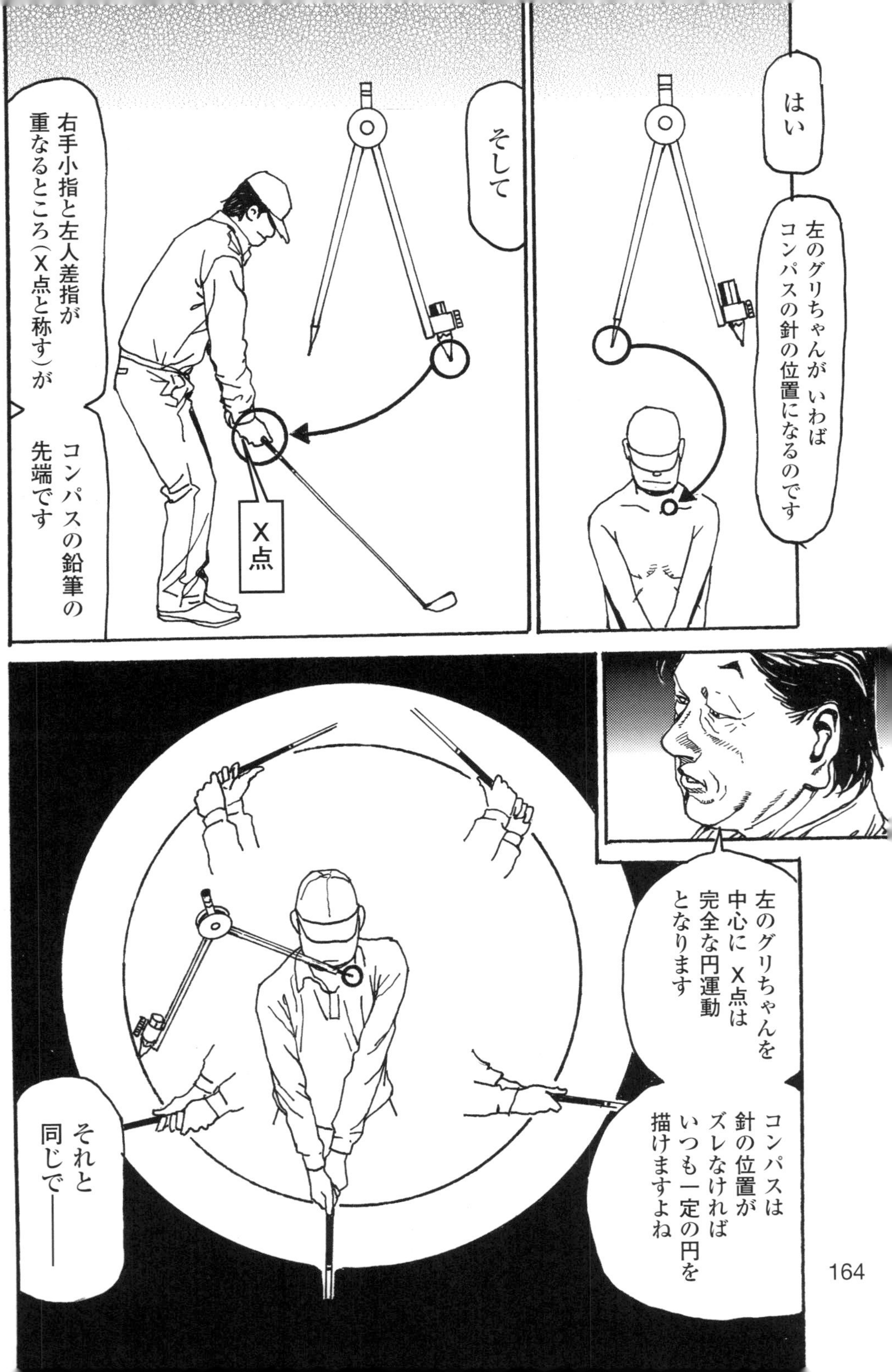
はい
左のグリちゃんが いわば
コンパスの針の位置になるのです
そして
右手小指と左人差指が
重なるところ（X点と称す）が
コンパスの鉛筆の
先端です
X点
左のグリちゃんを
中心に X点は
完全な円運動
となります
コンパスは
針の位置が
ズレなければ
いつも一定の円を
描けますよね
それと
同じで――――

ああっ
そうか！
左のグリちゃんを動かさなければいつも同じところを両手が通る…
つまりいつも安定して球を打ち抜くことができる!!
分かったようだなフクちゃん！
そう
動かさないようにすべきところは背骨でも頭でもなく
左のグリちゃんなんだよ
そこを意識することでスウィングはずっと単純になる
藤田
動かさないように
という否定語は脳が体の動きにブレーキをかける
肯定語に置き換えよう
あ…
Sメソッドではゴルフは肯定語でプレーします
例えば「林に入れたくない」ではなく「フェアウェイセンターに打とう」です
「3パットしたくない」ではなく「2パットでいこう」です
否定語を使うと結果も否定的に
肯定語を使えば結果も肯定的になるのです

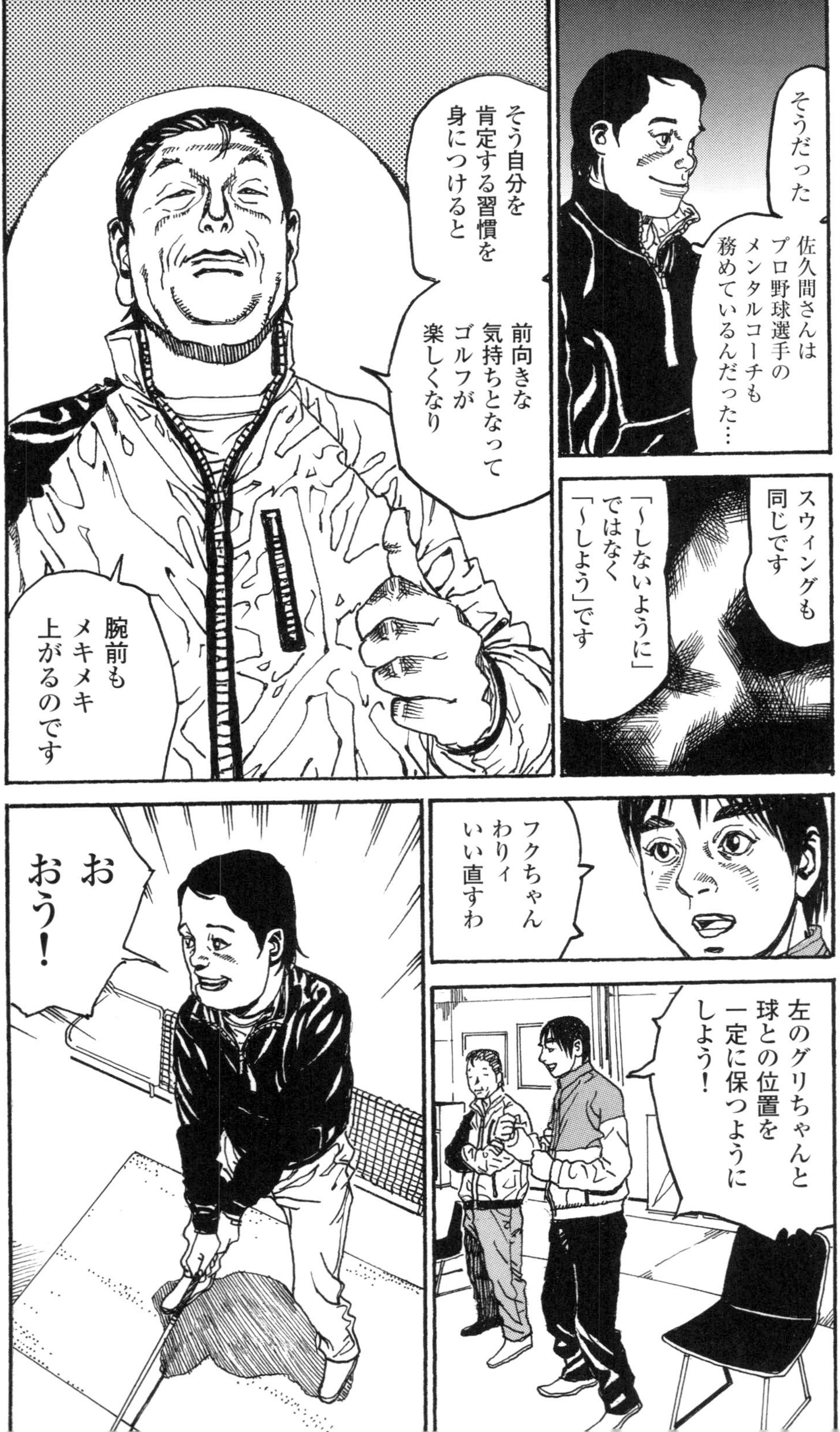
そうだった
佐久間さんはプロ野球選手のメンタルコーチも務めているんだった…
スウィングも同じです
「～しないように」ではなく「～しよう」です
そう自分を肯定する習慣を身につけると
前向きな気持ちとなってゴルフが楽しくなり
腕前もメキメキ上がるのです
フクちゃんわりィいい直すわ
左のグリちゃんと球との位置を一定に保つようにしよう！
おおう！

第9講
トップの常識は大ウソ！

左のグリちゃん＝左鎖骨の付け根
X点＝右手小指と左手人差指が重なっているところ
左のグリちゃんを中心にX点は完全な円運動となる！
左のグリちゃんと球の位置をスウィング中一定に保つようにして……
スッ

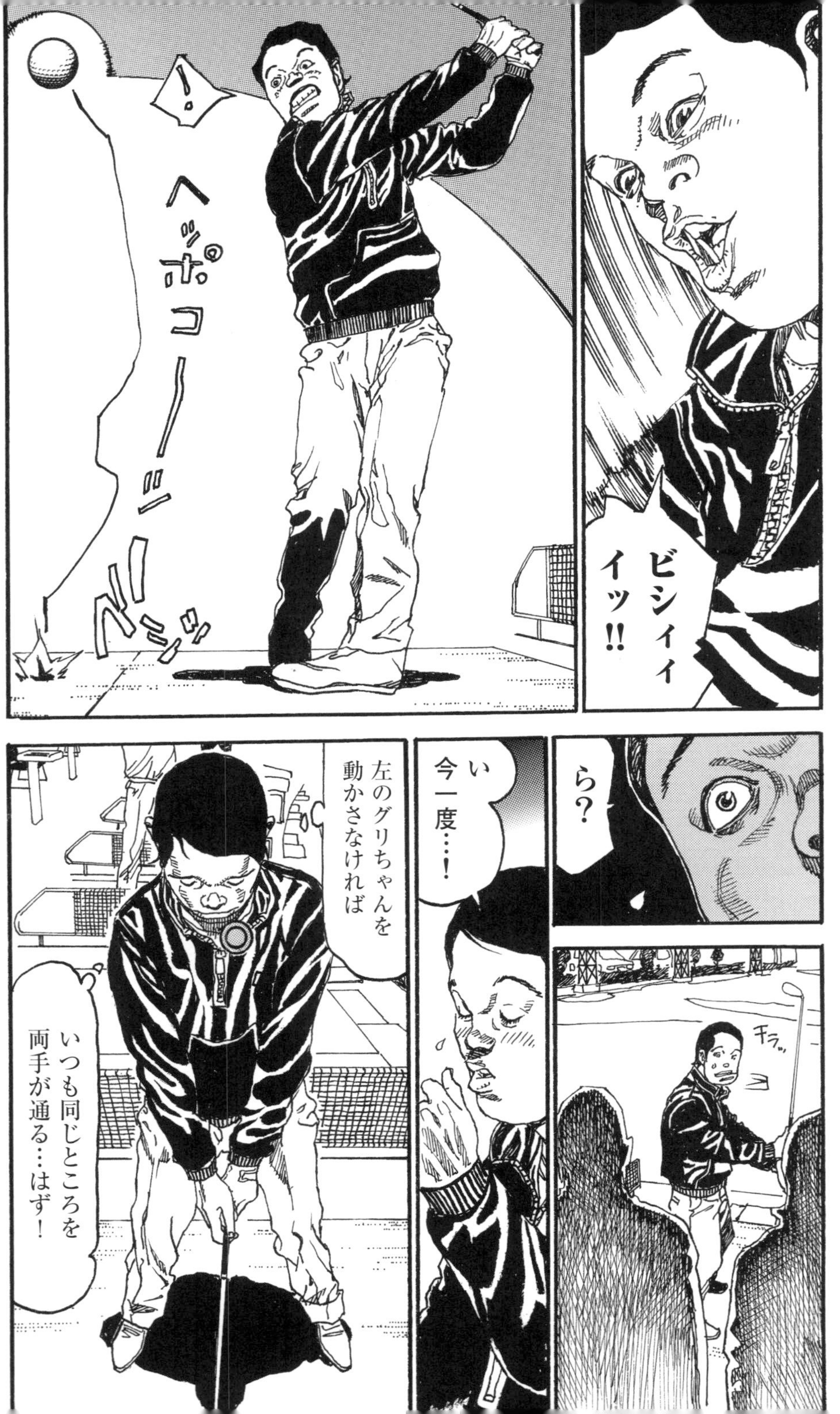

ビシィイイッ!!
!
ヘボコーーン
ら?
い今一度…!
左のグリちゃんを動かさなければ
いつも同じところを両手が通る…はず!
チラッ

いつも安定して球を打ち抜くことができる……
はず!
ガスッ
ズコッ
そうら!
右ヒジを斜め後ろに引くんだった!そうすれば全てが連鎖して――
佐久間さんにいわれたことを思い出して…
ウシシシシ
ニコニコ
グイッ
お…おかひい!あんまし当たんにゃいど……!

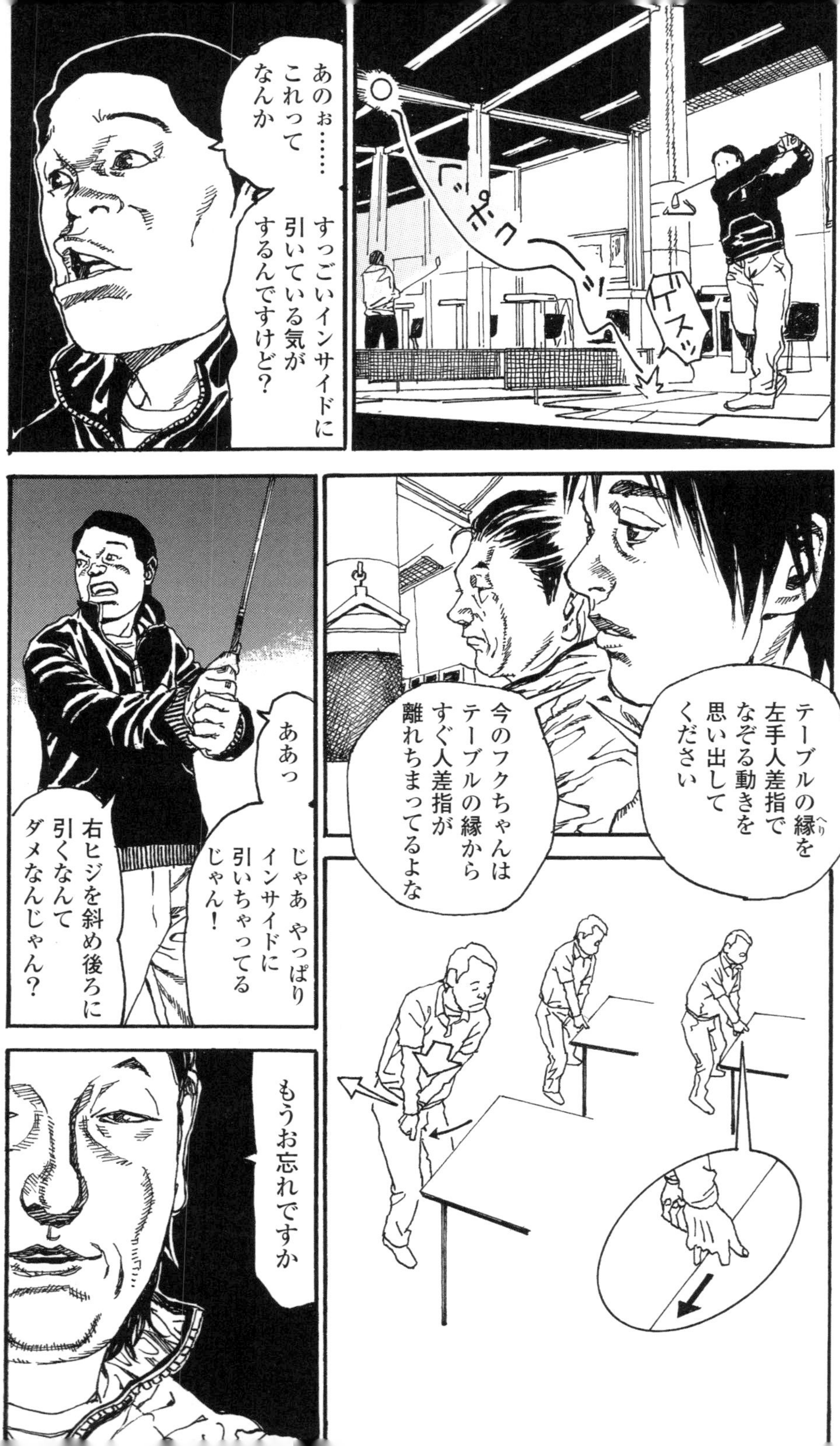
あのぉ……
これって
なんか
すっごいインサイドに
引いている気が
するんですけど?
テーブルの縁《へり》を
左手人差指で
なぞる動きを
思い出して
ください
今のフクちゃんは
テーブルの縁から
すぐ人差指が
離れちまってるよな
ああっ
じゃあやっぱり
インサイドに
引いちゃってる
じゃん!
右ヒジを斜め後ろに
引くなんて
ダメなんじゃん?
もうお忘れですか

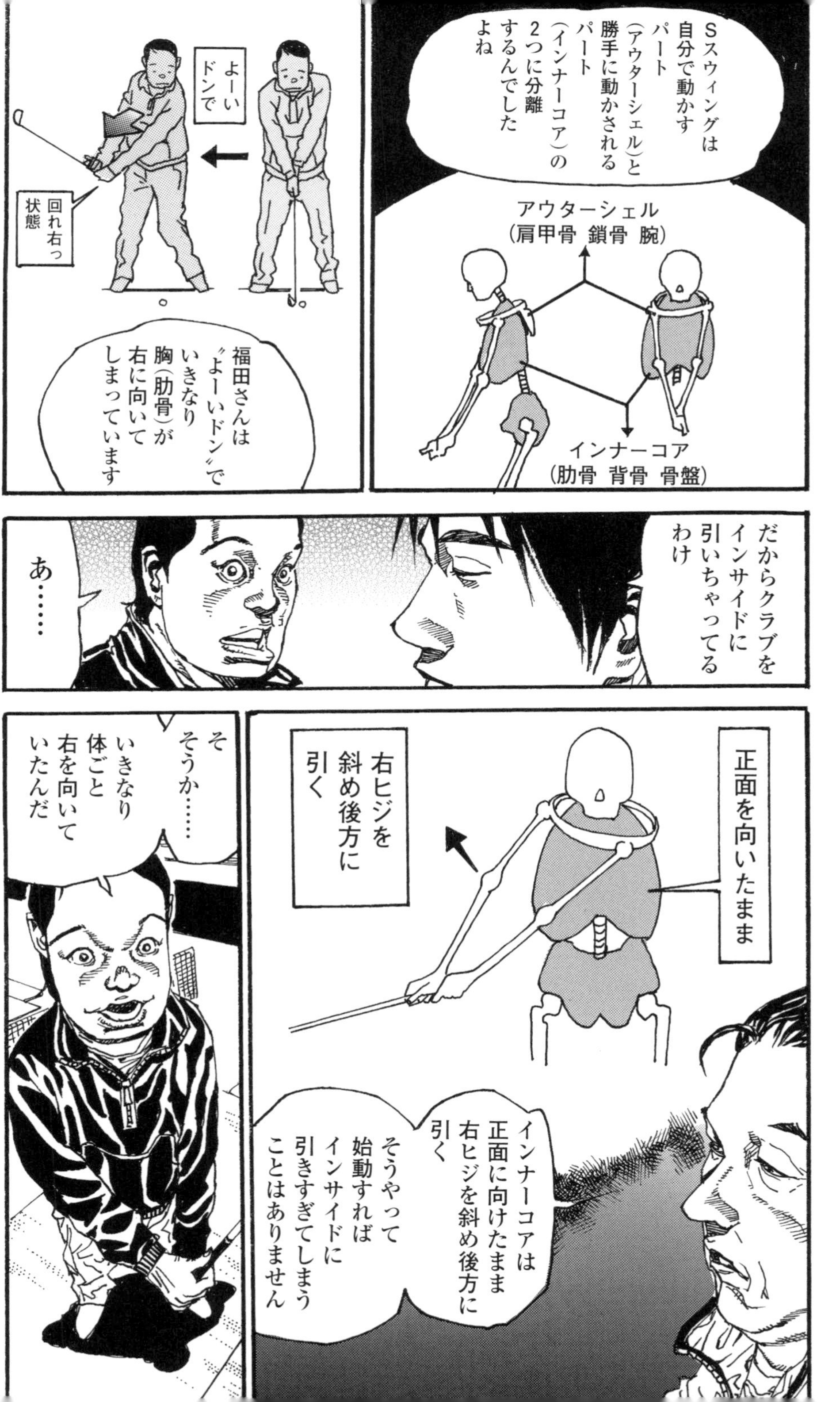
Sスウィングは自分で動かすパート（アウターシェル）と勝手に動かされるパート（インナーコア）の2つに分離するんでしたよね
アウターシェル（肩甲骨 鎖骨 腕）
インナーコア（肋骨 背骨 骨盤）
よーいドンで
回れ右っ状態
福田さんは〝よーいドン〟でいきなり胸（肋骨）が右に向いてしまっています
だからクラブをインサイドに引いちゃってるわけ
あ……
正面を向いたまま
右ヒジを斜め後方に引く
インナーコアは正面に向けたまま右ヒジを斜め後方に引く
そうやって始動すればインサイドに引きすぎてしまうことはありません
そ そうか……いきなり体ごと右を向いていたんだ

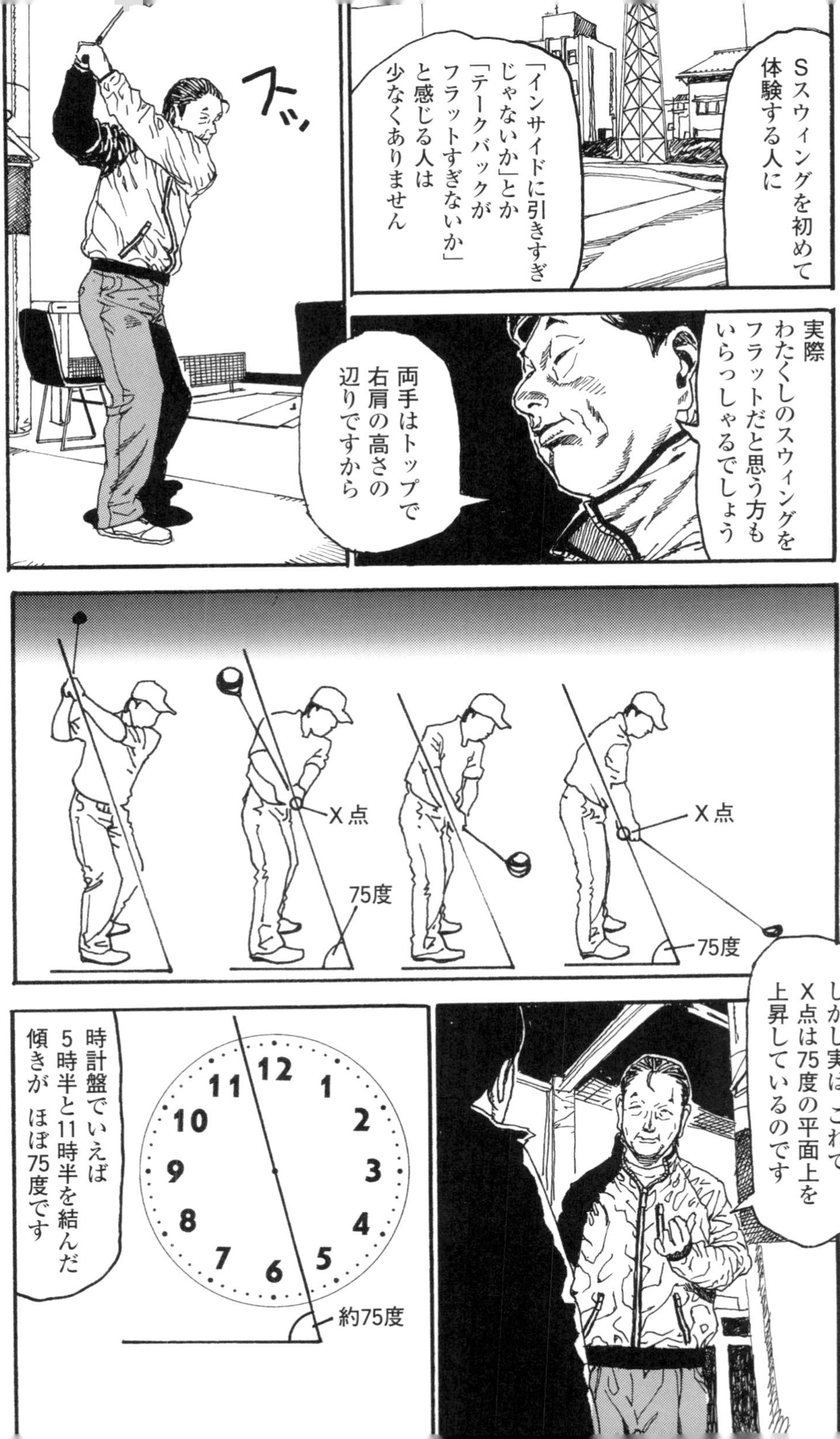
Sスウィングを初めて体験する人に
「インサイドに引きすぎじゃないか」とか「テークバックがフラットすぎないか」と感じる人は少なくありません
スッ
実際わたくしのスウィングをフラットだと思う方もいらっしゃるでしょう
両手はトップで右肩の高さの辺りですから
X点
75度
X点
75度
しかし実は これでX点は75度の平面上を上昇しているのです
時計盤でいえば5時半と11時半を結んだ傾きが ほぼ75度です
12
1
2
3
4
5
6
7
8
9
10
11
約75度

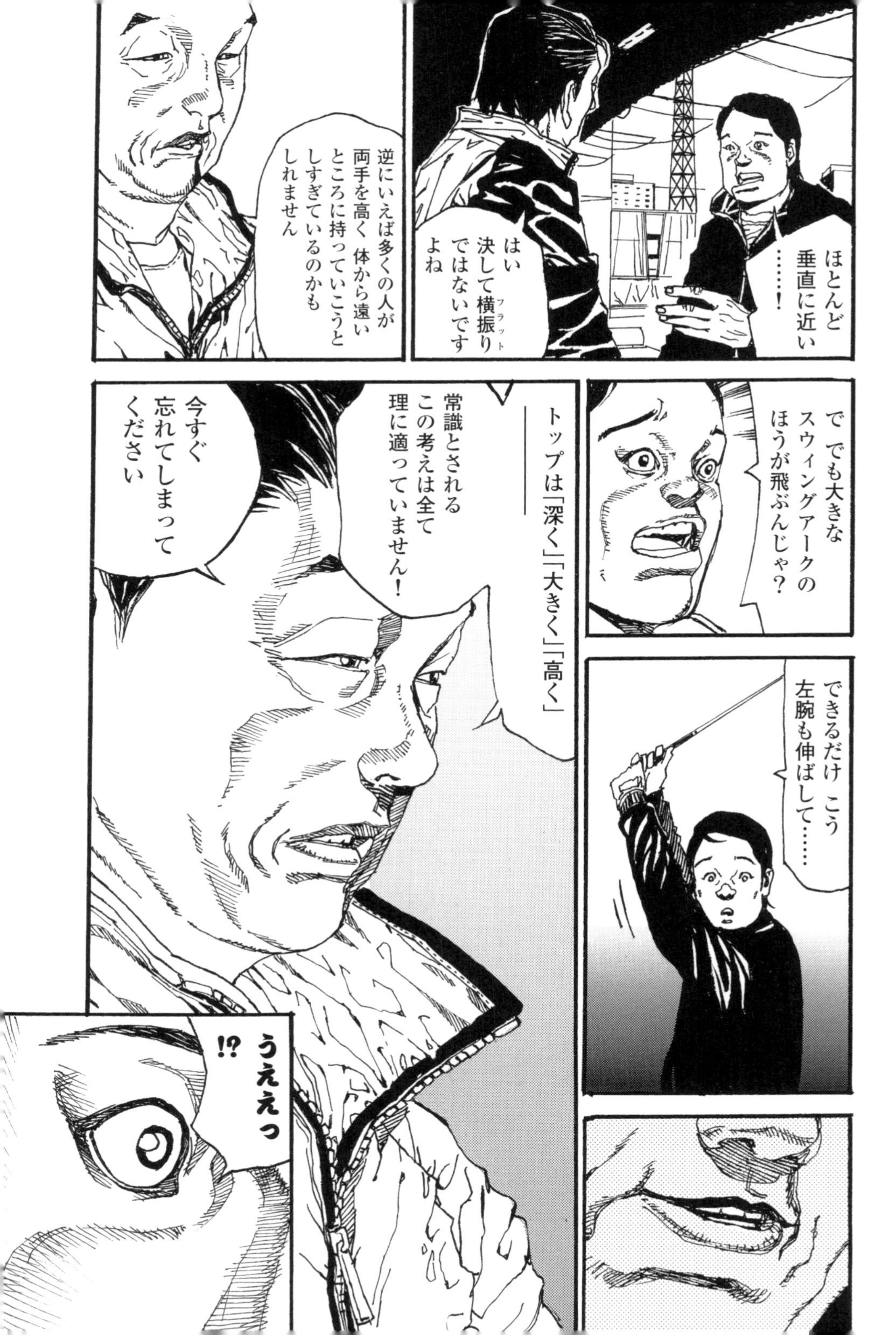
ほとんど垂直に近い
……！
はい
決して横振り《フラット》ではないです
よね
逆にいえば多くの人が両手を高く 体から遠いところに持っていこうとしすぎているのかもしれません
でも大きなスウィングアークのほうが飛ぶんじゃ？
トップは「深く」「大きく」「高く」
常識とされるこの考えは全て理に適っていません！
今すぐ忘れてしまってください
できるだけ こう
左腕も伸ばして……
うええっ
!?

体重60kgの人の両腕の重さはおよそ10kgあります
それだけの重さのあるものを トップから素早く引き戻すには
体の近くにキープしたほうが慣性モーメントが小さくなり
ヘッドスピードをラクに上げることができます
ピーーン
遠
左腕を伸ばしたトップは一見 カッコよく見えるが引き戻すには それだけ大きな力を必要とする
近
左腕を少し曲げて体の近くにキープしておく
両腕が体の近くにあることで素早くクラブを引き下ろせる
フィギュアスケーターがスピンをする時
両腕を体から大きく離しているとスピンの速度が遅く
クルクル
両腕を体に密着させるとスピンの速度が上がるのと同じです
グルグルグル
…………
…………
ヨロヨロ
クラクラ
ウップ

シュタッ!
トシ考えようぜ 佐久間さん
ぜんっぜん
なんともないしー!
「深く」「大きく」「高く」トップを作ろうとすれば
両手を頭の位置まで持ち上げようとして勢いをつけるために
ヷワッ
テークバックが速くなってしまいます
そこには必要以上の慣性力が生まれオーバースウィングが起こります
こんなトップからダウンスウィングをして正しいインパクトを迎えるには
複雑な動きが必要となり非効率です
フラフラ
やっぱり目が回ってるじゃん
案外 かわいいトコあんだよなあ
今まで大きなトップを目指していた方はどうぞ左腕をたわませてやってください
そうすることでグッと球を打ちやすくなるはずです

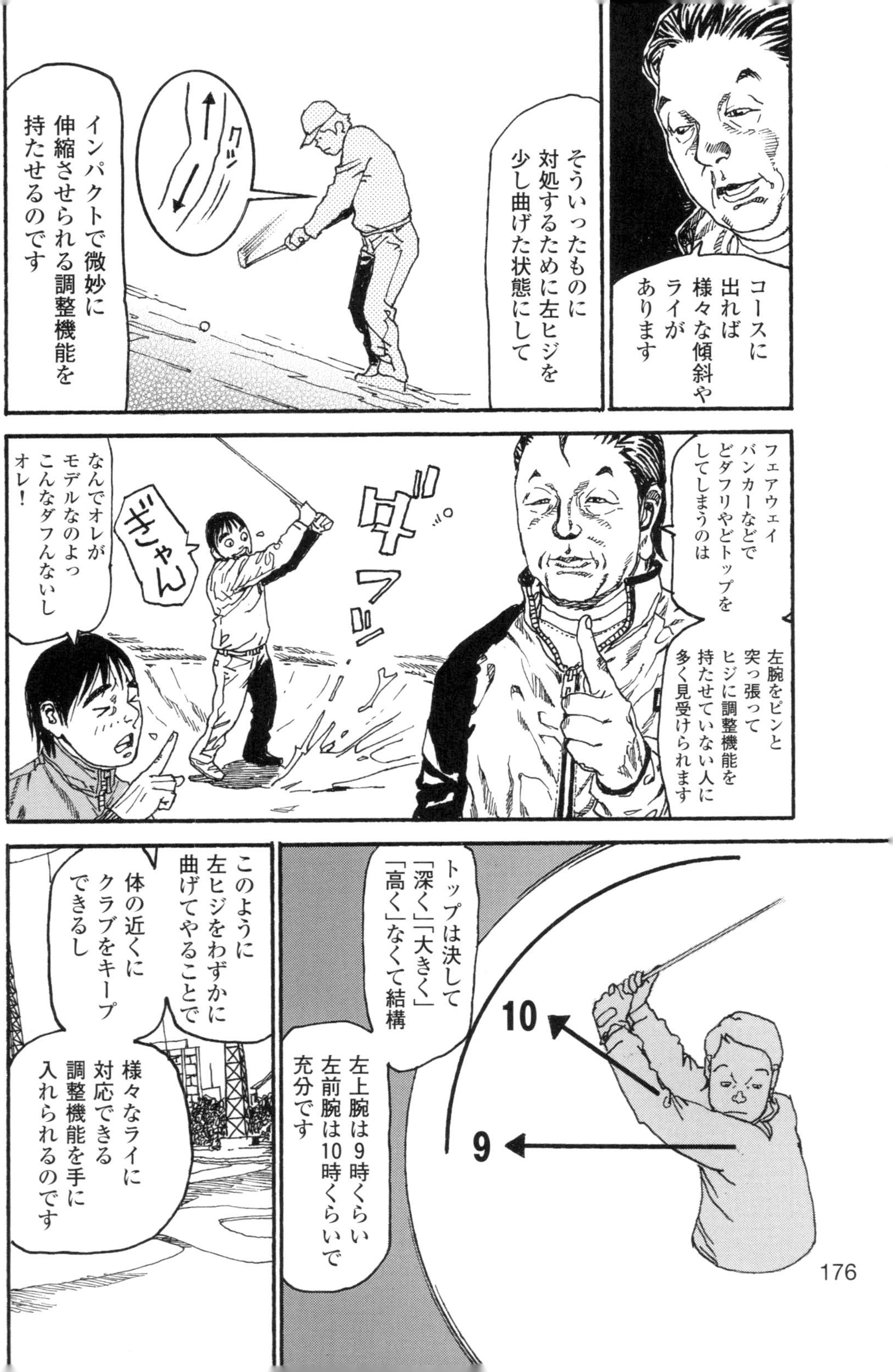

コースに出れば様々な傾斜やライがあります
そういったものに対処するために左ヒジを少し曲げた状態にして
グッ
インパクトで微妙に伸縮させられる調整機能を持たせるのです
フェアウェイバンカーなどでどダフリやどトップをしてしまうのは
左腕をピンと突っ張ってヒジに調整機能を持たせていない人に多く見受けられます
ダフッ
ぎゃん
なんでオレがモデルなのよっこんなダフんないしオレ！
トップは決して「深く」「大きく」「高く」なくて結構
左上腕は9時くらい左前腕は10時くらいで充分です
10
9
このように左ヒジをわずかに曲げてやることで
体の近くにクラブをキープできるし
様々なライに対応できる調整機能を手に入れられるのです

ラジャー――!
ピッ
ふんだば もう一度…
フク ちゃん
左ヒジは アドレスから 緩めておくの
え? トップで少し 曲げればいいの かと思ってた
スッ
そして 肋骨を正面に 向けたまま右ヒジを 斜め後ろに引く――
じゃ じゃあ……
フッ

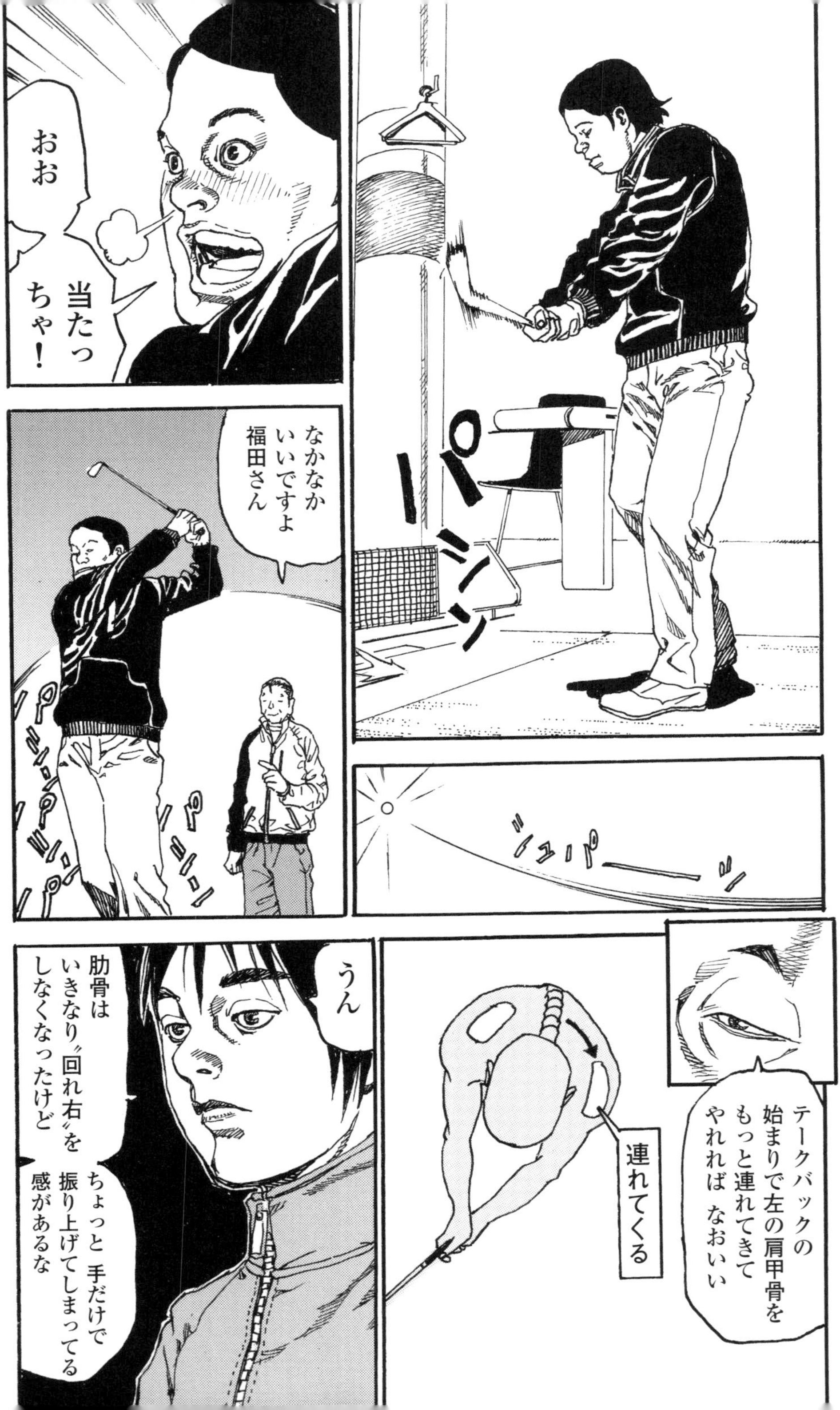
パシーン
おお 当たっちゃ!
シュパーッ
なかなか いいですよ 福田さん
テークバックの始まりで左の肩甲骨をもっと連れてきてやれれば なおいい
連れてくる
うん
肋骨はいきなり〝回れ右〟をしなくなったけど
ちょっと 手だけで振り上げてしまってる感があるな

インナーコアに対して
アウターシェルが独立して
動く感覚を　お教えしましょう
こちらの
椅子に
座ってみて
ください
胸の前で両手を
合わせてください
互いの手のひらが
密着するように
やや強めに押しつけて
左右に動かします
こう？
この時　胸やお腹が
正面を向いたままに
しておいて
ください
肩甲骨　鎖骨
上腕　前腕の
五角形《アウターシェル》が
どうです
首の回りを分離して
動く感じがしませんか？
おお！

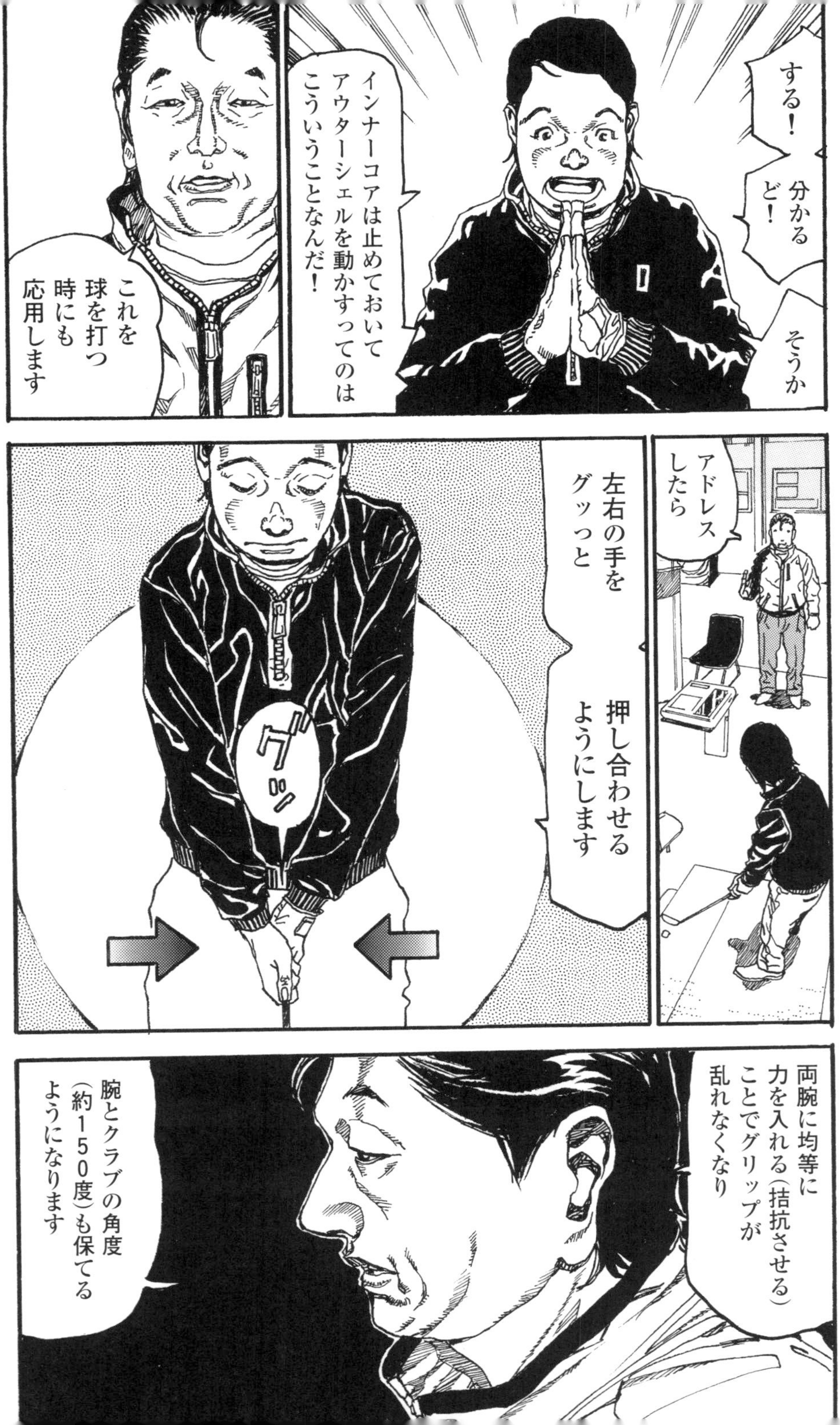
そうか
分かる
ど！
する！
インナーコアは止めておいて
アウターシェルを動かすってのは
こういうことなんだ！
これを
球を打つ
時にも
応用します
アドレス
したら
左右の手を
グッっと
押し合わせる
ようにします
グッ
両腕に均等に
力を入れる（拮抗させる）
ことでグリップが
乱れなくなり
腕とクラブの角度
（約150度）も保てる
ようになります

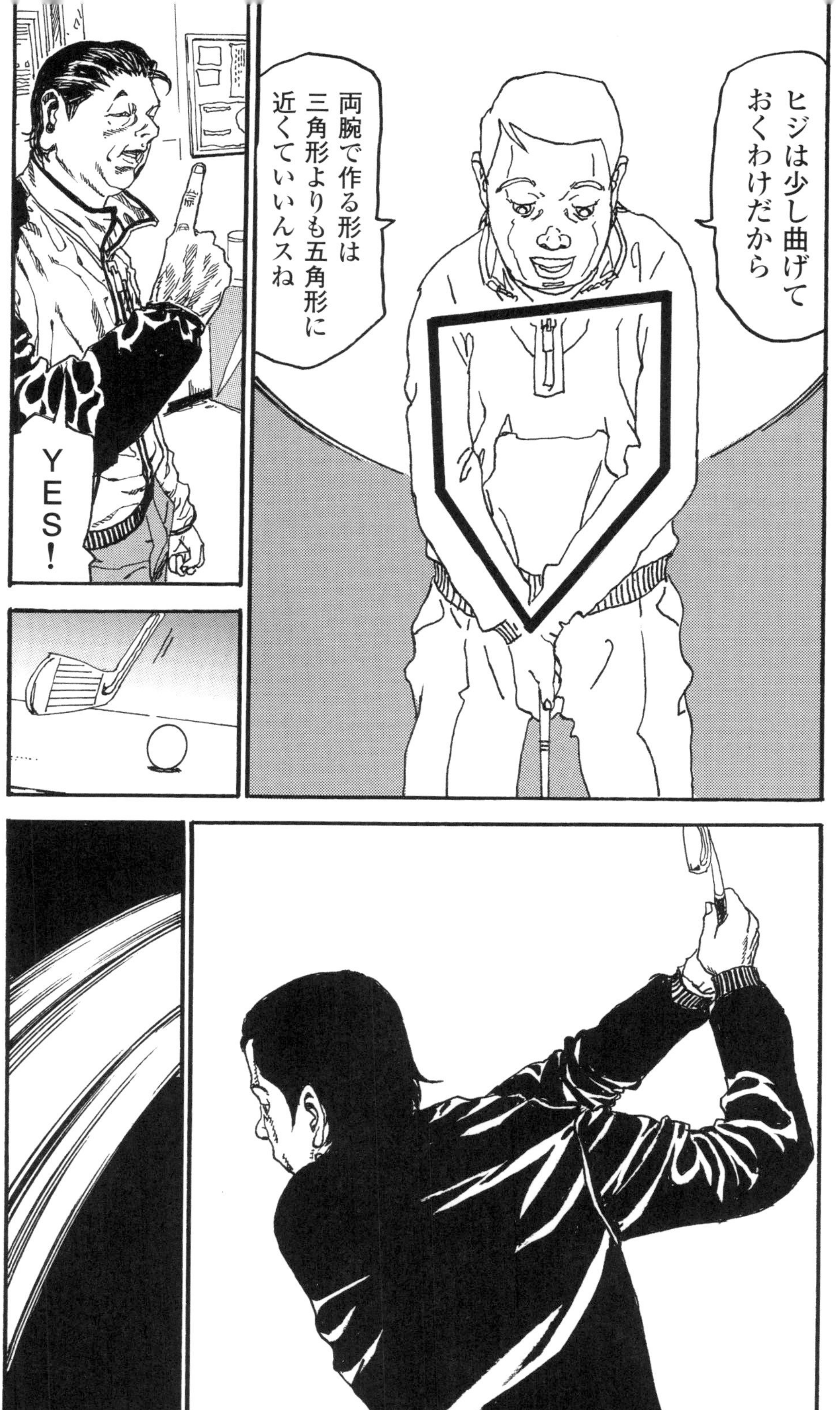
ヒジは少し曲げておくわけだから
両腕で作る形は三角形よりも五角形に近くていいいんスね
YES!

ピシイイッ!
シパーーーッ
なっ…
なにコレ!?
すっごい打ちやすい!
ヒュー♪
ニコ

第10講
左鎖骨・左肩・左上腕をワンセットに

どうです

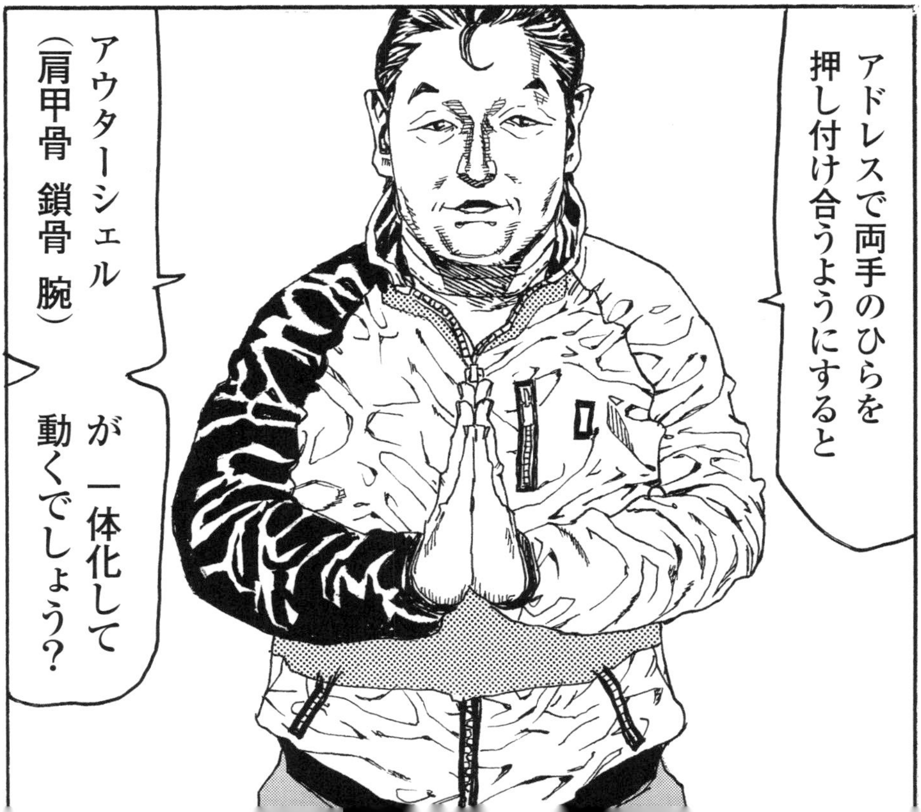
アドレスで両手のひらを押し付け合うようにすると
アウターシェル（肩甲骨 鎖骨 腕）が 一体化して動くでしょう？

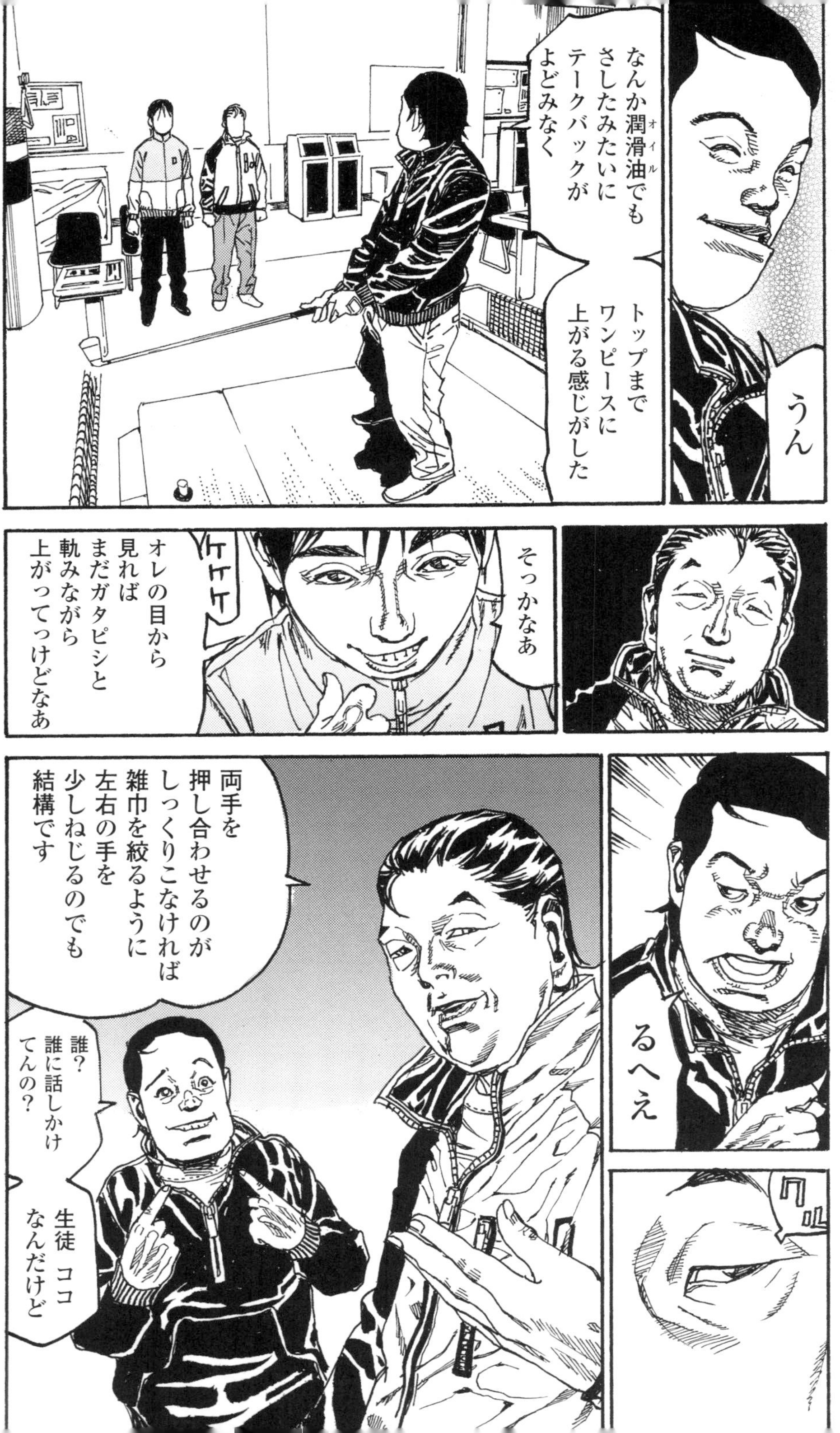
なんか潤滑油《オイル》でも さしたみたいに テークバックが よどみなく
トップまで ワンピースに 上がる感じがした
うん
そっかなあ
ケケケ
オレの目から 見れば まだガタピシと 軋みながら 上がってってっけどなあ
るへえ
両手を 押し合わせるのが しっくりこなければ 雑巾を絞るように 左右の手を 少しねじるのでも 結構です
誰? 誰に話しかけ てんの?
生徒 ココ なんだけど
クル

ギュッとではなく
雑巾から水が
1～2滴 垂れるくらいの
絞り方でね
きゅっ
このように
動きだす前に
いくらか力を入れて
準備することを
プリテンション
（事前緊張）
といいます

これをすることで
アウターシェルを
一塊《ひとかたまり》に固める
ことができます

固めるといっても
コンクリのように
ガチガチではなく
硬質ゴムの
ような
イメージです
ムダな動きや
弛《ゆる》んだ動きに
ならなくなるのです
カチッ
ガチーン

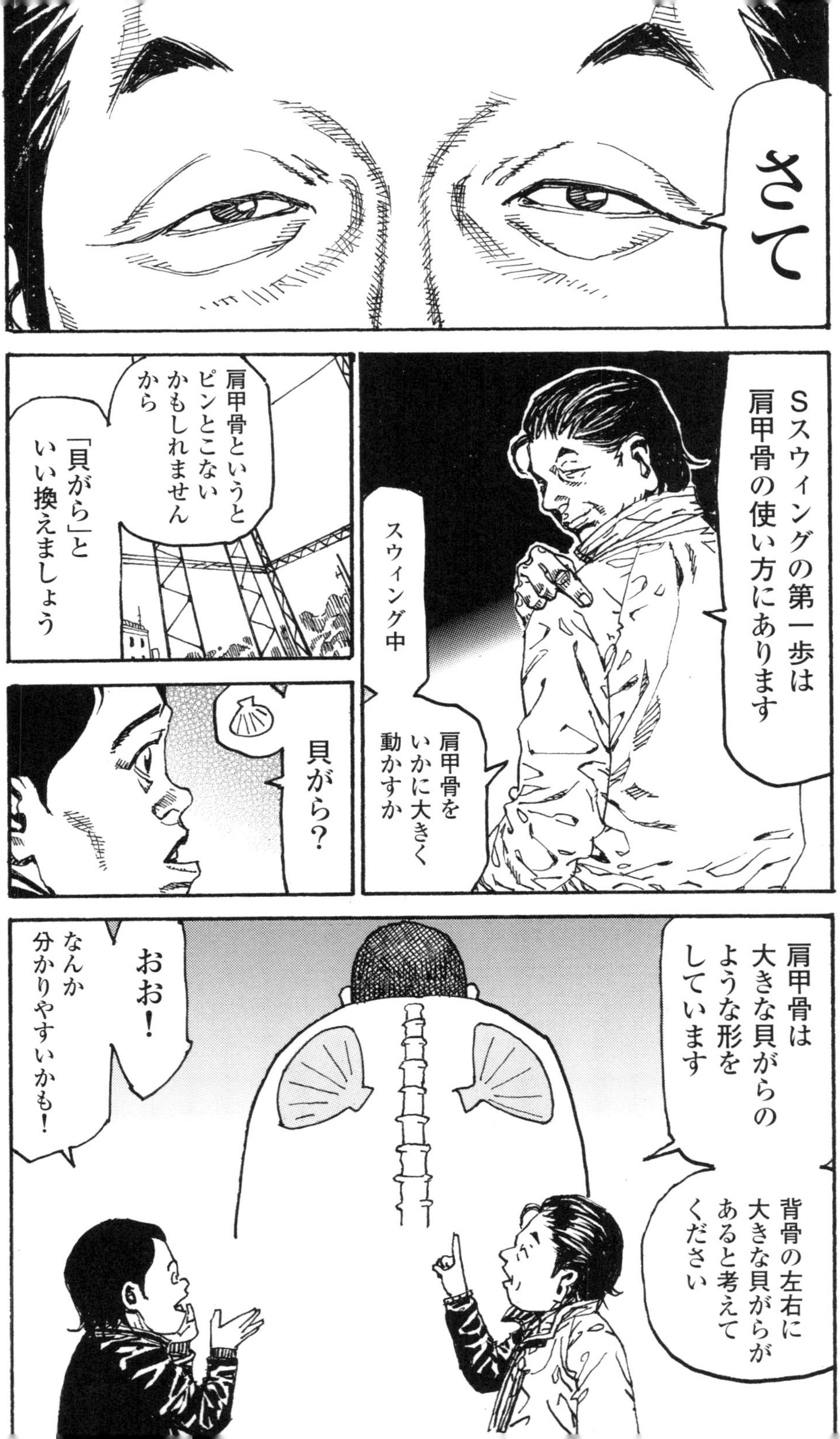
さて
Sスウィングの第一歩は肩甲骨の使い方にあります
スウィング中
肩甲骨をいかに大きく動かすか
肩甲骨というとピンとこないかもしれませんから
「貝がら」といい換えましょう
貝がら？
肩甲骨は大きな貝がらのような形をしています
背骨の左右に大きな貝がらがあると考えてください
おお！
なんか分かりやすいかも！

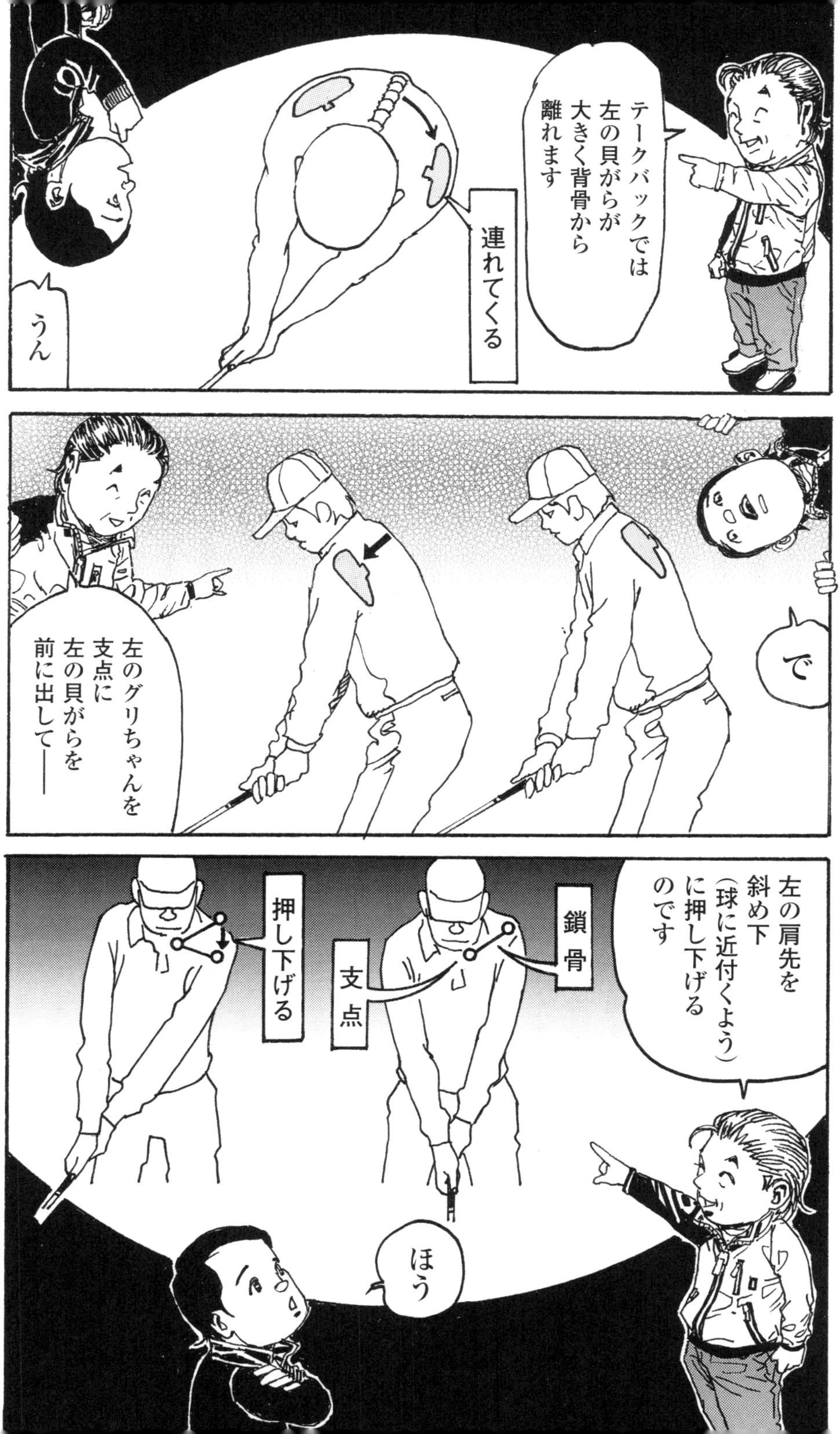

テークバックでは左の貝がらが大きく背骨から離れます
連れてくる
うん
で
左のグリちゃんを支点に左の貝がらを前に出して――
左の肩先を斜め下（球に近付くよう）に押し下げるのです
鎖骨
支点
押し下げる
ほう

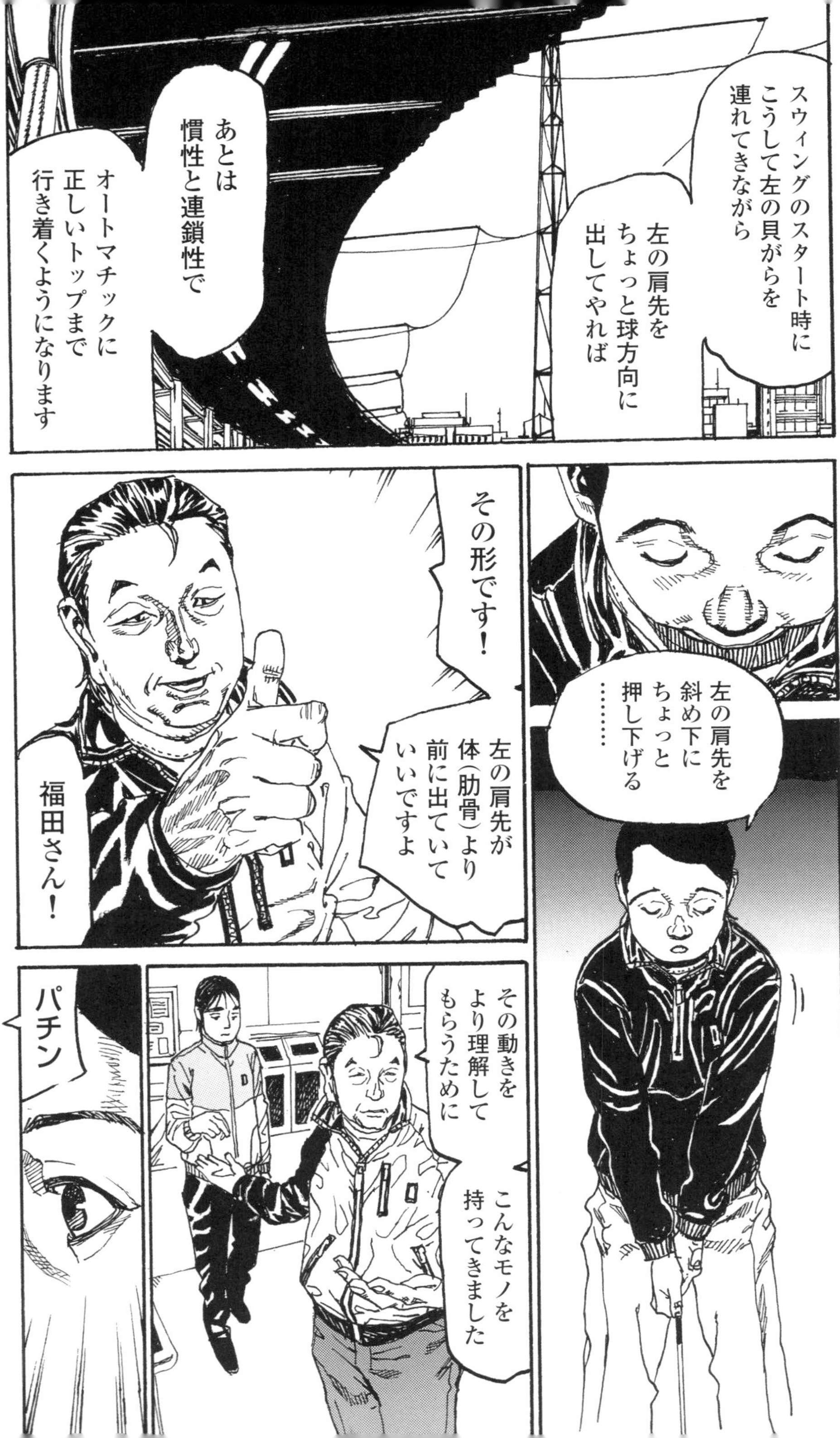
スウィングのスタート時に こうして左の貝がらを 連れてきながら
左の肩先を ちょっと球方向に 出してやれば
あとは 慣性と連鎖性で
オートマチックに 正しいトップまで 行き着くようになります
左の肩先を 斜め下に ちょっと 押し下げる ………
その形です!
左の肩先が 体(肋骨)より 前に出ていて いいですよ
福田さん!
その動きを より理解して もらうために
こんなモノを 持ってきました
パチン

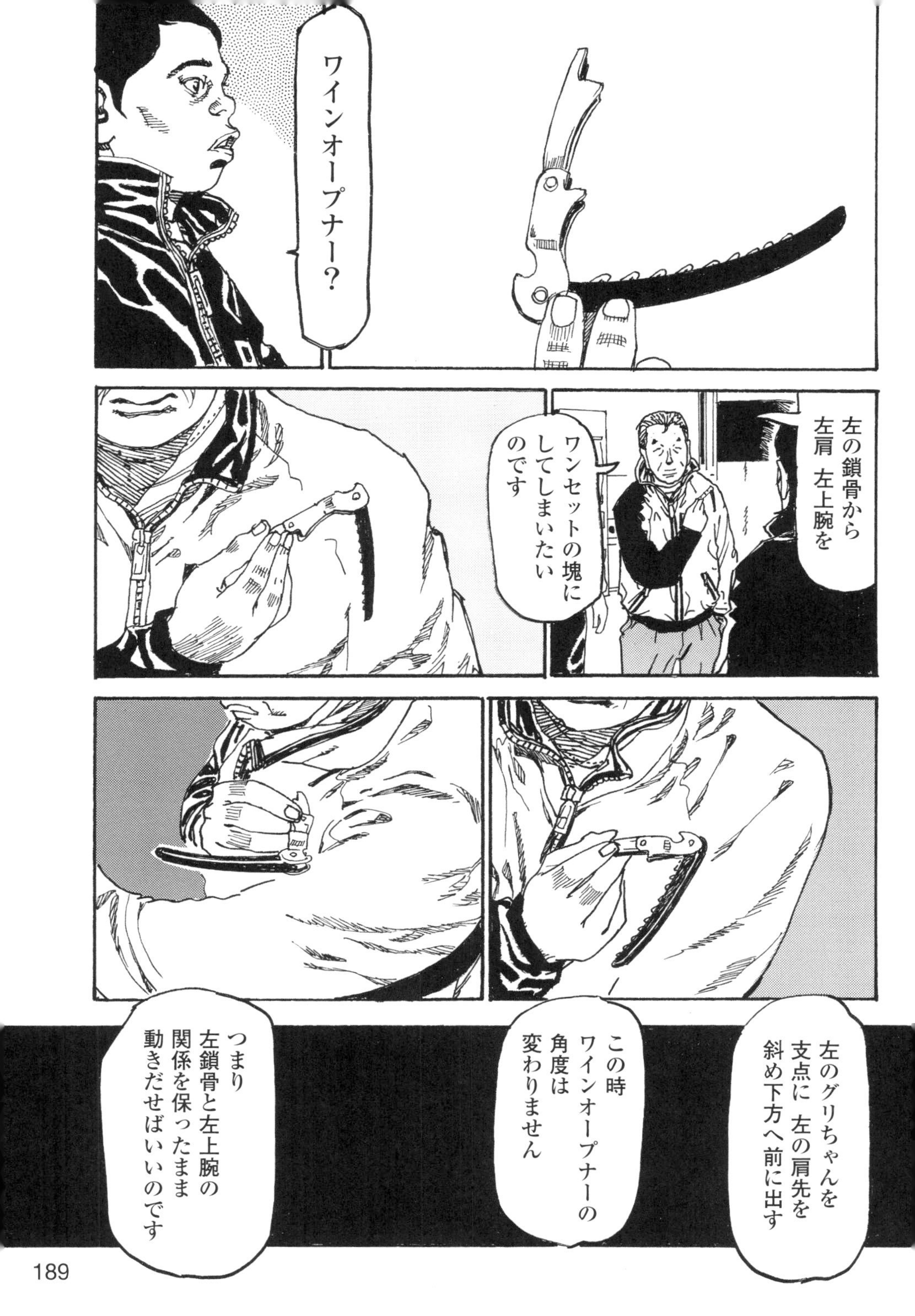
ワインオープナー？
左の鎖骨から 左肩 左上腕を
ワンセットの塊にしてしまいたいのです
左のグリちゃんを 支点に 左の肩先を 斜め下方へ前に出す
この時 ワインオープナーの 角度は 変わりません
つまり 左鎖骨と左上腕の 関係を保ったまま 動きだせばいいのです

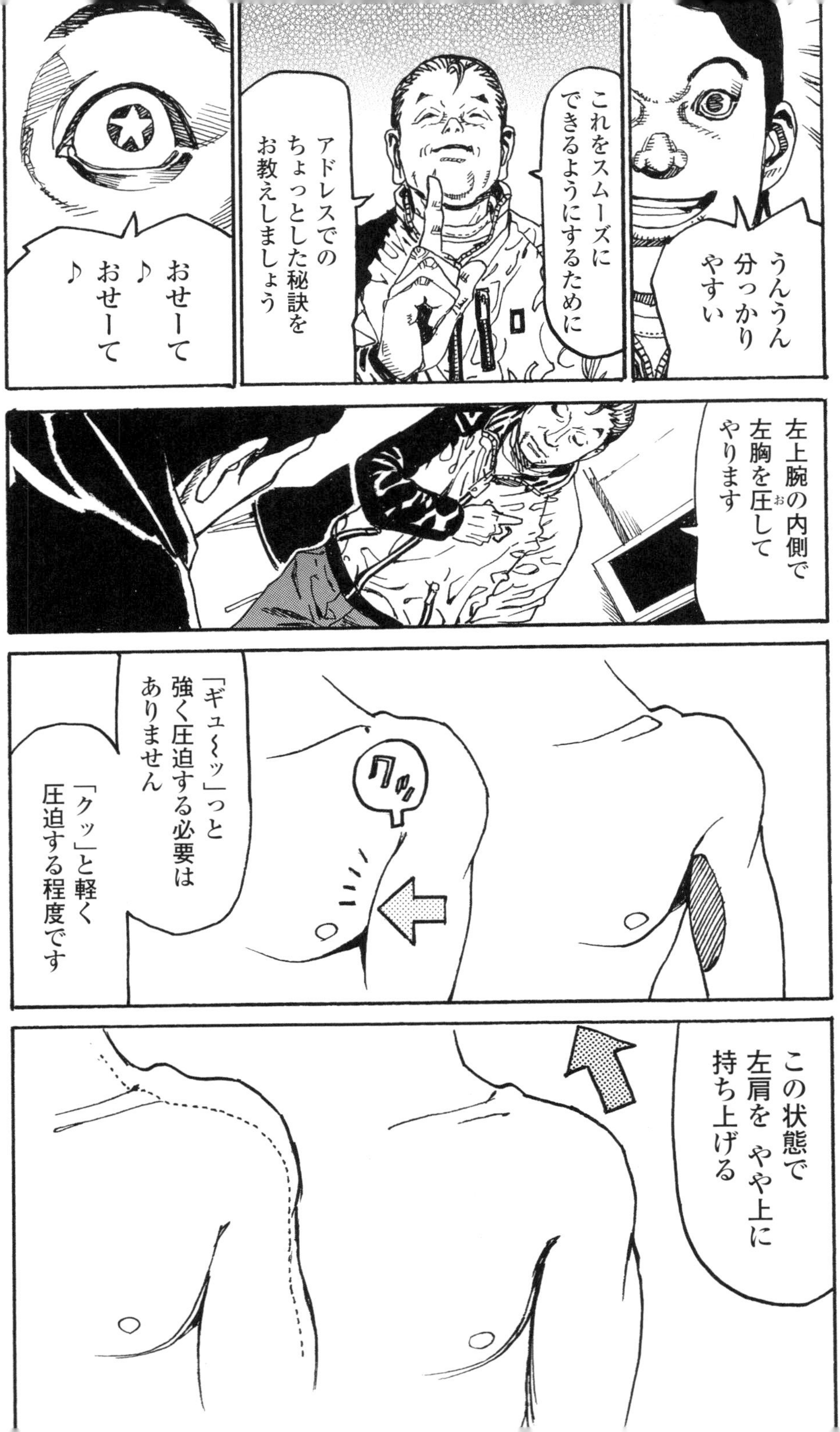
うんうん分っかりやすい
これをスムーズにできるようにするために
アドレスでのちょっとした秘訣をお教えしましょう
おせーて♪おせーて♪
左上腕の内側で左胸を圧《お》してやります
「ギュ〜ッ」っと強く圧迫する必要はありません
「クッ」と軽く圧迫する程度です
クッ
この状態で左肩を やや上に持ち上げる

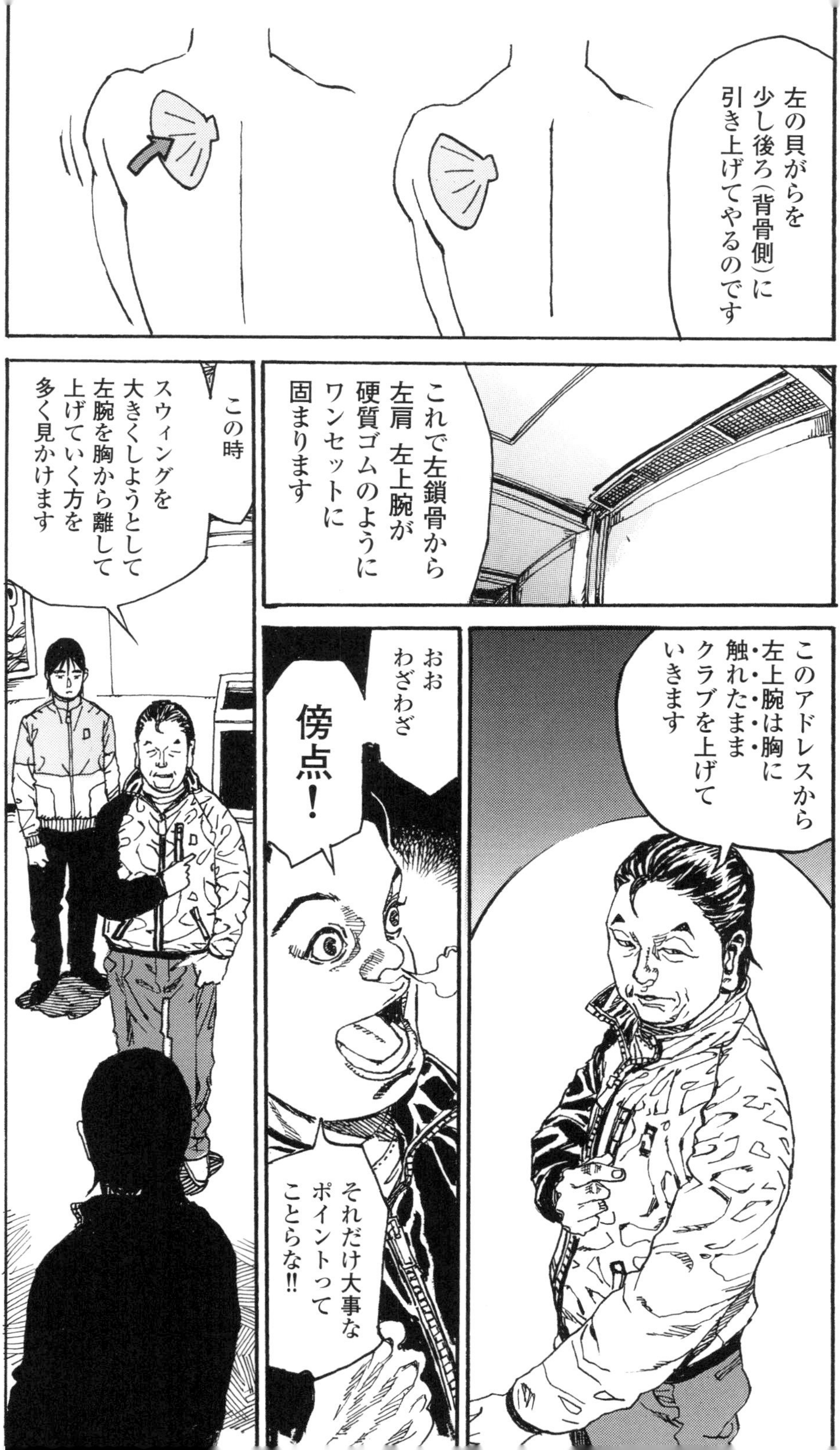
左の貝がらを少し後ろ（背骨側）に引き上げてやるのです
これで左鎖骨から 左肩 左上腕が 硬質ゴムのように ワンセットに 固まります
このアドレスから左上腕は胸に・・・・触れたままクラブを上げていきます
おお わざわざ
傍点！
それだけ大事なポイントってことな!!
この時
スウィングを大きくしようとして左腕を胸から離して上げていく方を多く見かけます

しかし それでは手だけでクラブを上げることになります
FREE！
遠くへ！
結果的にダウンスウィングも腕だけでクラブを下ろすことにつながり
スピードも安定性も失います
ボディターンで大きなスウィングアークで と考えて
結果として手打ちなわけ悲惨だよねえ
Sスウィングは効率のいい振り方を追求したものです
効率がいいとは
すなわち小さな動きでクラブヘッドを大きく動かすことです
動かすところは少しなのにクラブヘッドの運動量はすこぶる大きい
これが効率がいいということです

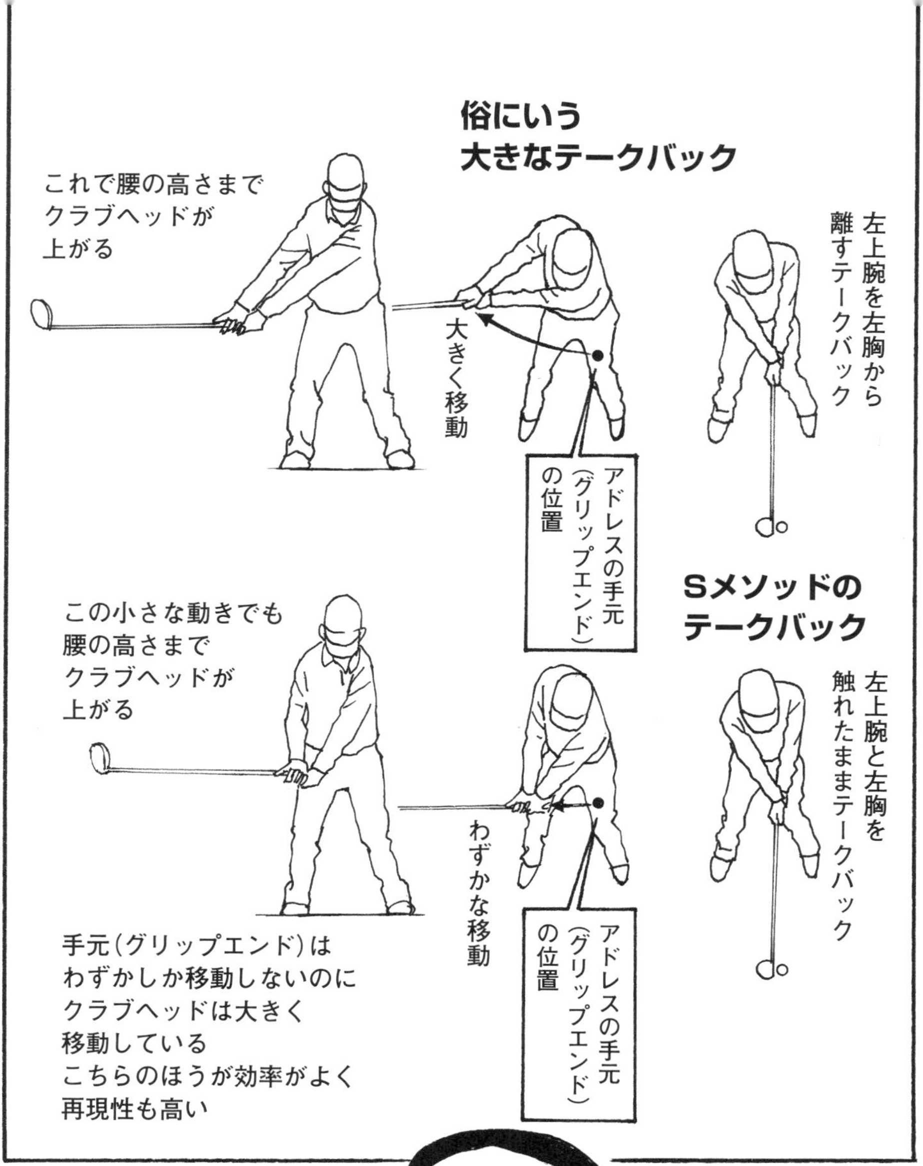
俗にいう
大きなテークバック
これで腰の高さまで
クラブヘッドが
上がる
大きく移動
左上腕を左胸から離すテークバック
アドレスの手元（グリップエンド）の位置
Sメソッドの
テークバック
この小さな動きでも
腰の高さまで
クラブヘッドが
上がる
わずかな移動
左上腕と左胸を触れたままテークバック
アドレスの手元（グリップエンド）の位置
手元（グリップエンド）は
わずかしか移動しないのに
クラブヘッドは大きく
移動している
こちらのほうが効率がよく
再現性も高い

………"大きなテークバック"って聞こえはいいけど
呆気……
クラブヘッドの運動量って観点から見ると非効率なんだ

続けますよ
肩関節というのは球状のものがソケットに入っている形ですから——
どのようにでも動かせます
ですから肩は動かさずに腕だけでもクラブを引くことはできます
しかし それでは振るたびにクラブがどのようにでも上がってしまう
アッチコッチに…

だからこそ
左鎖骨から左腕を
1つのユニットに
してしまえば
クラブはいつも
安定した方向に
動きだすのです
安定
ワンセット
ス……ッ
なるほろっ！
ブリバリ
納得！
左上腕で
胸を圧《お》し
左の貝がらを少し
後ろに引き上げるようにして
左肩を やや持ち上げる
…と

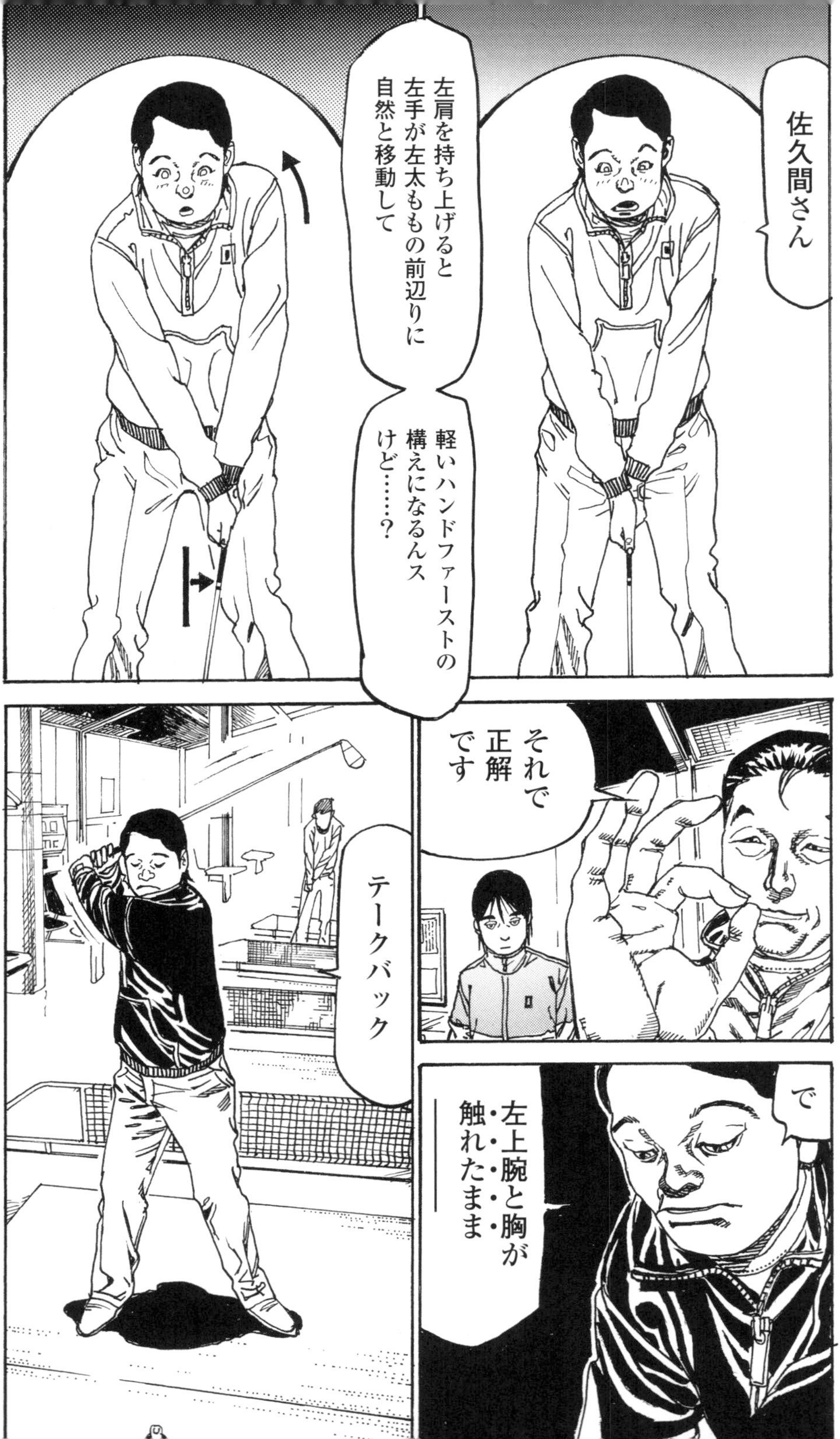

佐久間さん
左肩を持ち上げると
左手が左太ももの前辺りに
自然と移動して
軽いハンドファーストの
構えになるんス
けど……？
それで
正解
です
テークバック
で
左上腕と胸が
触・れ・た・ま・ま

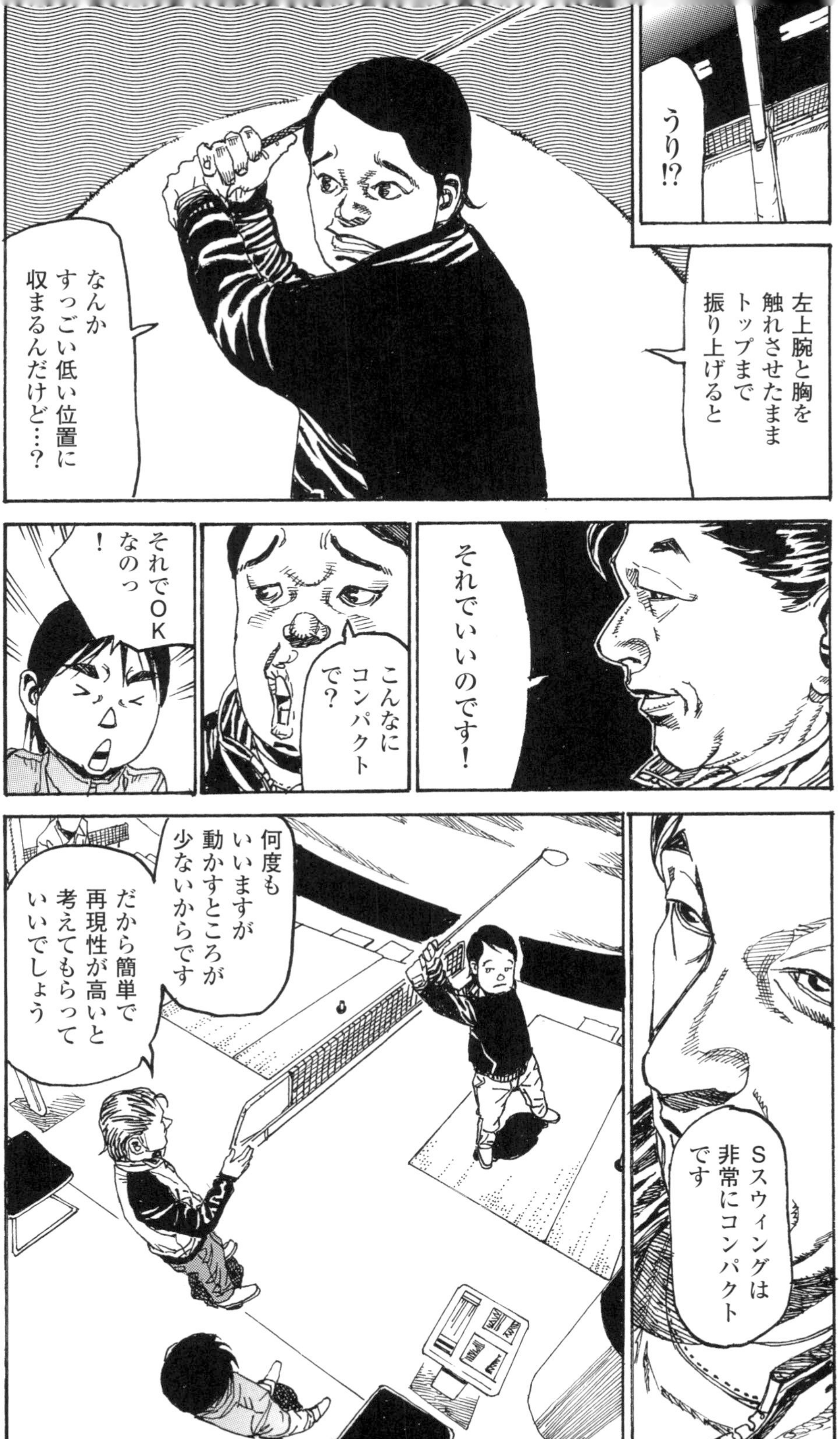
うり!?
左上腕と胸を触れさせたままトップまで振り上げると
なんかすっごい低い位置に収まるんだけど…？
それでいいのです！
こんなにコンパクトで？
それでOKなのっ！
Sスウィングは非常にコンパクトです
何度もいいますが動かすところが少ないからです
だから簡単で再現性が高いと考えてもらっていいでしょう

…………
これで ちゃんと飛ぶの?
しつこーい!!
ズルッ
もっちろん!
誰もが効率よく飛ばせるメソッドがSスウィングにはギュッと詰まっているのです!
いるのですが……
ですが?
ページ数がつきてしまったようです
次回からは「Sスウィングの飛ばし」編をご披露しましょう!
そんな——っ!
オレ 今回 1球も打ってないんだけどおおっ!?

第11講
シャフトをもう一度しならせる

ヒーーッ
なんなのこれってゴルフ漫画っしょ!?
もちろん！
今回からSスウィングの飛距離アップ編ですからね
さあヘルメットを被ってください

なんなのよっ こんな格好させて！
これって ゴルフ漫画 でしょ？
もっちろん！
ウォンウォン
ウォンウォン
もう……
キョキョキョキョ

どびーーっ
ぶちゅかるウウ〜〜〜っ!
もし時速60kmでぶつかったとして——
ギョワッ
加速途中の60kmと減速途中の60kmでぶつかった場合
衝撃に違いはあると思いますか?
きょきょんな状況で質問されてもぉぉ…っ!

正解は『ある』です！
オオオ
速度は同じ60㎞でも
加速途中でぶつかったほうが
はるかに衝撃は強いのです
キキキキ
ギョポッ
ガーン
ギョポーッ
……
オオオ
福田さんは頭をぶつけていらっしゃいますが
どんな時にそんなふうに体が大きく揺さぶられるのでしょう？

さっ 佐久間ひゃんが急ハンドルを切った時ィィ〜っ！
正解です！
それをよく覚えていてください
一般の成人男性アマと女子プロのヘッドスピードはさほど変わりません
しかしながら非力な女子プロのほうが飛ぶのはなぜだと思います？
…まだ思考がハッキリできません
また座学が始まった

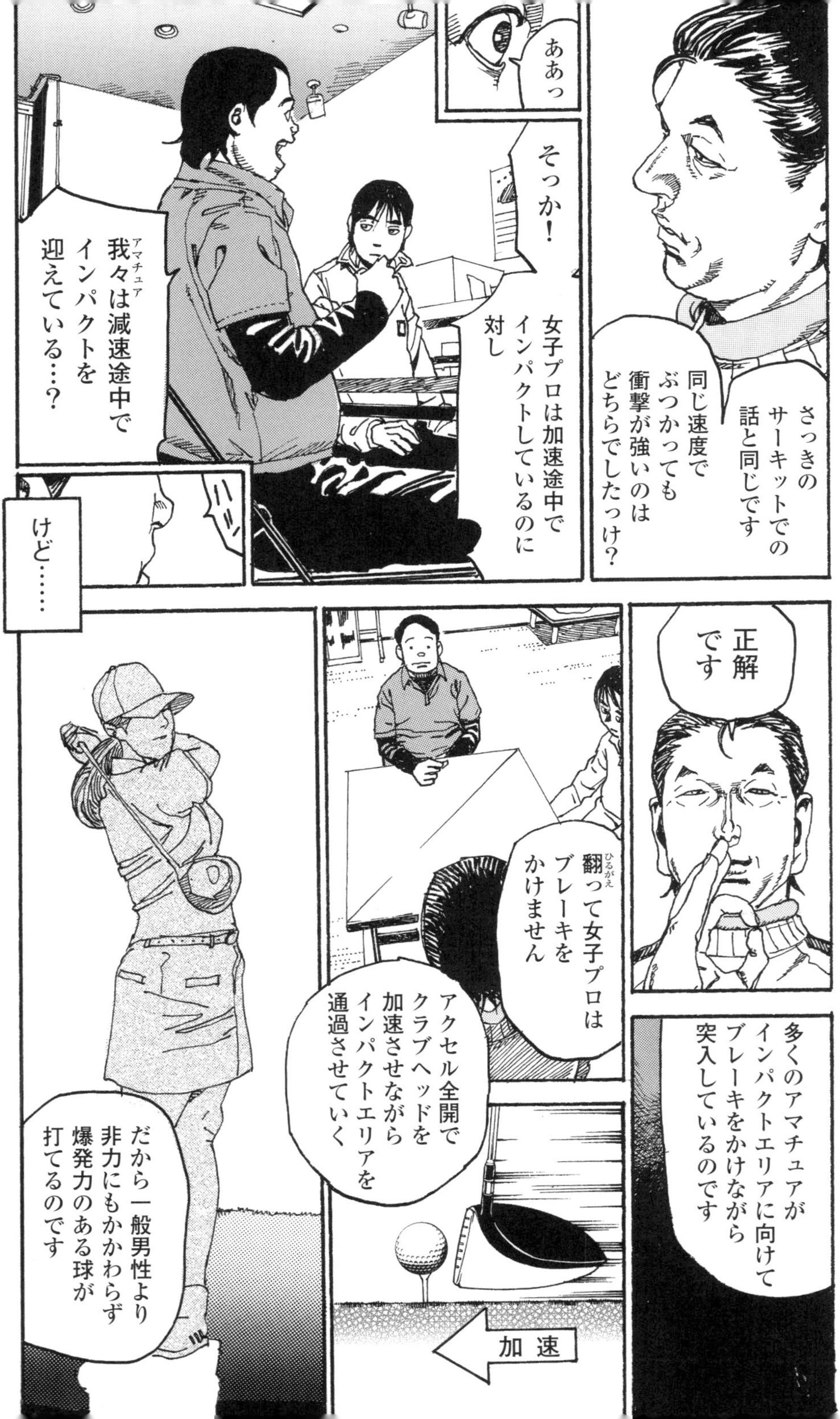

さっきのサーキットでの話と同じです
同じ速度でぶつかっても衝撃が強いのはどちらでしたっけ?
ああっ
そっか!
女子プロは加速途中でインパクトしているのに対し
我々《アマチュア》は減速途中でインパクトを迎えている…?
けど……
正解です
多くのアマチュアがインパクトエリアに向けてブレーキをかけながら突入しているのです
翻《ひるがえ》って女子プロはブレーキをかけません
アクセル全開でクラブヘッドを加速させながらインパクトエリアを通過させていく
だから一般男性より非力にもかかわらず爆発力のある球が打てるのです
加速

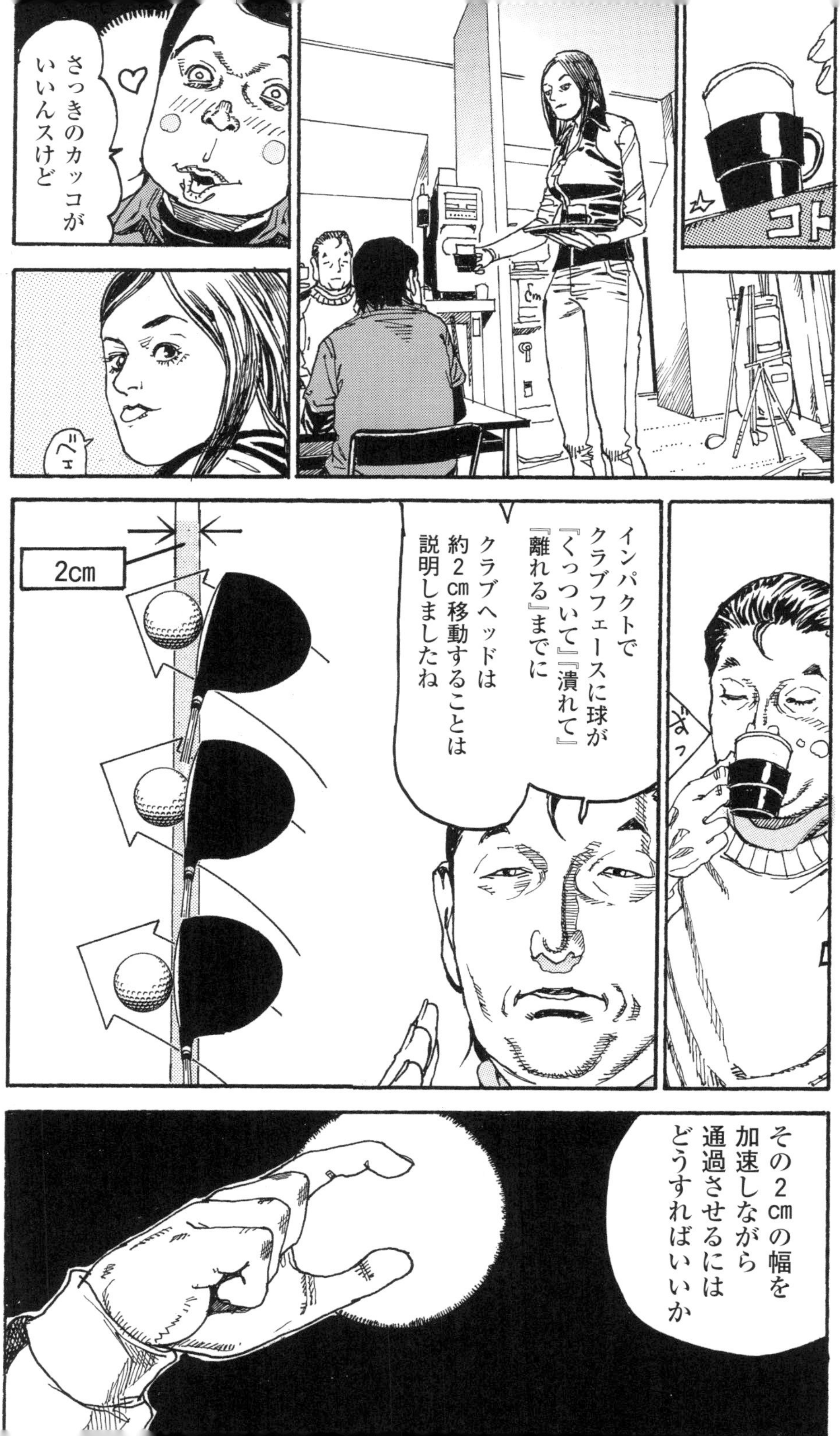
コト
さっきのカッコがいいんスけど
ベェ
ずっ
インパクトでクラブフェースに球が『くっついて』『潰れて』『離れる』までにクラブヘッドは約2㎝移動することは説明しましたね
2㎝
その2㎝の幅を加速しながら通過させるにはどうすればいいか

ここで以前に
シャフトがしなる
場所がトップ以外に
もう1つある――
といったことを
覚えて
いらっしゃい
ますか？
もちろんっ
覚えていません！
ズルッ
ズルッ
ゴホン
ずっと しなったまま
下りてくるんじゃ
ないの？
トップでしなった
シャフトは
ダウンスウィングに
入ると
一旦まっすぐに
戻ります
そうなの？
違います
スッ

シャフトには剛性があるため必ず元のまっすぐに戻ろうとします
決してダウンスウィング中ずっとしなり続けているということはありません
ぐいいっ
さて ここが重要なのですが
まっすぐに戻ったシャフトをインパクトの直前に もう一度逆側にしならせるのです
もう一度しなる
これこそが 誰もが（老若男女関係なく）効率よく飛ばせるためのポイントなのです
おお！
では もう一度シャフトをしならせるにはどうすればいいと思います？
そ そりは…
うーん……

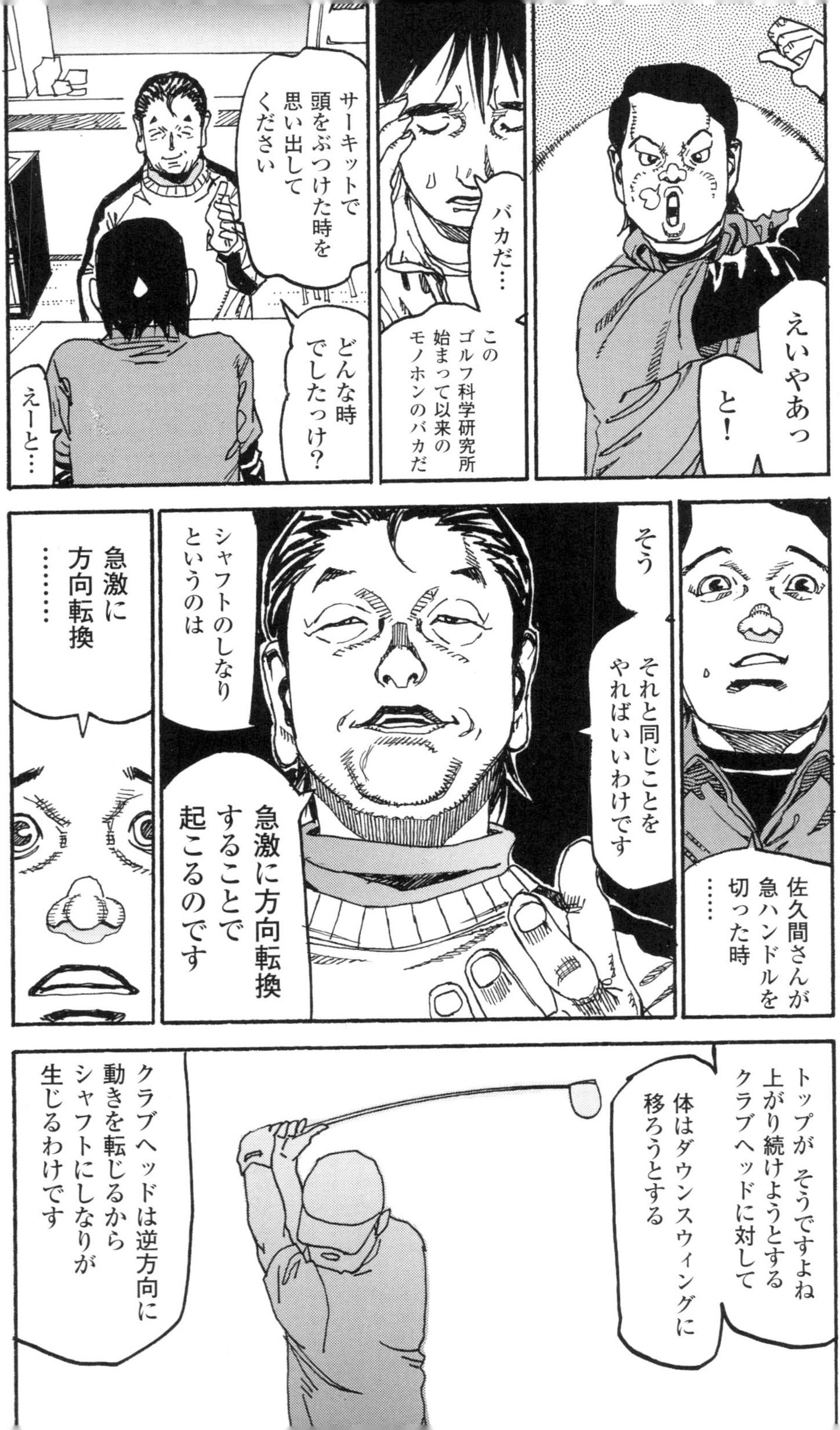
えいやあっと!
バカだ…
このゴルフ科学研究所始まって以来のモノホンのバカだ
サーキットで頭をぶつけた時を思い出してください
どんな時でしたっけ?
えーと…
佐久間さんが急ハンドルを切った時……
そう
それと同じことをやればいいわけです
シャフトのしなりというのは
急激に方向転換することで起こるのです
急激に方向転換……
トップが そうですよね 上がり続けようとするクラブヘッドに対して
体はダウンスウィングに移ろうとする
クラブヘッドは逆方向に動きを転じるからシャフトにしなりが生じるわけです

ハイ
よく分かります
おお理解できる頭があったんだ
るへえっ
インパクト直前にシャフトをしならせるためにも 急激な方向転換をします
それを作り出すのはズバリ――
ズバリ？
…………
残念
ここでページ数が尽きてしまいました
うぞーーっ！
ウソです
ズルッ

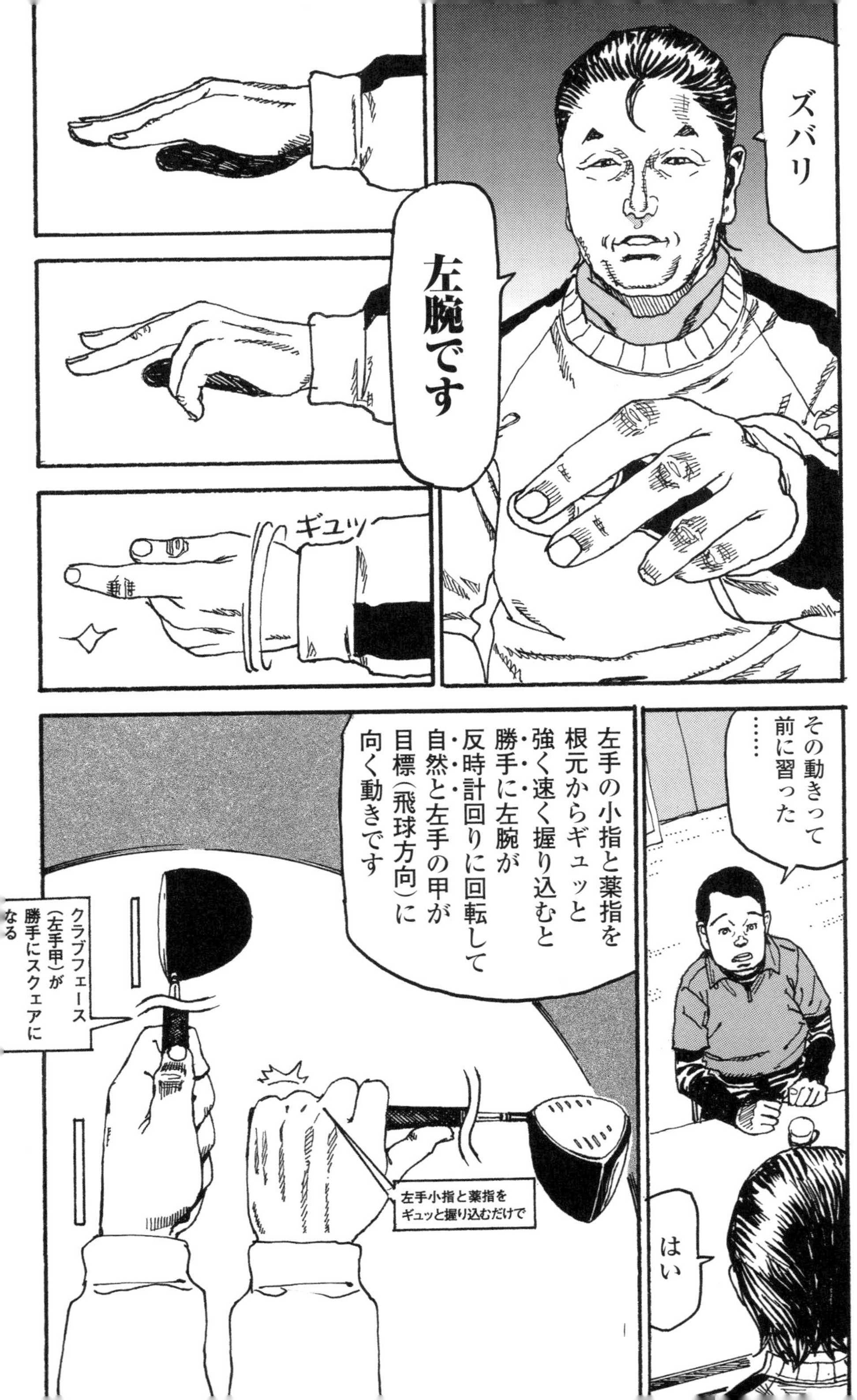
ズバリ
左腕です
ギュッ
その動きって前に習った……
はい
左手の小指と薬指を根元からギュッと強く速く握り込むと・・・勝手に左腕が・・・反時計回りに回転して・・・自然と左手の甲が目標（飛球方向）に向く動きです
クラブフェース（左手甲）が勝手にスクェアになる
左手小指と薬指をギュッと握り込むだけで

『勝手に』『自然と』を最大限　利用するそれがSスウィング
意識するところが少なくてすむから誰もが　いつでも簡単に再現できちゃう
この左手の握り込みをインパクト直前に行います
鍵は
グリップエンドにあります
グリップエンド？
はい
インパクト直前にグリップエンドをちょうどコーナーで急ハンドルを切るようにグイッと急旋回させるのです
グイッ
右手小指と左手人差指が重なるところ（X点）がグリップの支点です
このX点からグリップエンドまでは約7㎝　そしてシャフトの長さは45インチのドライバーだと114・3㎝あります
114.3㎝
7㎝

シャフトの長さをX点からグリップエンドまでの7㎝で割ると──
114.3cm÷7cm=16.3
つまりグリップエンドの動きに対してシャフトの先端は16倍強の移動量を持つわけです
キュ キュ
…………
それって……手元を たった7㎝方向転換させただけで
グヮン
16倍
チョイ
7㎝
シャフトの先端は16倍もの速さと距離を動くってこと？
そうです！
しかもシャフトの先にはおよそ200gのクラブヘッドがついています
200gの重さが下りてきている最中にシャフトが急激に方向転換するとどうなるよ？

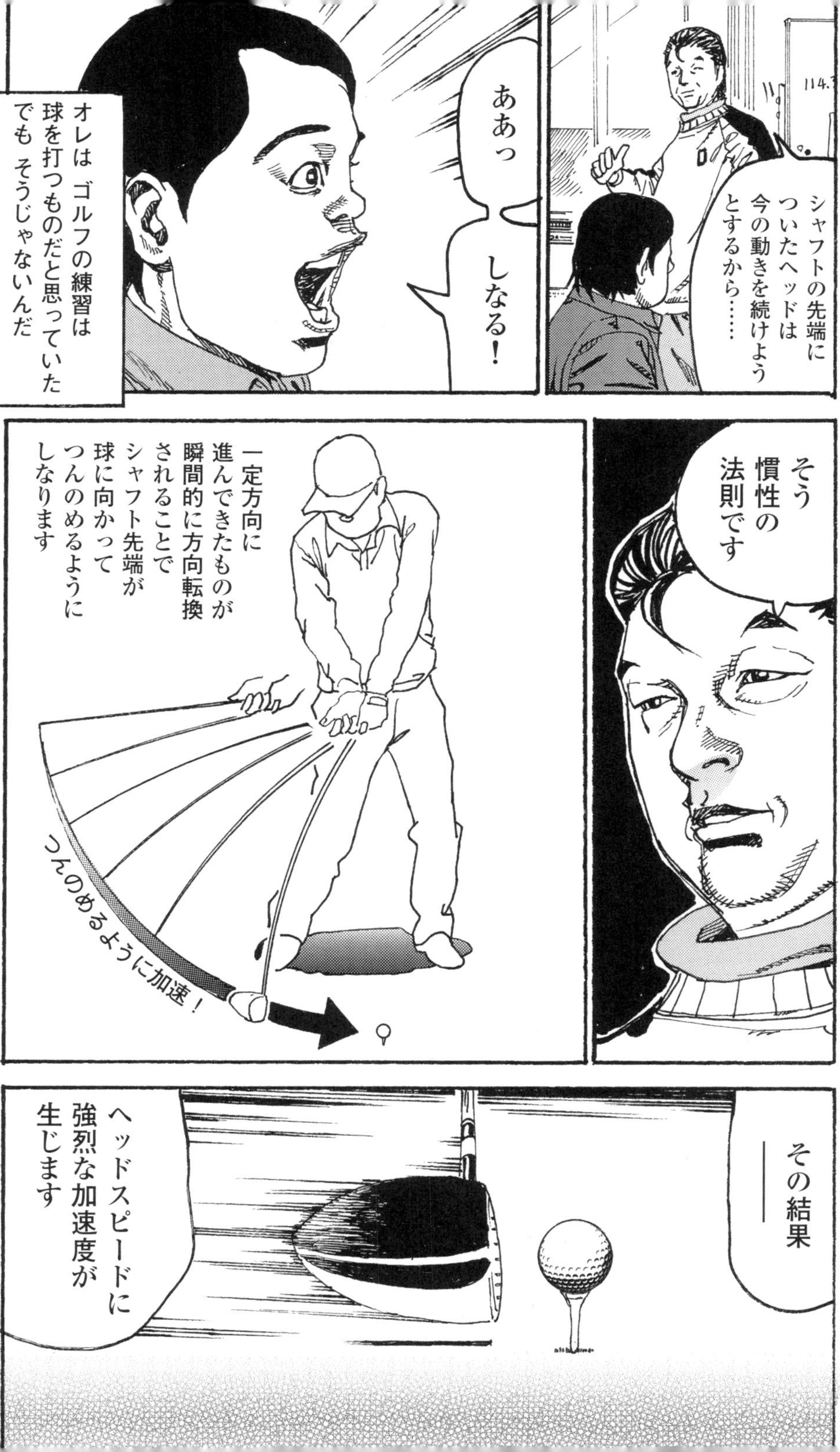
シャフトの先端についたヘッドは今の動きを続けようとするから……
ああっ
しなる！
オレは ゴルフの練習は球を打つものだと思っていたでも そうじゃないんだ
そう慣性の法則です
一定方向に進んできたものが瞬間的に方向転換されることでシャフト先端が球に向かってつんのめるようになります
つんのめるように加速！
その結果――
ヘッドスピードに強烈な加速度が生じます

ちょうど わたくしが急ハンドルを切った時に福田さんが頭を・・・勢いよくぶつけたのと同じように
ど…どうしよう
こんなこと知っちゃったらオレ…オレ……
今 オレは これまで練習したことのないほどの練習をしている
そう いい換えればこれこそが『猛練習』だ!

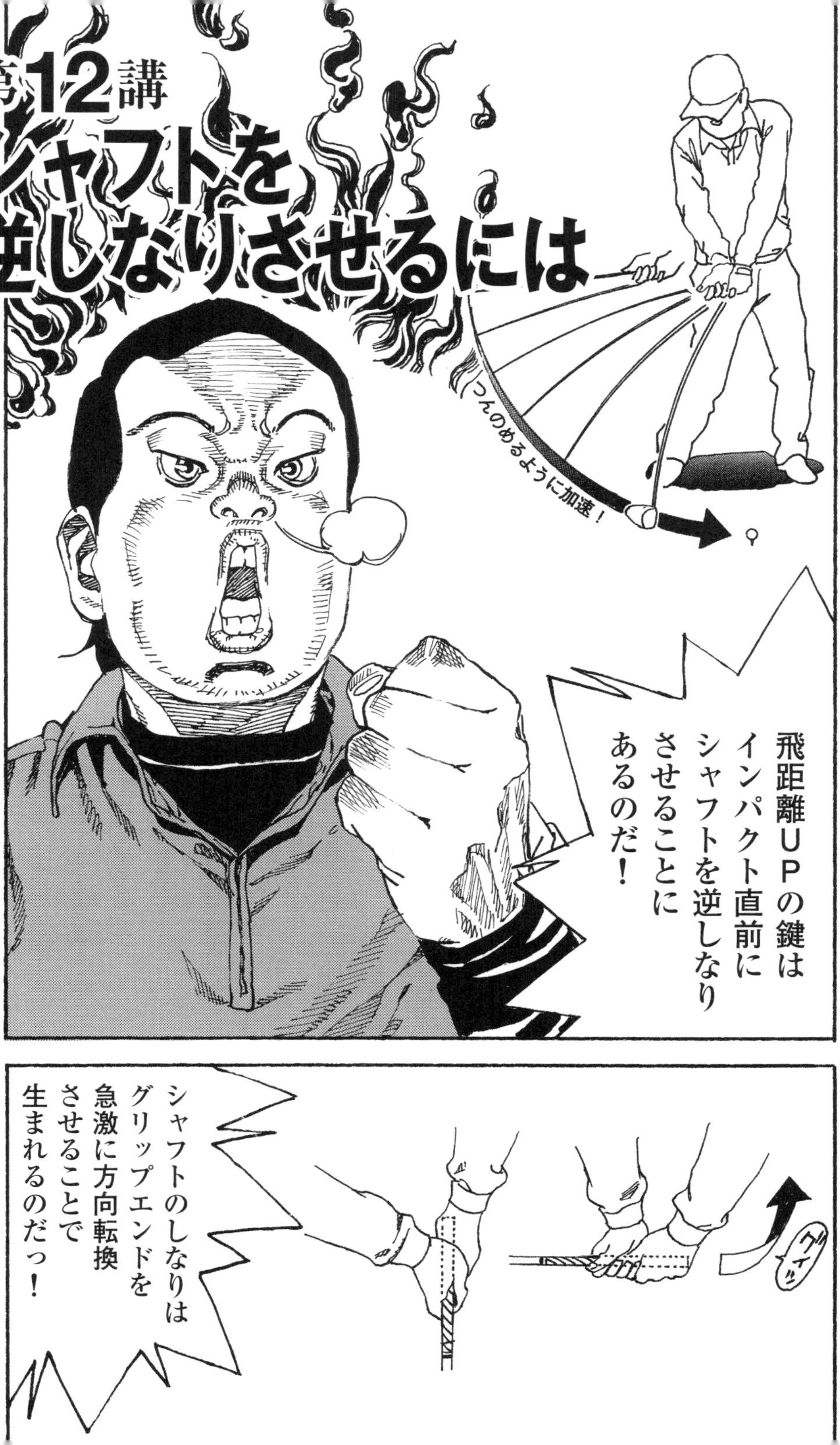
第12講
シャフトを逆しなりさせるには
つんのめるように加速!
飛距離UPの鍵はインパクト直前にシャフトを逆しなりさせることにあるのだ!
シャフトのしなりはグリップエンドを急激に方向転換させることで生まれるのだっ!
グイッ

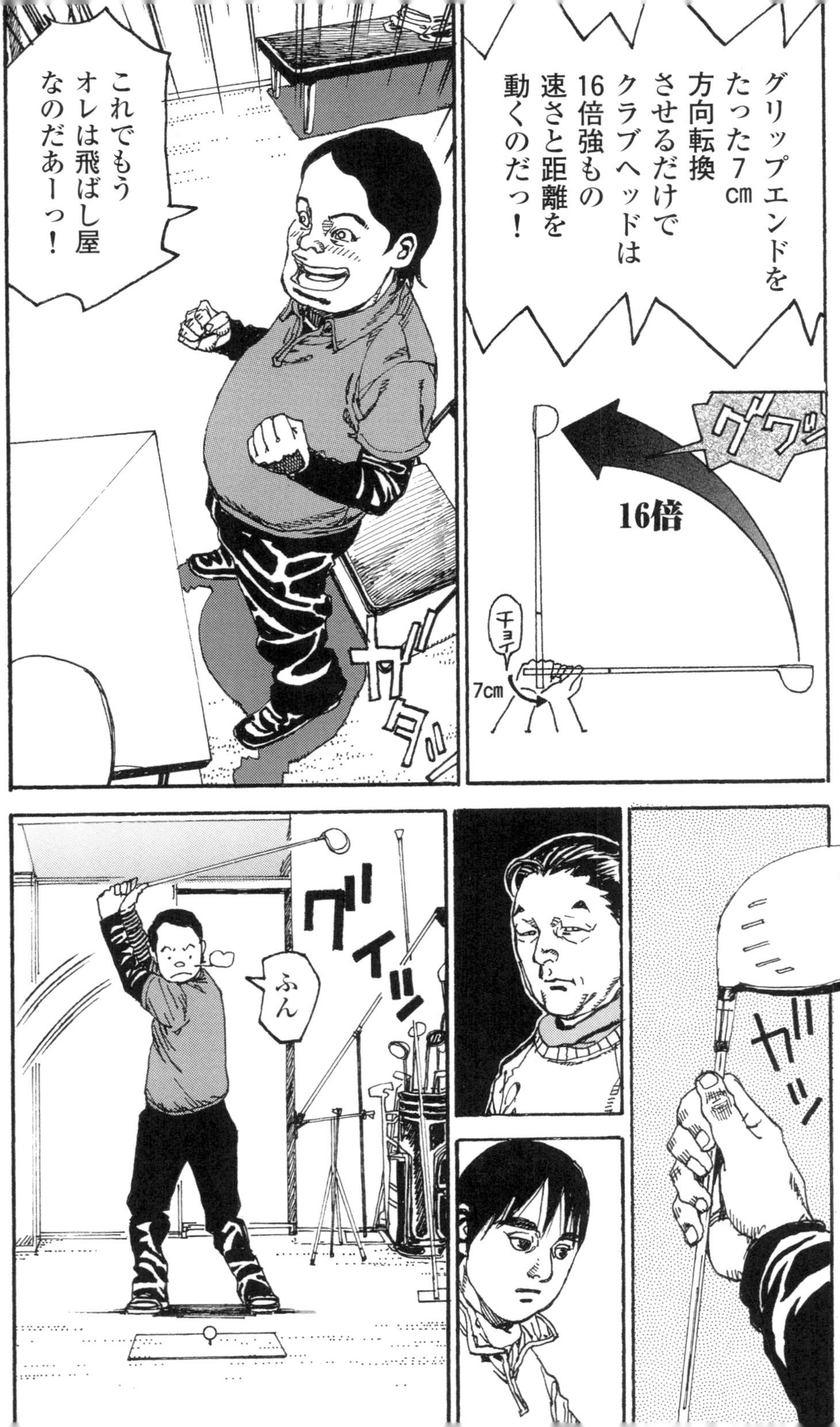
グリップエンドをたった7㎝方向転換させるだけでクラブヘッドは16倍強もの速さと距離を動くのだっ！
グワッ
16倍
チョイ
7㎝
これでもうオレは飛ばし屋なのだあーっ！
ガタッ
グイッ
ふん

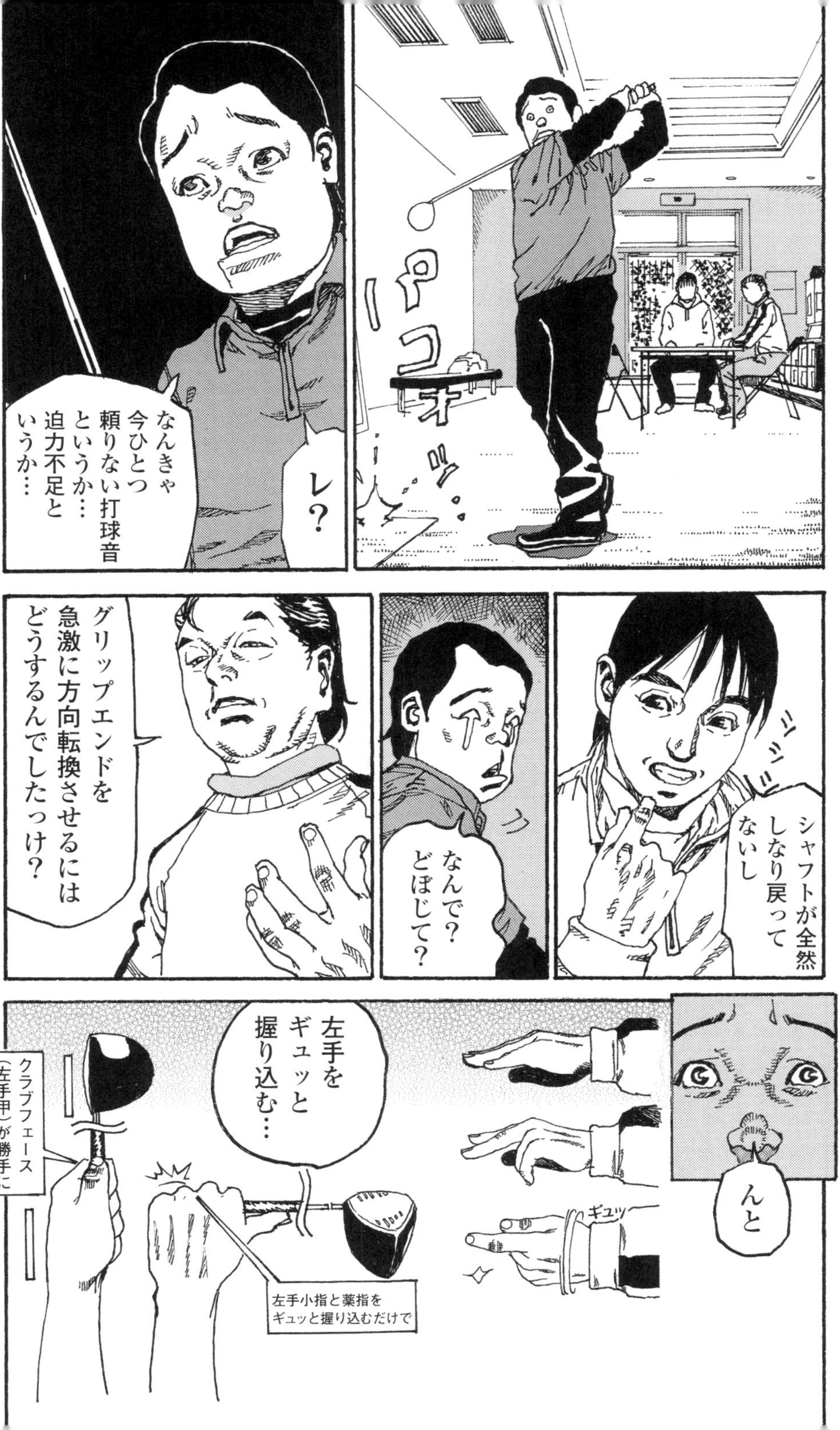
パコォ
レ?
なんきゃ今ひとつ頼りない打球音というか…迫力不足というか…
シャフトが全然しなり戻ってないし
なんで? どぼじて?
グリップエンドを急激に方向転換させるにはどうするんでしたっけ?
んと
ギュッ
左手をギュッと握り込む…
左手小指と薬指をギュッと握り込むだけで
クラブフェース（左手甲）が勝手にスクエアになる

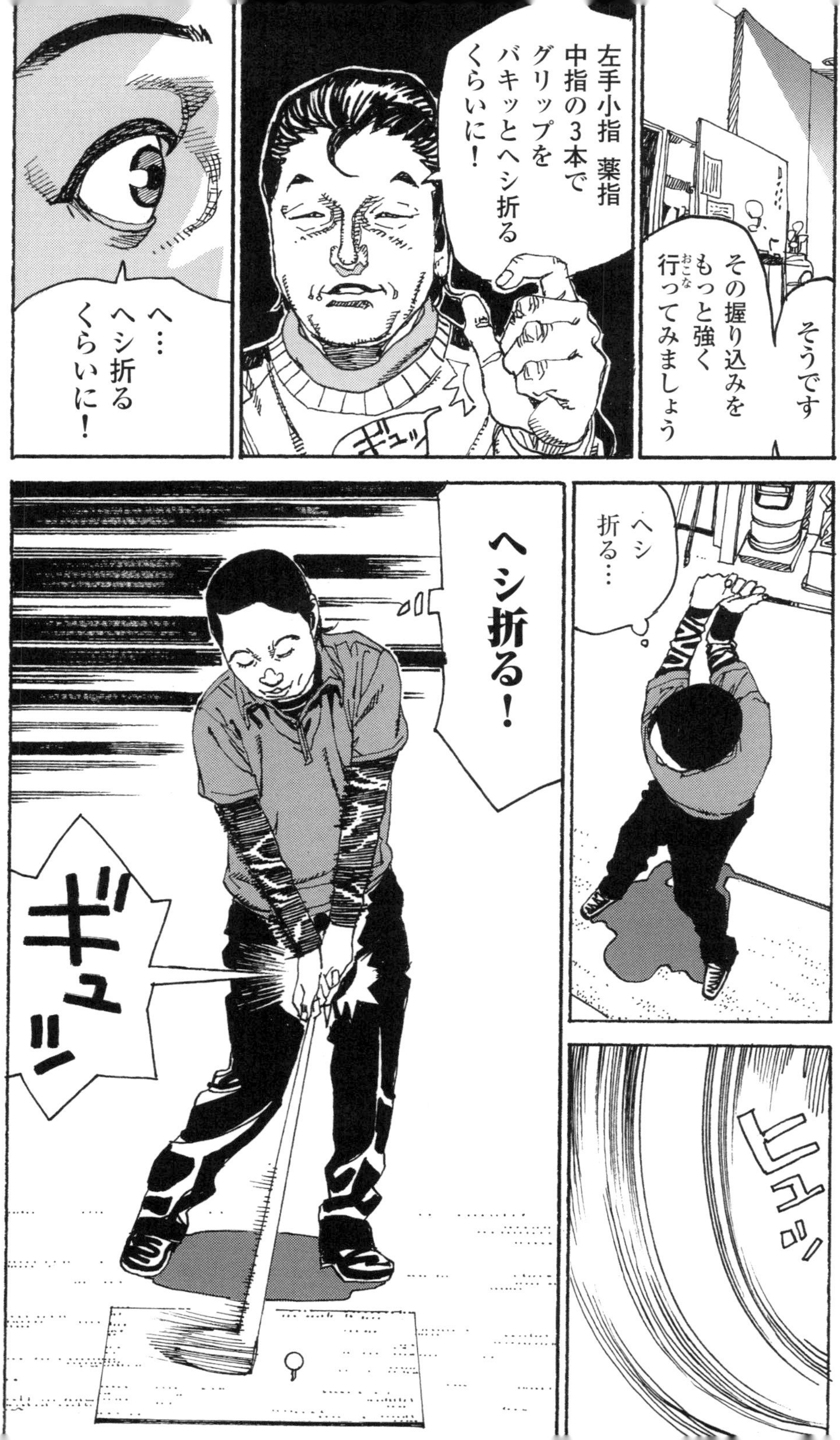
そうです
その握り込みをもっと強く行《おこな》ってみましょう
左手小指 薬指 中指の3本でグリップをバキッとヘシ折るくらいに！
ギュッ
へ…ヘシ折るくらいに！
ヘシ折る…
ヘシ折る！
ギュッ
ヒュッ

ヒュオッ
パキャアッ!
わっ
さっきより迫力が!
左手を瞬間的に強く握り込むことで目標《ターゲット》方向を指していたグリップエンドが
体のほうを指します
グリップエンドの移動は わずかですがクラブヘッドは大きな距離を一気に移動します
すなわち加速度がつくわけです

佐久間さんは実際に
これまで2回もグリップ部の
シャフトを折ってるんだぜ
しかもスチールシャフトを
マジいっ!?
マジ
折れたのは左手人差指と右手小指が重なるX点のところです
そこに それだけ大きな負荷がかかるわけです
これは実は左手と右手はスウィング中わずかに別々の動きをするからなのです
ええっ!? 両手って一体で動くんじゃないの？
そのように信じられてますし そのように使おうとしている人も多いでしょう
ところが左右の手を密着させずに使うことでクラブの運動量と操作を飛躍的に向上させることができるのです
でも これは別の機会に詳しく説明しましょう
別の機会なの!?
ああっ気になるぅぅ！

それより福田さん
シャフトをしならせるメカニズムを もう少し説明しておきましょう
唐突ですが尻尾の長———い恐竜を思い浮かべてください
は？
おわっ⁉
キョロ
さて この尻尾の長い恐竜が獲物を捕えます

わっ
ガブッ
あでてっ！
すると背後から別の恐竜が獲物を奪わんと猛スピードで追いかけてくるではあーりませんか！
なんなのよっこの漫画！
レースクイーンの次は恐竜《こんなカッコ》かよッ
ズドドドド
どんびゃあっ
永江プロまで恐竜に！
クソ不味い獲物だけどとりあえず尻尾の長い恐竜は慌てて逃げ出します
ダッ
クソ不味くて悪かったわっ

全力で走ってる恐竜が
突然 頭を左にターンして
向きを変えます！
ヒィィ
グイッ
この時 恐竜の長い尻尾は
頭の数十倍の振り幅と
速さでギュィーンと
外へ振られます！
それも
強烈なしなりを
伴いながら！
ズザザザザザザ

しなりのイメージは
敵に追われて勢いよく
走っていた恐竜が突然
方向転換する動き
尻尾のしなりに注目
この尻尾の動きこそがインパクト直前のシャフトのしなりなのです
はあはあ
ぜいぜい
そ そっきゃ！
逃げる恐竜の頭がグリップエンドで尻尾がシャフトなわけだ！
ドスドス
もし逃げる恐竜がのろのろ歩いててフッーに振り返っただけなら
尻尾はしならない！
つまりしなりを生じさせるにはスピードが必要なんだ！
分かってくださったようですね

※『続・練習ぎらいはゴルフがうまい！ 飛ばし編』（佐久間 馨著／ゴルフダイジェスト社刊）より。

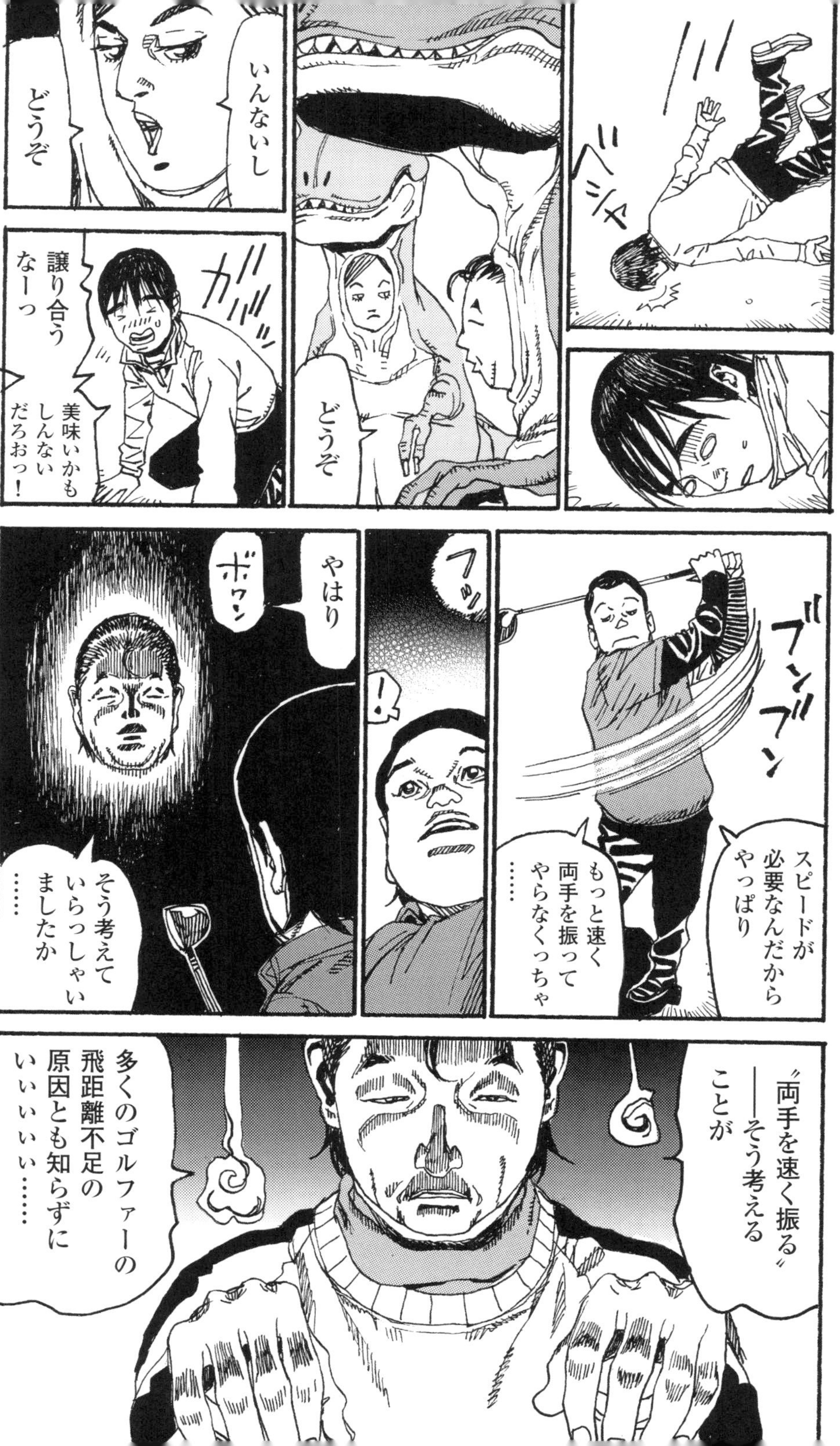
ベシャ
どうぞ
いんないし
どうぞ
ガバッ
譲り合うなーっ
美味いかもしんないだろおっ！
ブンブン
スピードが必要なんだからやっぱり
もっと速く両手を振ってやらなくっちゃ……
フッ
！
やはり
ボワン
そう考えていらっしゃいましたか……
“両手を速く振る”——そう考えることが
多くのゴルファーの飛距離不足の原因とも知らずにぃぃぃぃぃぃ……

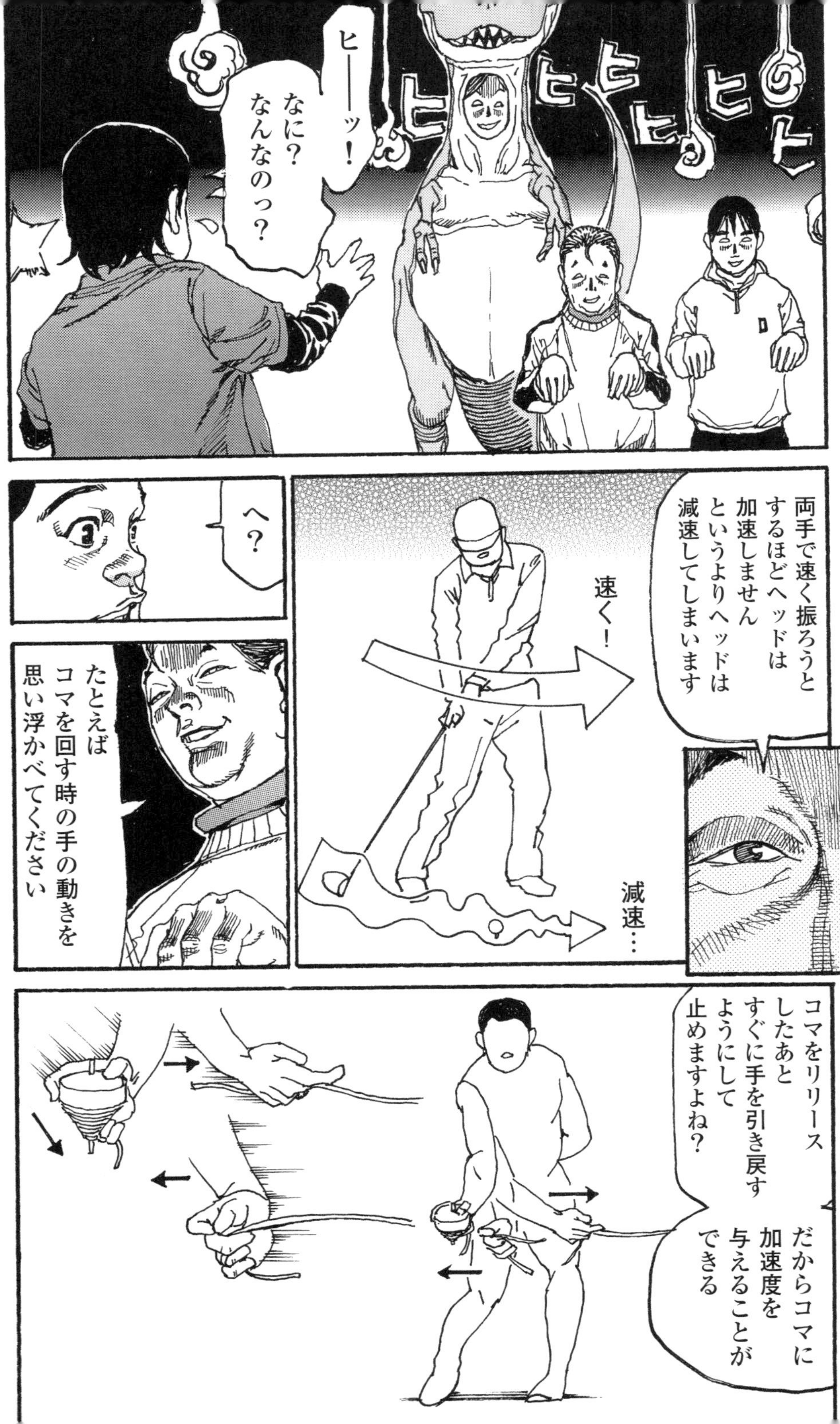
ヒ——ッ！
なに？なんなのっ？
両手で速く振ろうとするほどヘッドは加速しませんというよりヘッドは減速してしまいます
速く！
減速…
へ？
たとえばコマを回す時の手の動きを思い浮かべてください
コマをリリースしたあとすぐに手を引き戻すようにして止めますよね？
だからコマに加速度を与えることができる

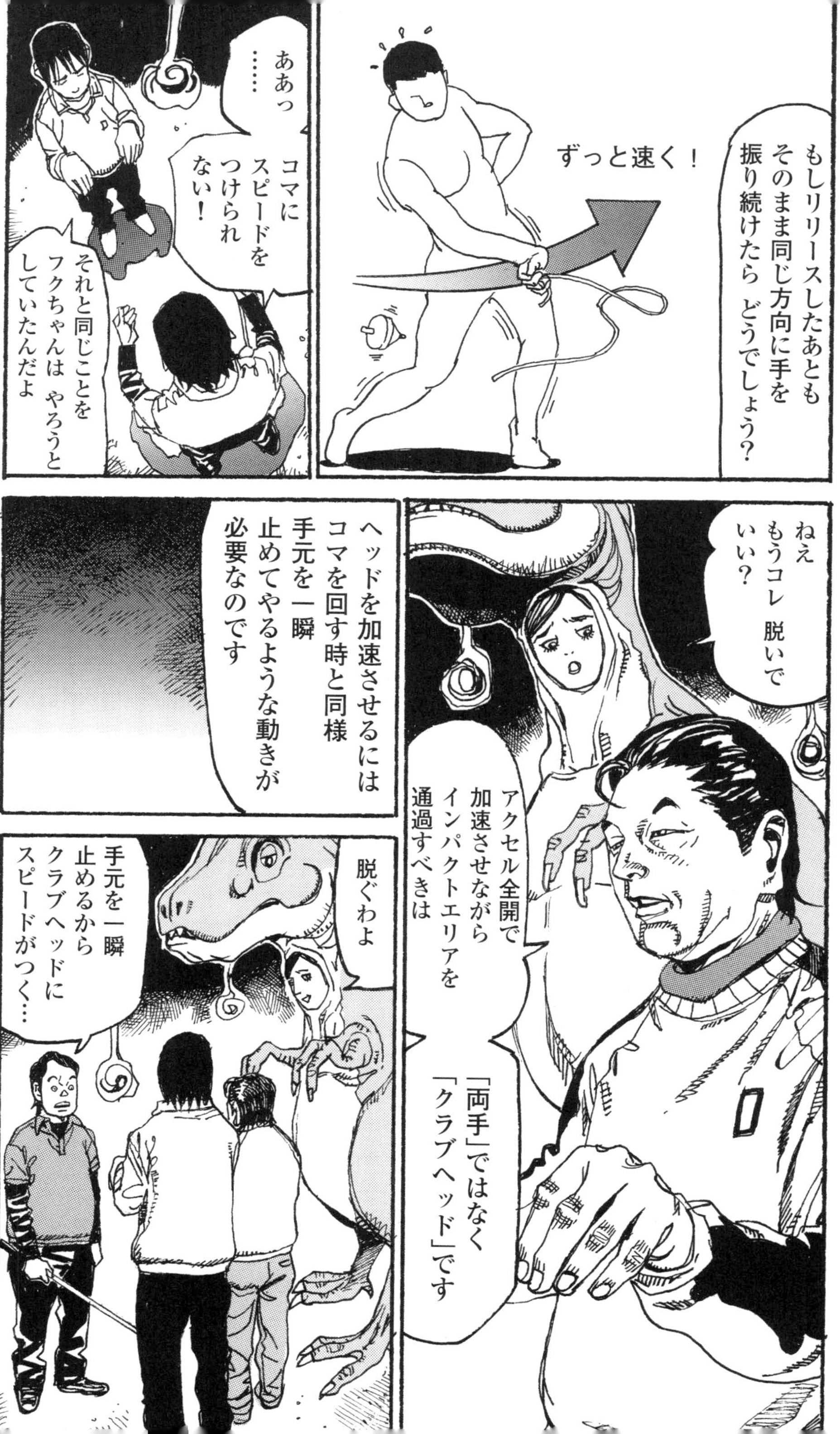
もしリリースしたあとも そのまま同じ方向に手を 振り続けたら どうでしょう?
ずっと速く!
ああっ……
コマに スピードを つけられ ない!
それと同じことを フクちゃんは やろうと していたんだよ
ねえ もうコレ 脱いで いい?
アクセル全開で 加速させながら インパクトエリアを 通過すべきは
「両手」ではなく 「クラブヘッド」です
ヘッドを加速させるには コマを回す時と同様 手元を一瞬 止めてやるような動きが 必要なのです
脱ぐわよ
手元を一瞬 止めるから クラブヘッドに スピードがつく…

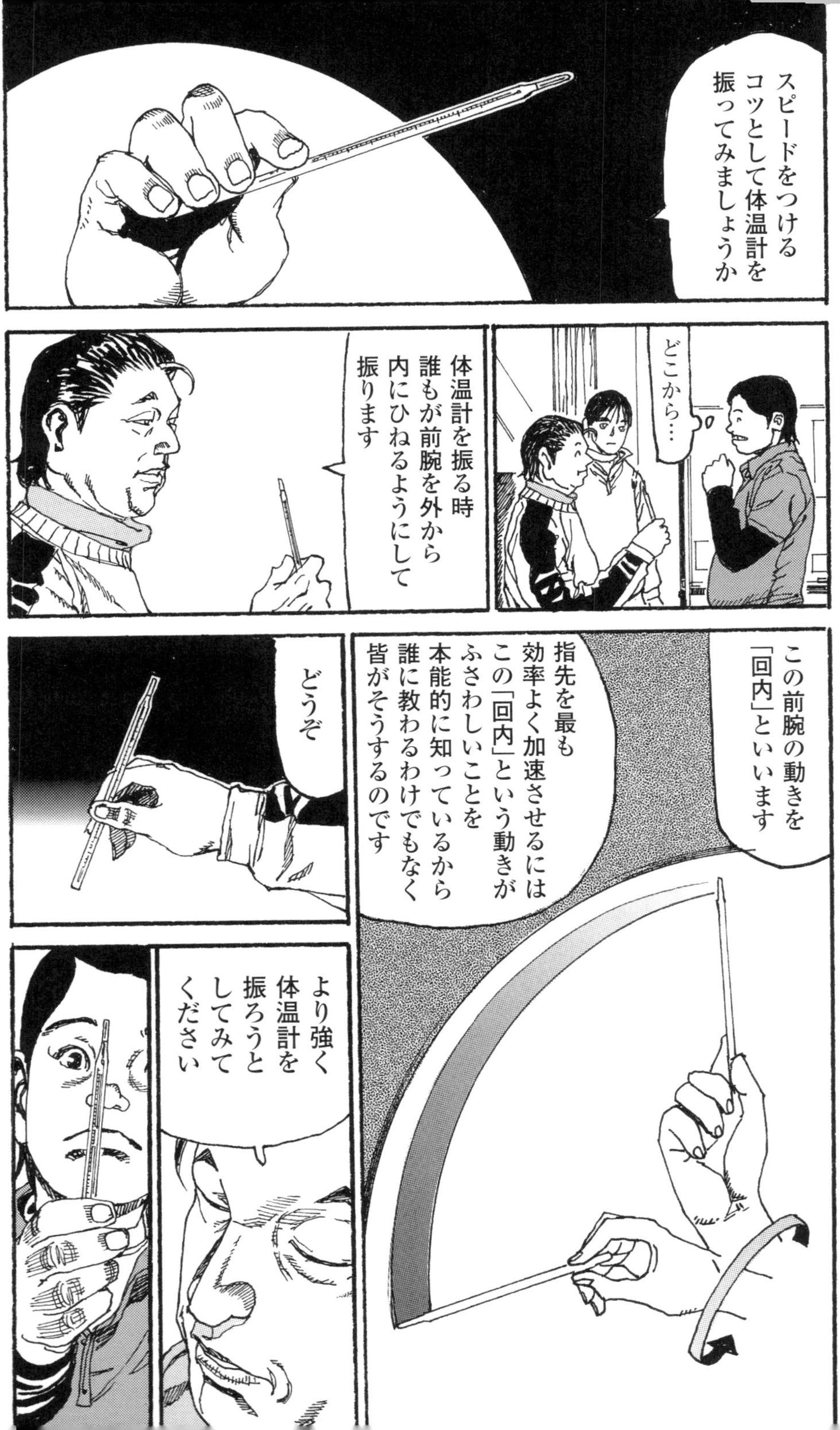
スピードをつけるコツとして体温計を振ってみましょうか
どこから…
体温計を振る時誰もが前腕を外から内にひねるようにして振ります
この前腕の動きを「回内」といいます
指先を最も効率よく加速させるにはこの「回内」という動きがふさわしいことを本能的に知っているから誰に教わるわけでもなく皆がそうするのです
どうぞ
より強く体温計を振ろうとしてみてください

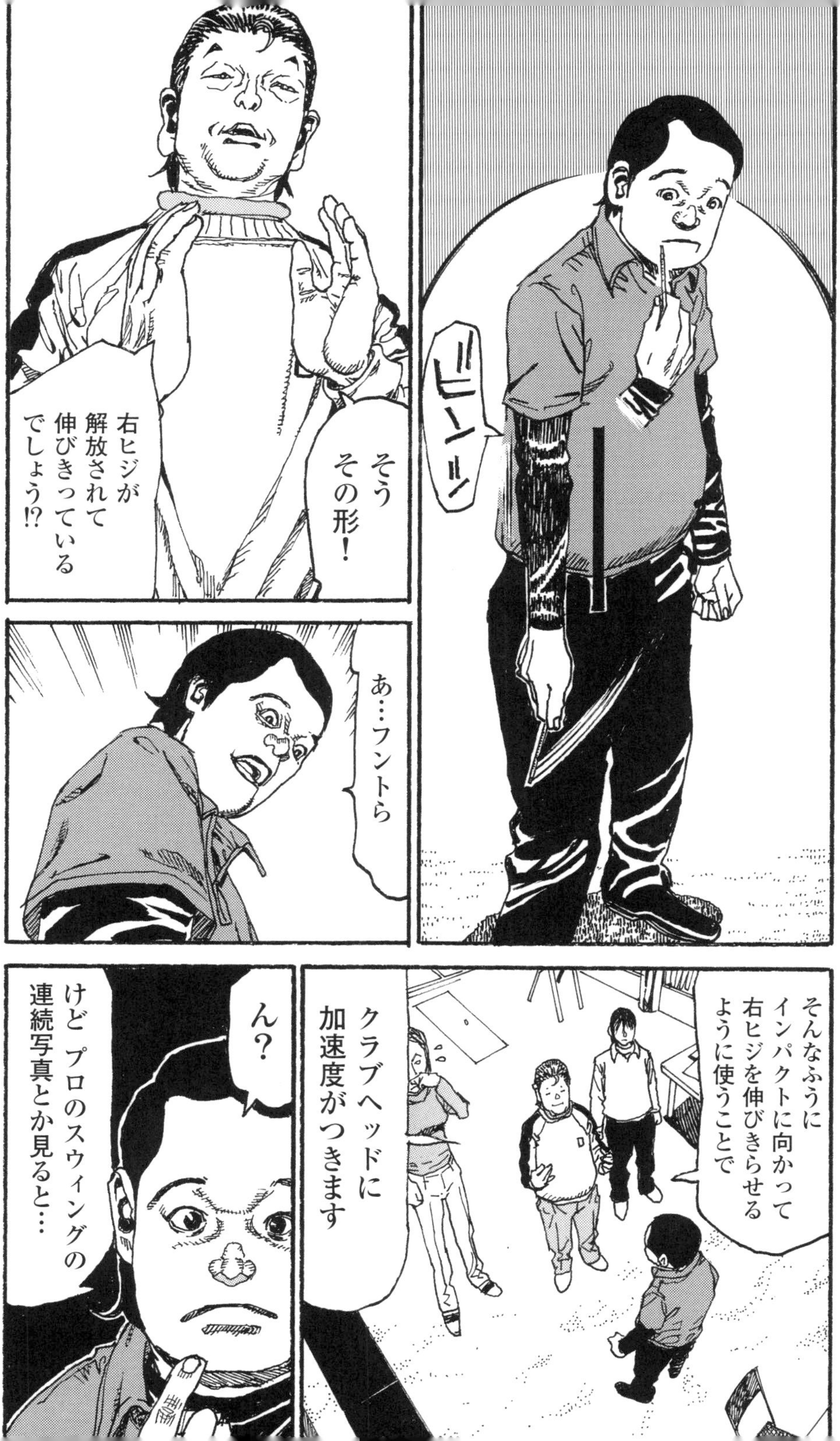
そう
その形！
右ヒジが
解放されて
伸びきっている
でしょう⁉
あ…フントら
そんなふうに
インパクトに向かって
右ヒジを伸びきらせる
ように使うことで
クラブヘッドに
加速度がつきます
ん？
けど プロのスウィングの
連続写真とか見ると…

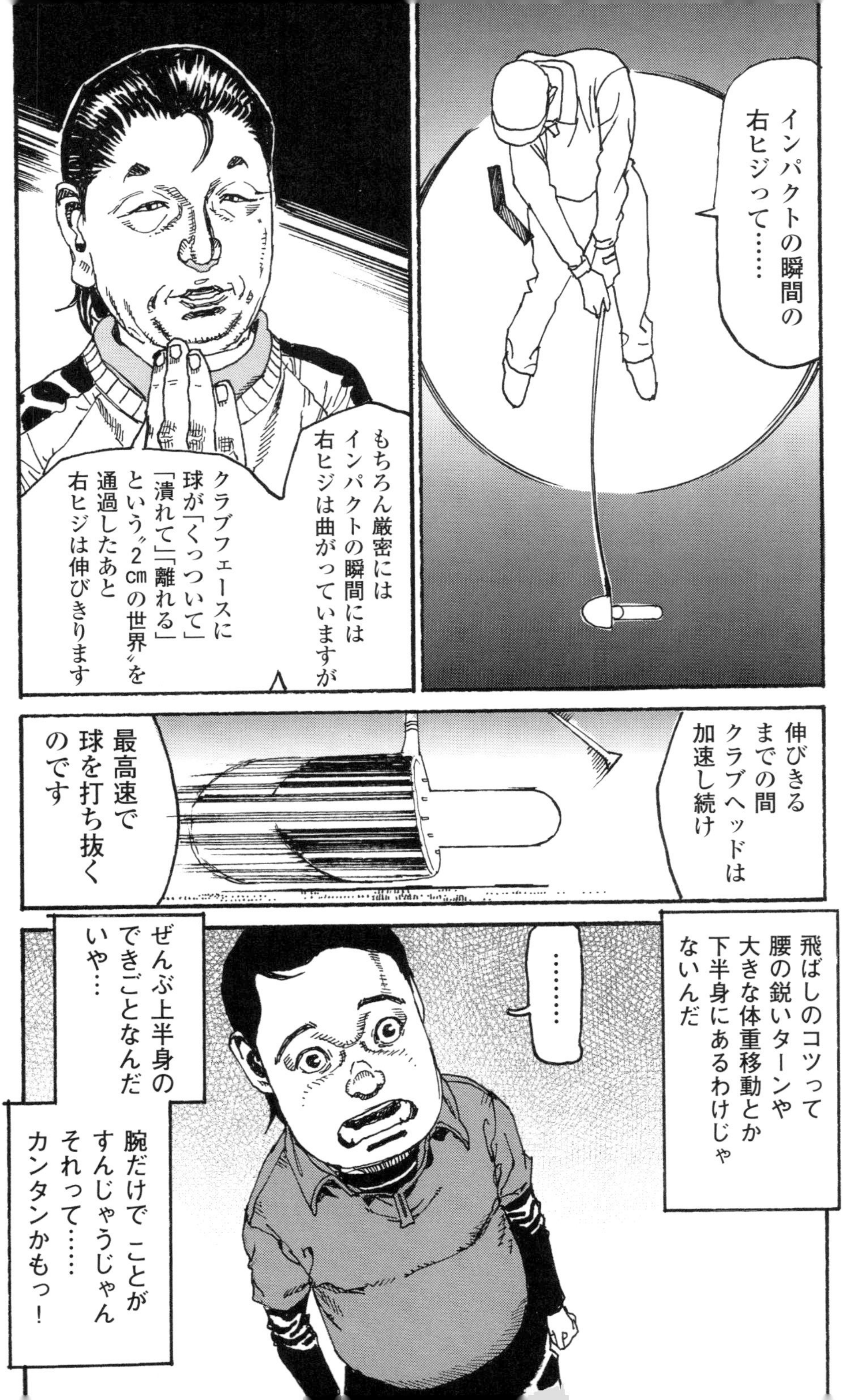

インパクトの瞬間の右ヒジって……
もちろん厳密にはインパクトの瞬間には右ヒジは曲がっていますが
クラブフェースに球が「くっついて」「潰れて」「離れる」という〝2㎝の世界〟を通過したあと右ヒジは伸びきります
伸びきるまでの間クラブヘッドは加速し続け
最高速で球を打ち抜くのです
飛ばしのコツって腰の鋭いターンや大きな体重移動とか下半身にあるわけじゃないんだ
………
ぜんぶ上半身のできごとなんだいや…
腕だけですんじゃうじゃんそれって……カンタンかもっ!

第13講 アプローチは『ロー&ロー』

前刊まではSスウィングの飛ばし編を説明してきましたが
一言で表現すれば『シャフトのしなり戻し』を使うということです
そしてシャフトのしなり戻しを生むには
インパクトで『止める』動きが必要だということです
パシン

よくいわれる
『両手を速く振る』とか
『腰を切る（速く回し続ける）』
という
ことは
クラブヘッドを減速こそすれ
加速させることはありません
『止める』場所が
あるから ヘッドが
加速するのです
ハイ！
Sスウィングの
Sは『ストッパー』の
Sでも
ありますもんね♪
いいですよ
福田さん
シャフトの
しなり戻しが
生まれてます
インパクトで もっとしっかり
左上腕を止めてやれば
ヘッドが さらに加速しますよ
左上腕を
止める？

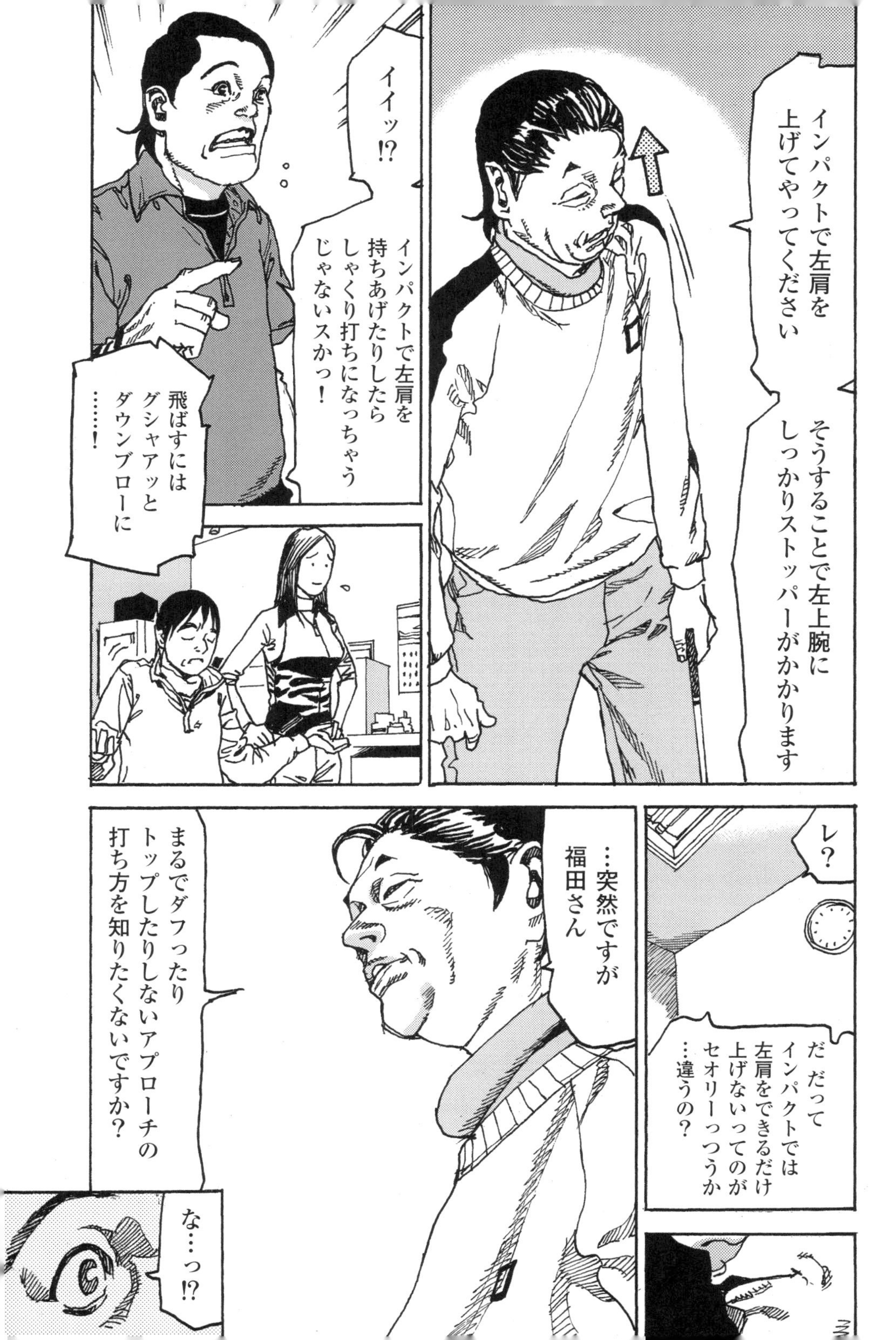
インパクトで左肩を上げてやってください
そうすることで左上腕にしっかりストッパーがかかります
イイッ⁉
インパクトで左肩を持ちあげたりしたらしゃくり打ちになっちゃうじゃないスかっ！
飛ばすにはグシャアッとダウンブローに……！
レ？
だだってインパクトでは左肩をできるだけ上げないってのがセオリーっつうか…違うの？
…突然ですが福田さん
まるでダフったりトップしたりしないアプローチの打ち方を知りたくないですか？
な…っ⁉

知りたいなんてもんじゃ
ないですぅぅっ!
そんな打ち方が
あるんですかっ?
あります
キーワードは『ロー&ロー』です
ホイ
ザッ ザッ
ダフリも
トップもしない
アプローチの仕方を
教える代わりに
そーじをしろって
ことかよ
ほえ?
ほうき…
チーム佐久間って
意外と
コスいかも…
ザッ ザッ

福田さん
竹ぼうきの動きによく注目してください
地面と平行に動かしている
(直線部分がある)
へ?
ほうきの先端を地面と平行に動かしているから落ち葉やホコリをきれいに掃けるわけですよね
もし こんなふうにほうきを動かしたらどうでしょう?
ブラ ブラ
ほうきの先端が地面と接する箇所は一点しかなく
上手に掃くことはできませんよね

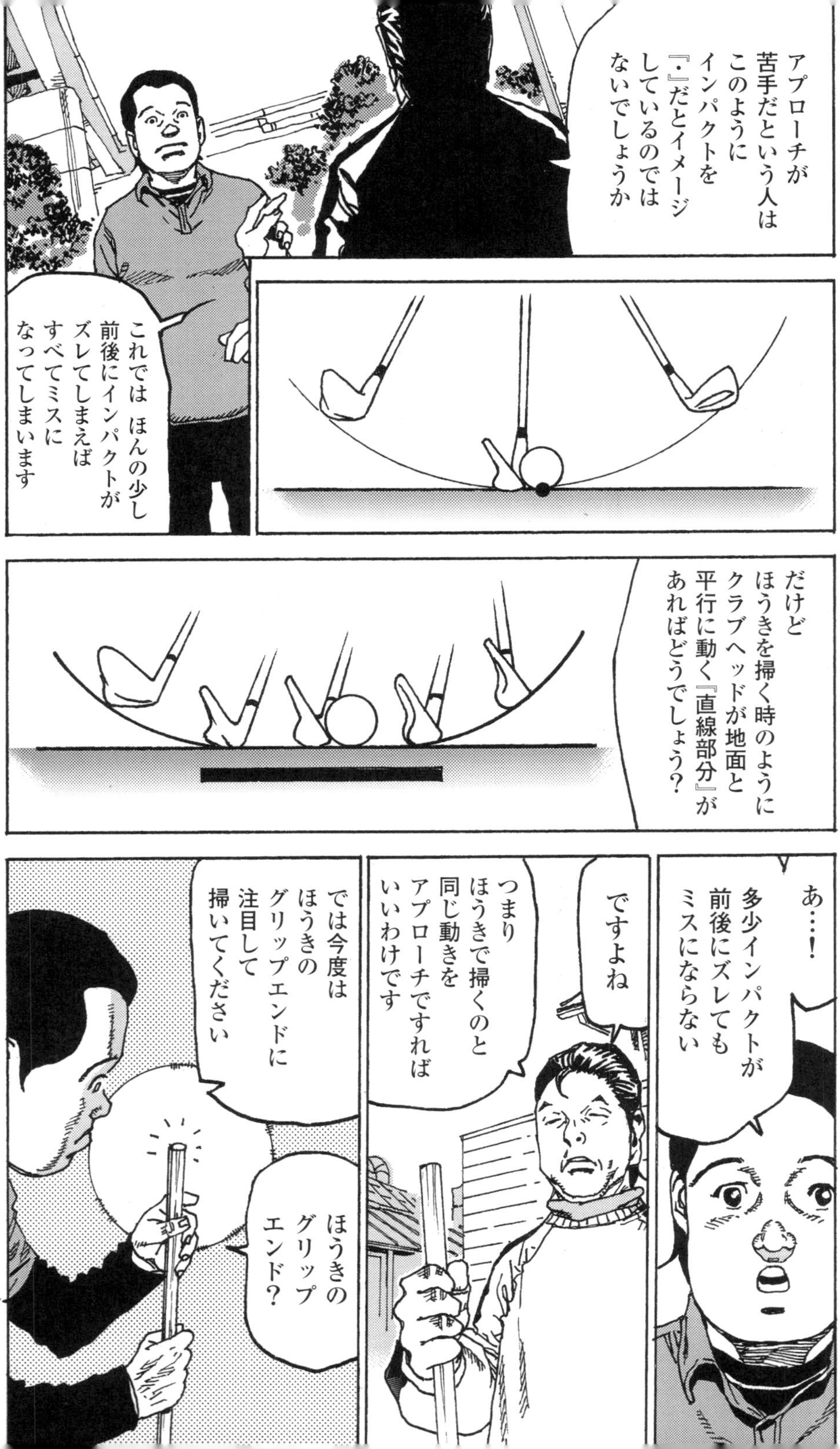
アプローチが苦手だという人はこのようにインパクトを『・』だとイメージしているのではないでしょうか
これでは ほんの少し前後にインパクトがズレてしまえばすべてミスになってしまいます
だけど ほうきを掃く時のようにクラブヘッドが地面と平行に動く『直線部分』があればどうでしょう?
あ…!
多少インパクトが前後にズレてもミスにならない
ですよね
つまり ほうきで掃くのと同じ動きをアプローチですればいいわけです
では今度は ほうきのグリップエンドに注目して掃いてください
ほうきのグリップエンド?

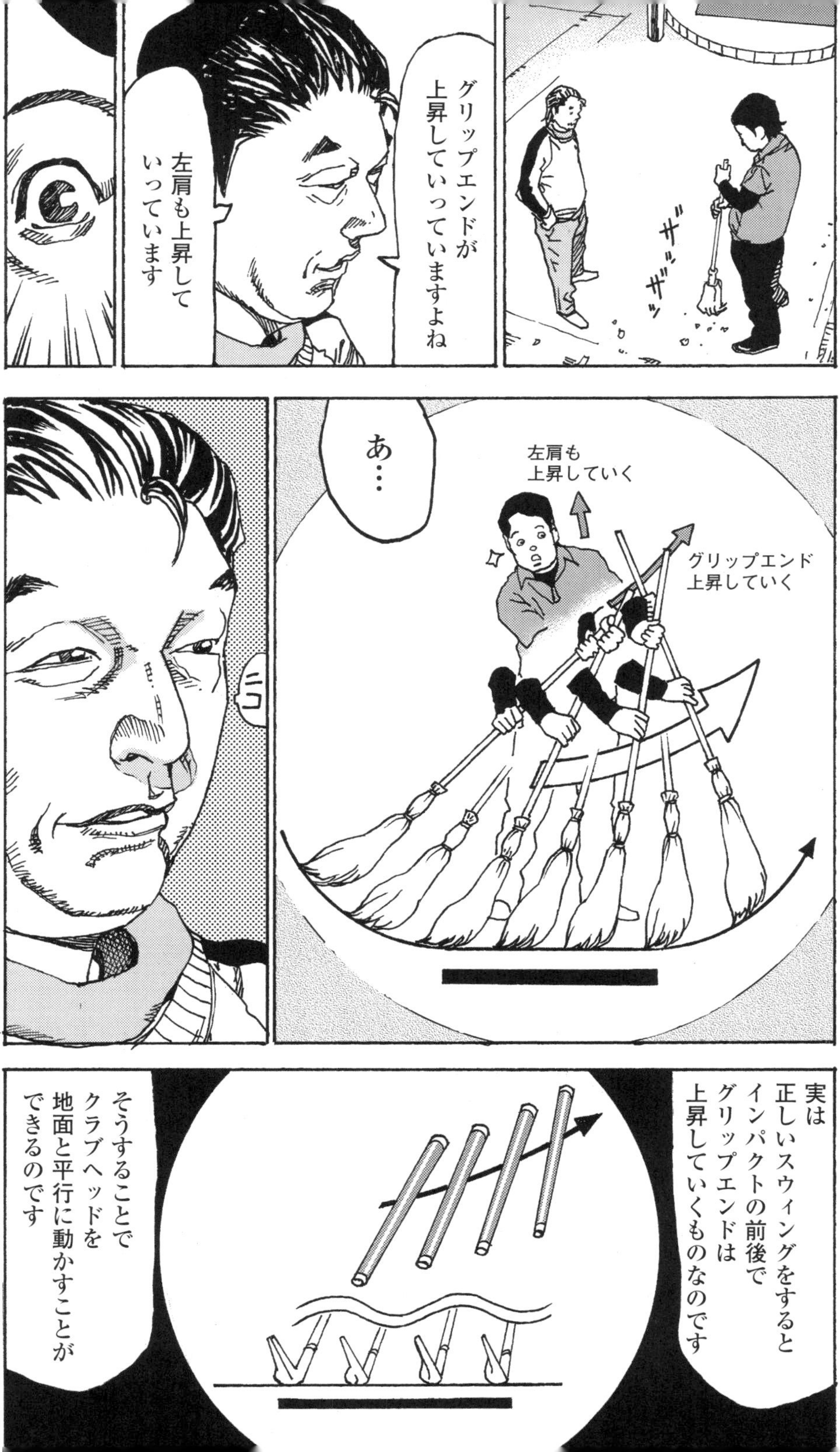
ザッ
ザッ
グリップエンドが
上昇していっていますよね
左肩も上昇して
いっています
あ…
左肩も
上昇していく
グリップエンド
上昇していく
ニコ
実は
正しいスウィングをすると
インパクトの前後で
グリップエンドは
上昇していくものなのです
そうすることで
クラブヘッドを
地面と平行に動かすことが
できるのです

アプローチに限らず すべてのショットの インパクト前後の クラブヘッドの動きには
ハガキほどの 直線が 存在します
ターフが船底型ではなく
水平に同じ厚さで 取れるのは この理由から
これは実験※で 確認されて います
『打ち込む』という 表現がありますね
これが 多くの ゴルファーが ゴルフを 難しいと 感じてしまう 一因かも しれません
すべてのショットや アプローチ バンカーに至るまで クラブヘッドが 右から左へと動けば いいだけの話であり 鋭角に打ち込む 必要などありません
これを よく覚えて おいてください ゴルフがグッと やさしくなる はずです
………
『ダウンブローに打て!』『すくうな! しゃくるな!』という教えもあるよな
けど グリップエンドや 左肩には『すくう』『しゃくる』 イメージは あったほうがいいんだよ

※——合理的なゴルフスウィングに関する一考察（その1）インパクトエリアにおけるクラブの動きについて 上智大学体育38号
A Study of Efficient Golf Swing (Vol.1) Path and movement of golf club at impact 上智大学・大串哲郎他

『すくっちゃいけない』『打ち込まなきゃ』という思い込みのおかげで
多くの人はインパクトでグリップエンドを地面に向けて下げていってしまう！
結果としてクラブのリーディングエッジが地面に刺さり ザックリが起きちゃう
……
オレ 今までグリップエンドの動きなんて気にしたことなかった
………
なんか すっごい秘密を教えてもらっちゃった気がする…！
さて これらをふまえた上で
ダフリもトップもしないアプローチの打ち方『ロー&ロー』の説明をしますよ
トン

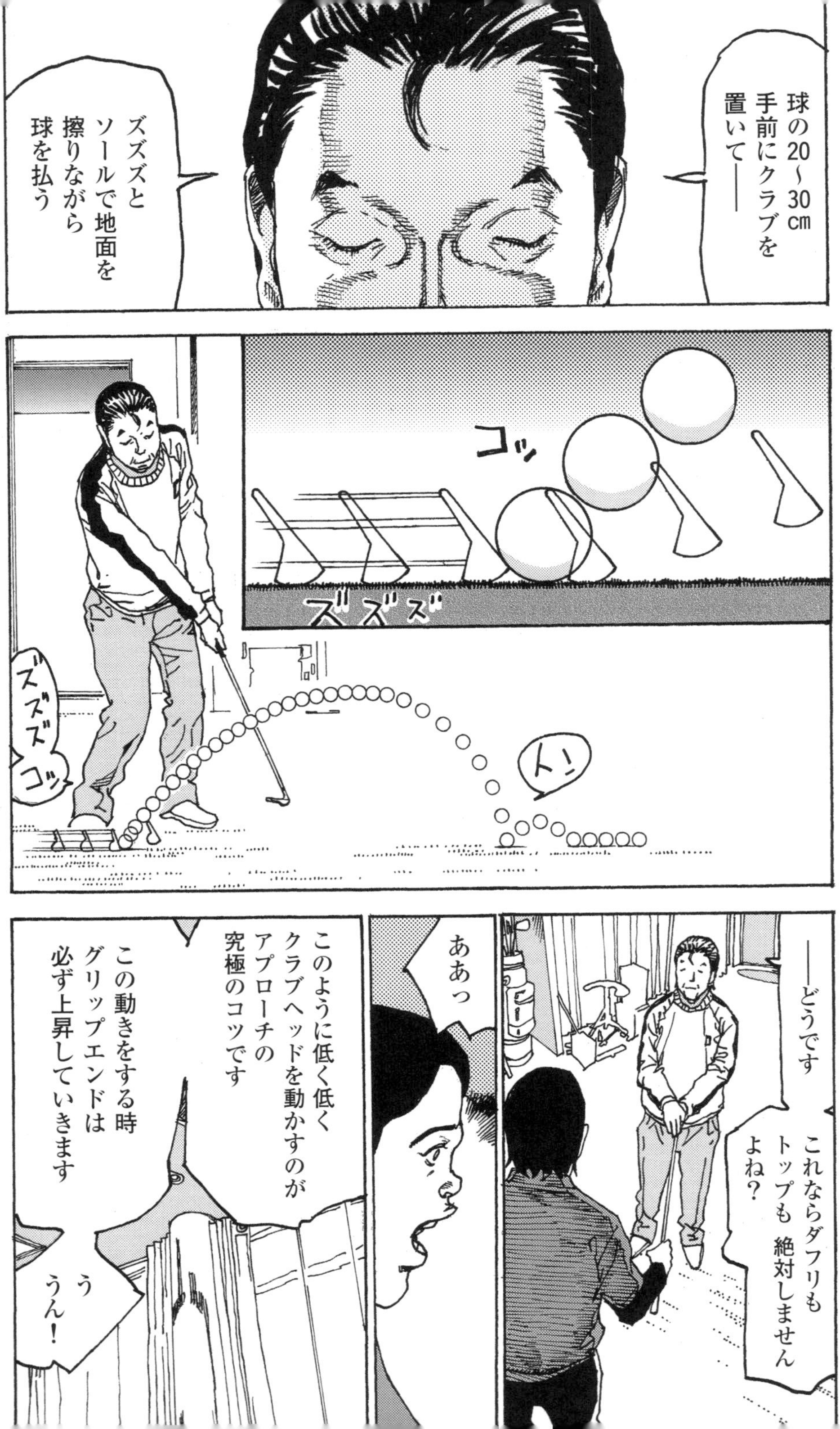

球の20～30㎝手前にクラブを置いて――
ズズズとソールで地面を擦りながら球を払う
コッ
ズズズ
ズズズコッ
トン!
――どうです
これならダフリもトップも 絶対しませんよね？
ああっ
このように低く低くクラブヘッドを動かすのがアプローチの究極のコツです
この動きをする時グリップエンドは必ず上昇していきます
う うん!

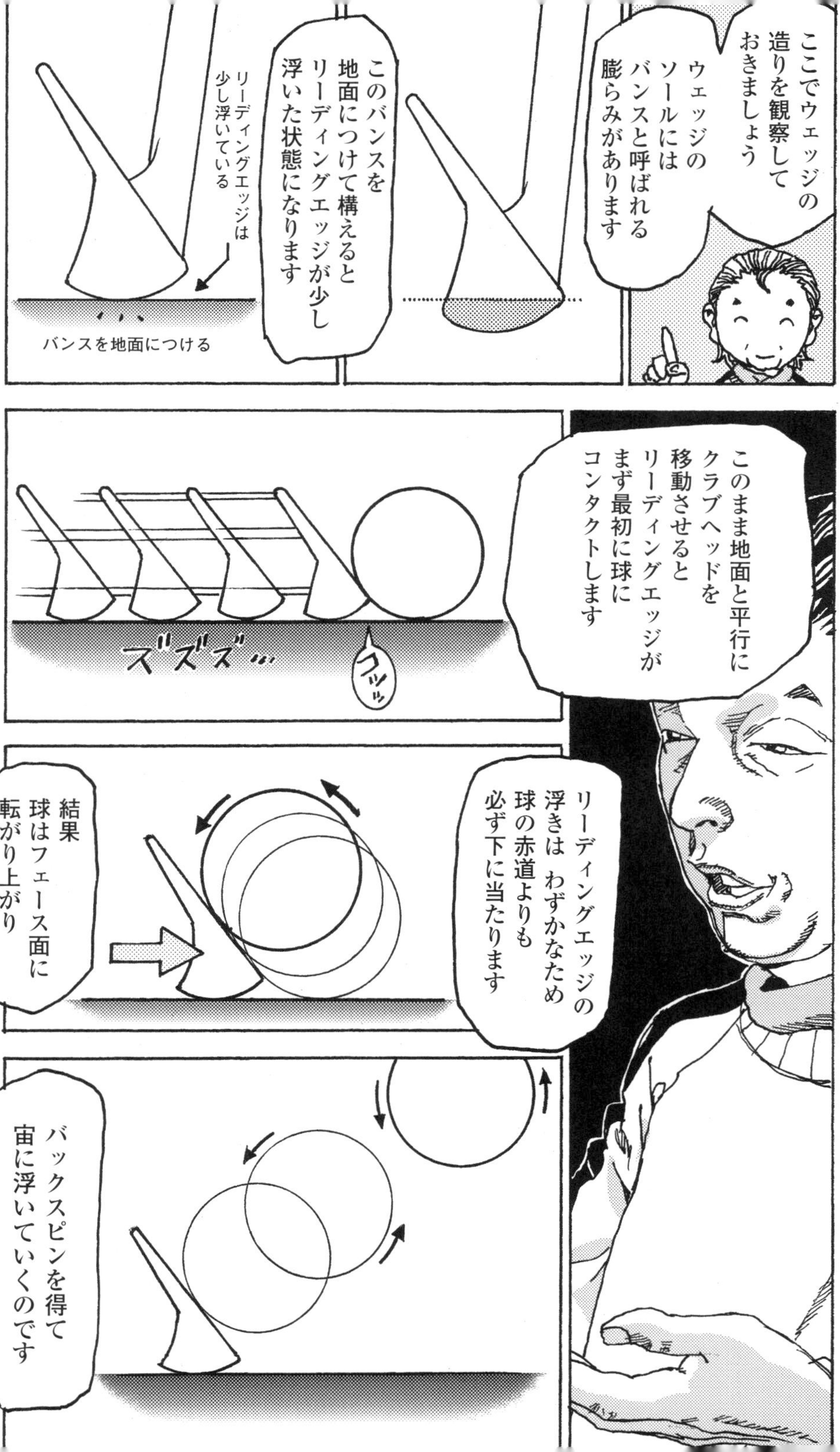
ここでウェッジの造りを観察しておきましょう
ウェッジのソールにはバンスと呼ばれる膨らみがあります
このバンスを地面につけて構えるとリーディングエッジが少し浮いた状態になります
リーディングエッジは少し浮いている
バンスを地面につける
このまま地面と平行にクラブヘッドを移動させるとリーディングエッジがまず最初に球にコンタクトします
ズズズッ
コツッ
リーディングエッジの浮きは わずかなため球の赤道よりも必ず下に当たります
結果 球はフェース面に転がり上がり
バックスピンを得て宙に浮いていくのです

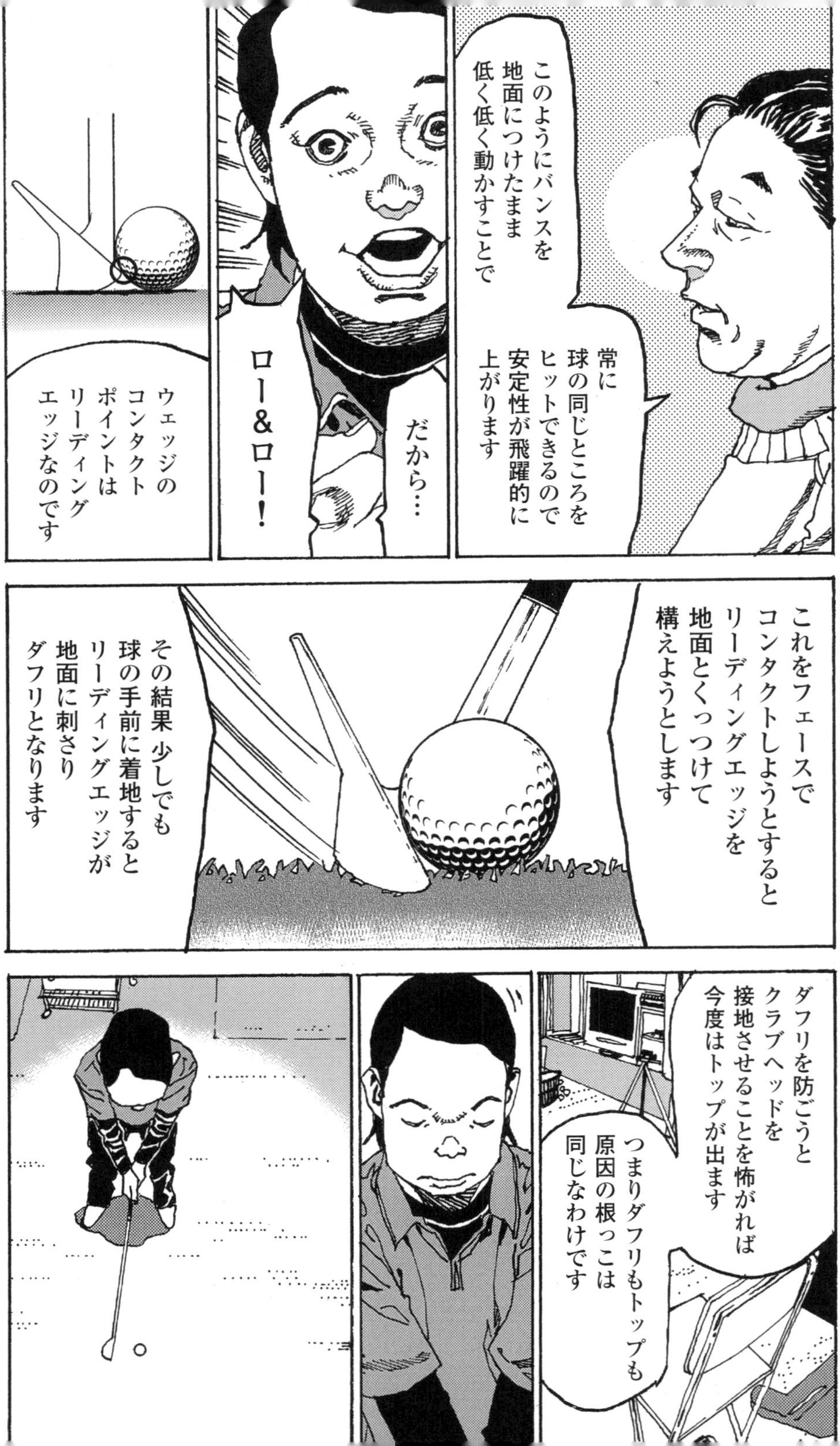

このようにバンスを地面につけたまま低く低く動かすことで
常に球の同じところをヒットできるので安定性が飛躍的に上がります
だから…
ロー&ロー！
ウェッジのコンタクトポイントはリーディングエッジなのです
これをフェースでコンタクトしようとするとリーディングエッジを地面とくっつけて構えようとします
その結果 少しでも球の手前に着地するとリーディングエッジが地面に刺さりダフリとなります
ダフリを防ごうとクラブヘッドを接地させることを怖がれば今度はトップが出ます
つまりダフリもトップも原因の根っこは同じなわけです

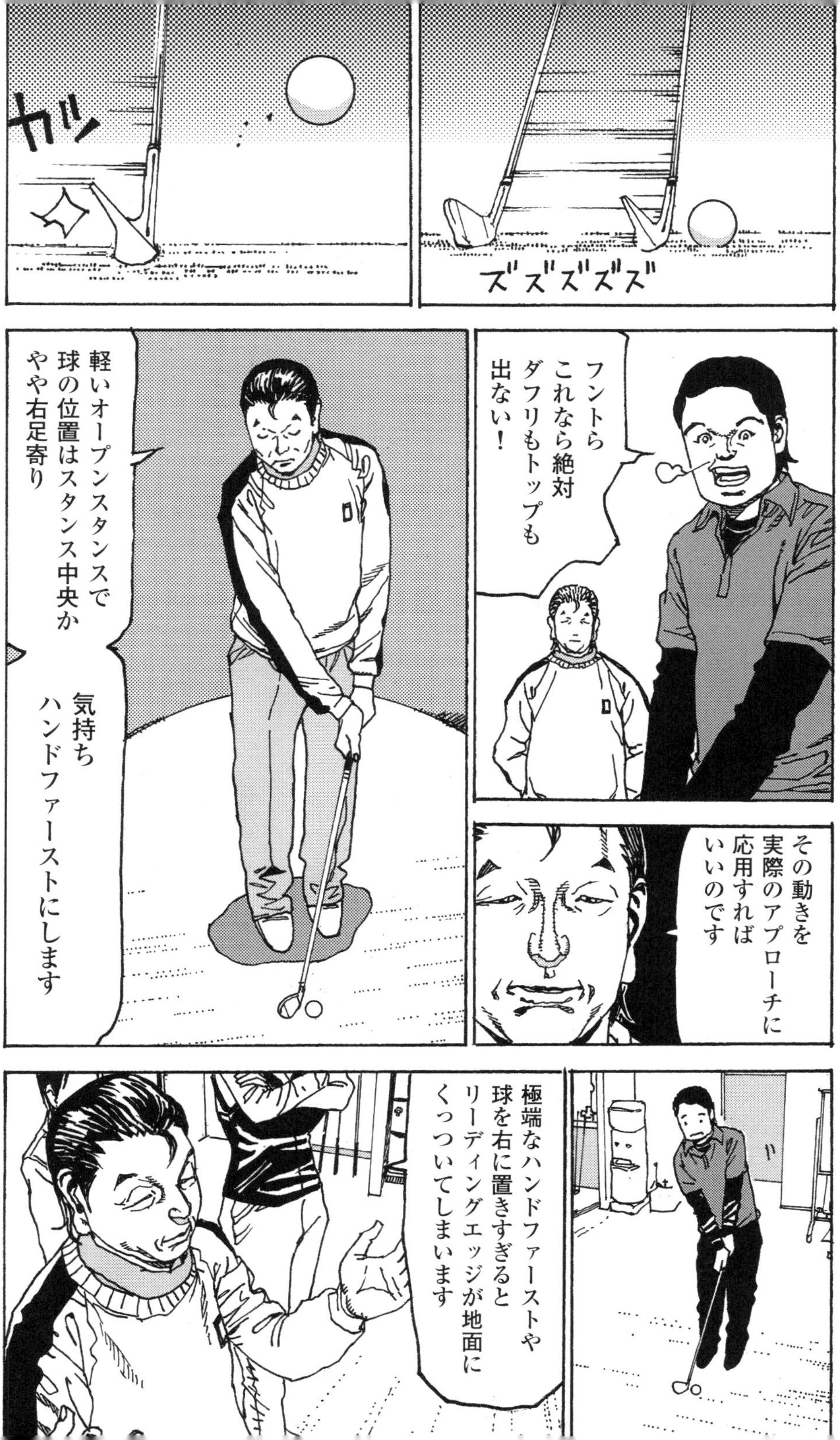
ズズズズズ
ガッ
フントら これなら絶対 ダフリもトップも 出ない！
その動きを 実際のアプローチに 応用すれば いいのです
軽いオープンスタンスで 球の位置はスタンス中央か やや右足寄り
気持ち ハンドファーストにします
極端なハンドファーストや 球を右に置きすぎると リーディングエッジが地面に くっついてしまいます

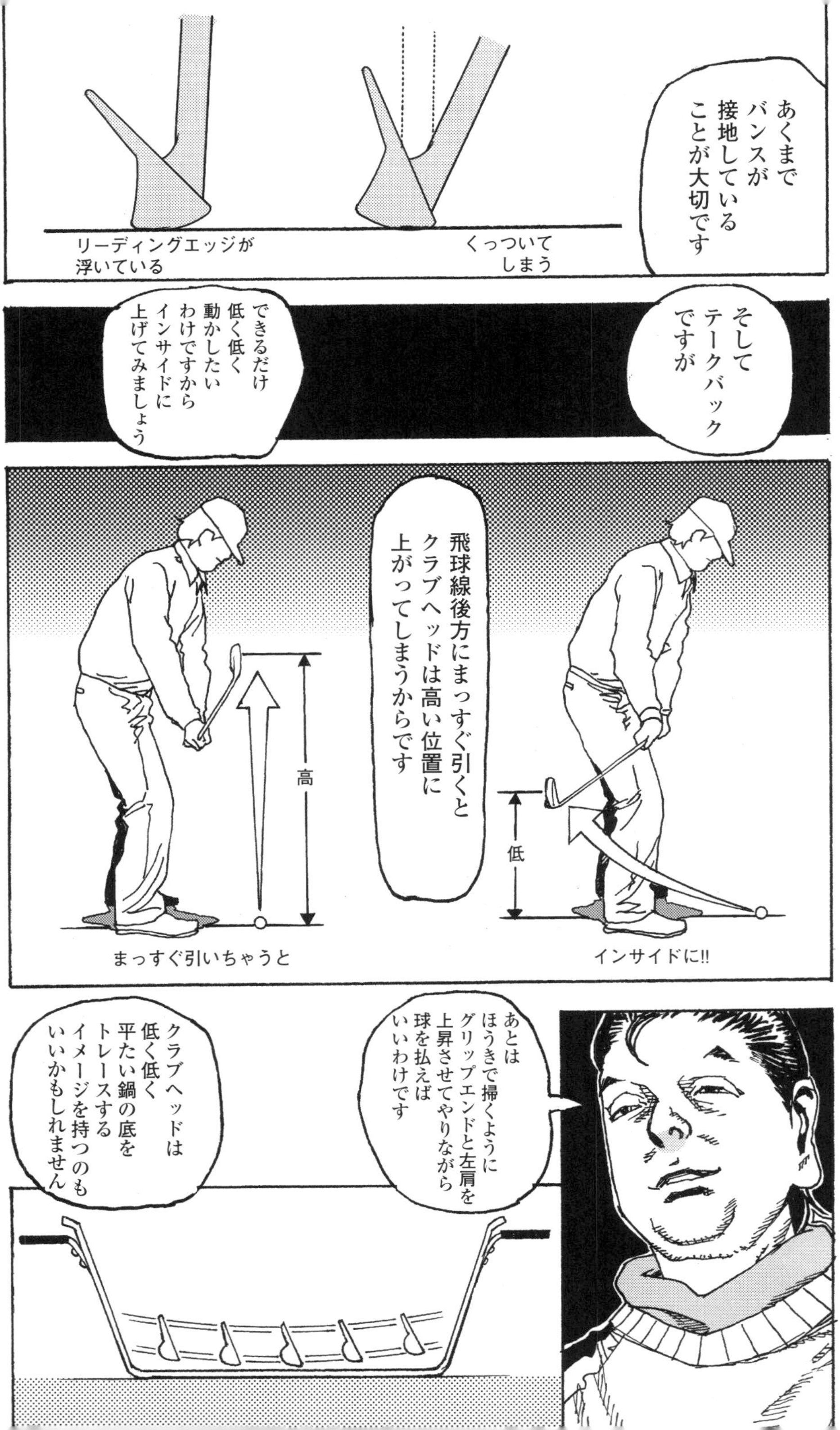
あくまでバンスが接地していることが大切です
リーディングエッジが浮いている
くっついてしまう
そしてテークバックですが
できるだけ低く低く動かしたいわけですからインサイドに上げてみましょう
飛球線後方にまっすぐ引くとクラブヘッドは高い位置に上がってしまうからです
高
まっすぐ引いちゃうと
低
インサイドに!!
あとはほうきで掃くようにグリップエンドと左肩を上昇させてやりながら球を払えばいいわけです
クラブヘッドは低く低く平たい鍋の底をトレースするイメージを持つのもいいかもしれません

ズズズ
コシュ
おおっ
カンタン
かも——っ！

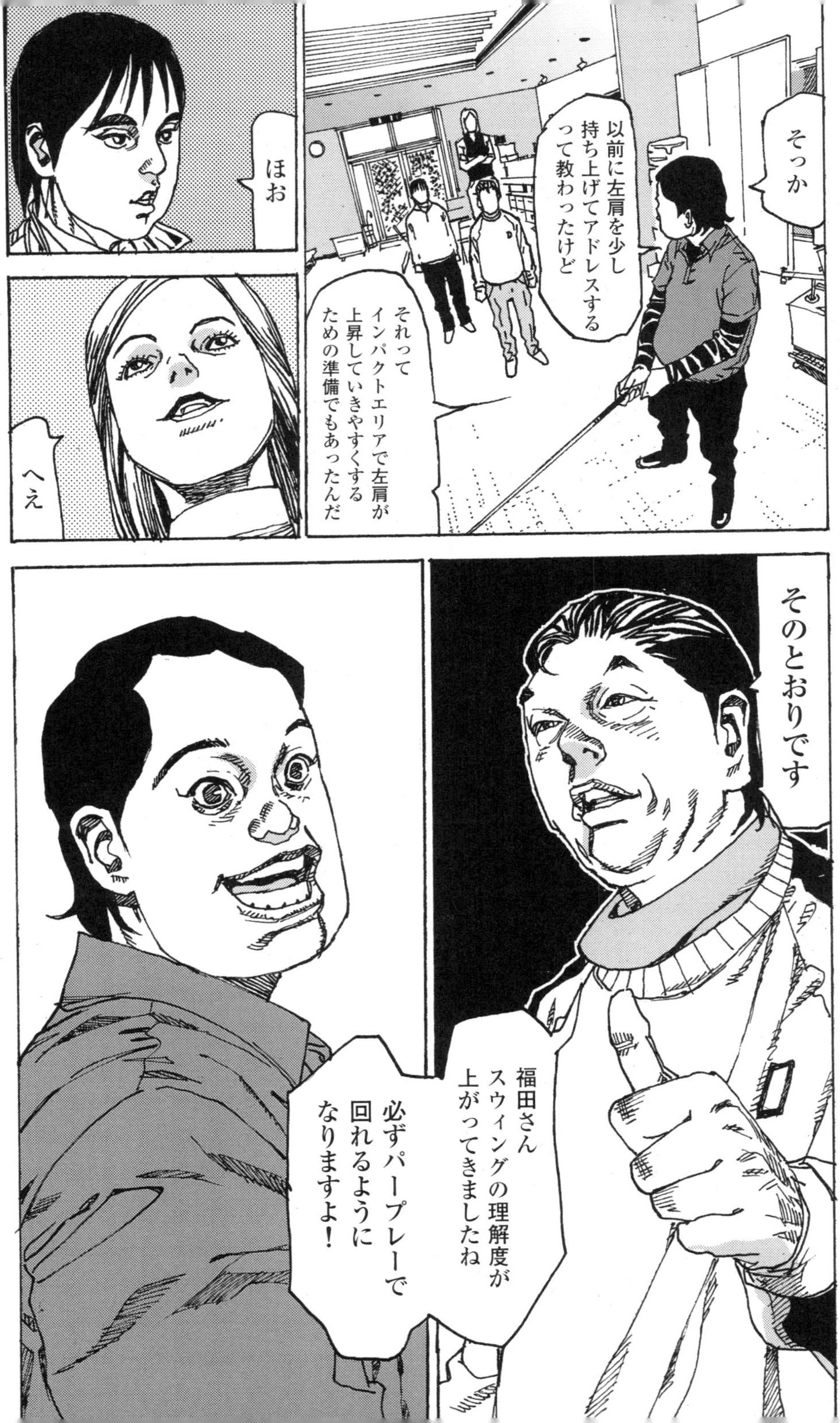
そっか
以前に左肩を少し持ち上げてアドレスするって教わったけど
それってインパクトエリアで左肩が上昇していきやすくするための準備でもあったんだ
ほお
へえ
そのとおりです
福田さんスウィングの理解度が上がってきましたね
必ずパープレーで回れるようになりますよ！

第14講
マーレン＆エイミング

フクちゃん
上手くなったよなぁ
はい
チラ
シャフトの
しなり戻しも
できるように
なりました
自分でいうのも
なんだけど
オレってば急成長!
飛距離もガチョーンと
伸びた
えへへ
クラブの正しい動かし方を
知ることが
こんなにも効率よく
上達につながるとは――っ!
Sメソッドゴルフの
達成基準レベル
7段階でいうと
レベル2まで来たかな
へ!?
7段階で まだ
2しか上達してないの?

Sメソッドゴルフ

達成基準レベル　　　ゴルフ科学研究所

レベル	達成基準	内容
0 導　夢	スウィング0 クラブが振れる	クラブを振るための力をつける。[グリップ、腕] 身体の動きを無意識化する。
1 導　夢	スウィング1 無意識にミートできる	正しいクラブの動きを知ってそこそこのショットが打てる。
	スウィング2 ヘッドスピードが上がる	合理的な身体の使い方を知って基準ヘッドスピードが出せる。
2 導　夢 練習場	アジャスティング1 軌道／フェース向きのコントロールができる	2cmの世界を知る。パスワードを発明する。インパクトで意図通りにクラブヘッドが操作できる。
	アジャスティング2 速度／加速度がコントロールできる	速度、加速度を変えられる。 シャフトのしなり、ねじれ／戻りが作れる。
	アジャスティング3 ハンズ・アイ・コミュニケーションが使える	ボールの位置、高さを変えてもストレートに打てる。
3 コース	[illegible]	[illegible]
4 コース	[illegible]	[illegible]
5 ラウンド	[illegible]	[illegible]
6 競　技	[illegible]	[illegible]
7 競　技	[illegible]	[illegible]

まだ秘密…♡

さて
福田さん
Sスウィングとはどういうものかを説明してきましたが
ここで初めて世のレッスン書などでは真っ先に語られることに触れていきたいと思います
え？
セットアップです
ああ…アドレスですか
確かに巷のレッスンではまず最初に正しいアドレスを説くもんなぁ
わたくしが福田さんにそれをしなかったのはSスウィングを理解した上でアドレスに触れたほうが
体の各部分の準備《セット》の仕方に より深く納得してもらえると思ったからです
違うぜ
連載のしょっぱなにアドレスがどーのこーのって持ち出したらマンガの人気 出ないじゃん
アドレスのレッスンなんて退屈だからさ後回しにしたの
わーっはっはっは！

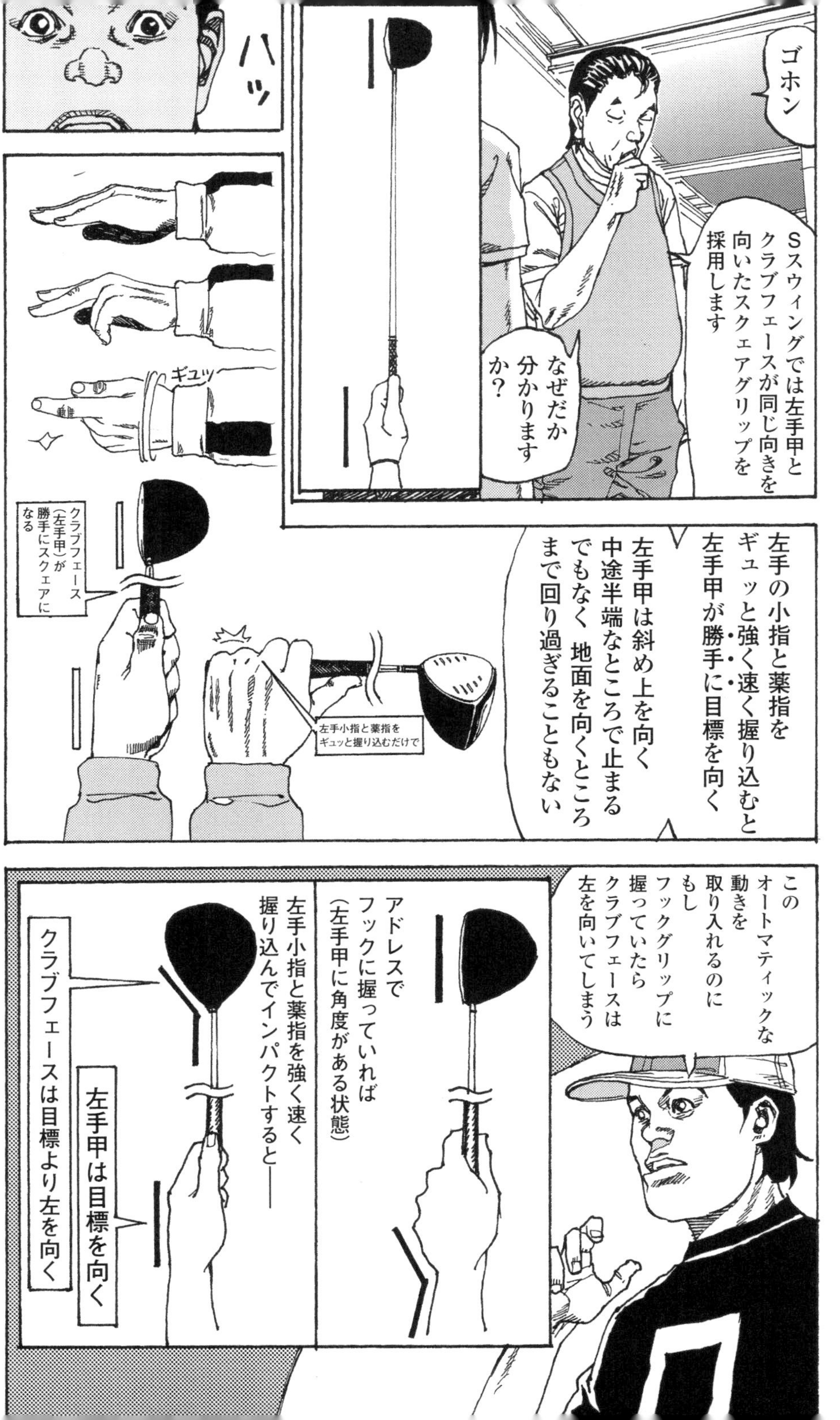
ハッ
ゴホン
Sスウィングでは左手甲とクラブフェースが同じ向きを向いたスクェアグリップを採用します
なぜだか分かりますか?
ギュッ
左手の小指と薬指をギュッと強く速く握り込むと左手甲が勝手に目標を向く
左手甲は斜め上を向く中途半端なところで止まるでもなく 地面を向くところまで回り過ぎることもない
左手小指と薬指をギュッと握り込むだけで
クラブフェース(左手甲)が勝手にスクェアになる
このオートマティックな動きを取り入れるのにもしフックグリップに握っていたらクラブフェースは左を向いてしまう
アドレスでフックに握っていれば(左手甲に角度がある状態)
左手小指と薬指を強く速く握り込んでインパクトすると——
左手甲は目標を向く
クラブフェースは目標より左を向く

そう
握り込みを加減しないと クラブフェースを スクェアに戻せない ことになります
うまく加減できたり できなかったりと 不確定要素が 出てきます
それよりは 左手は スクェアに握っておいて 常に思い切り握り込む
それだけで クラブフェースは いつも 勝手にスクェアに 戻ってくる
加減するより ずっと カンタンですよね？
し しかも
思いきり握り込む ことによって クラブヘッドは グリップエンドより 16倍強もの 速度と運動量で 移動するわけ だから ヘッドスピードも 上がる 「飛ばし」と 「正確性」を同時に 手に入れられる…！
グワッ
16倍
チョイ
7cm
次に まいります

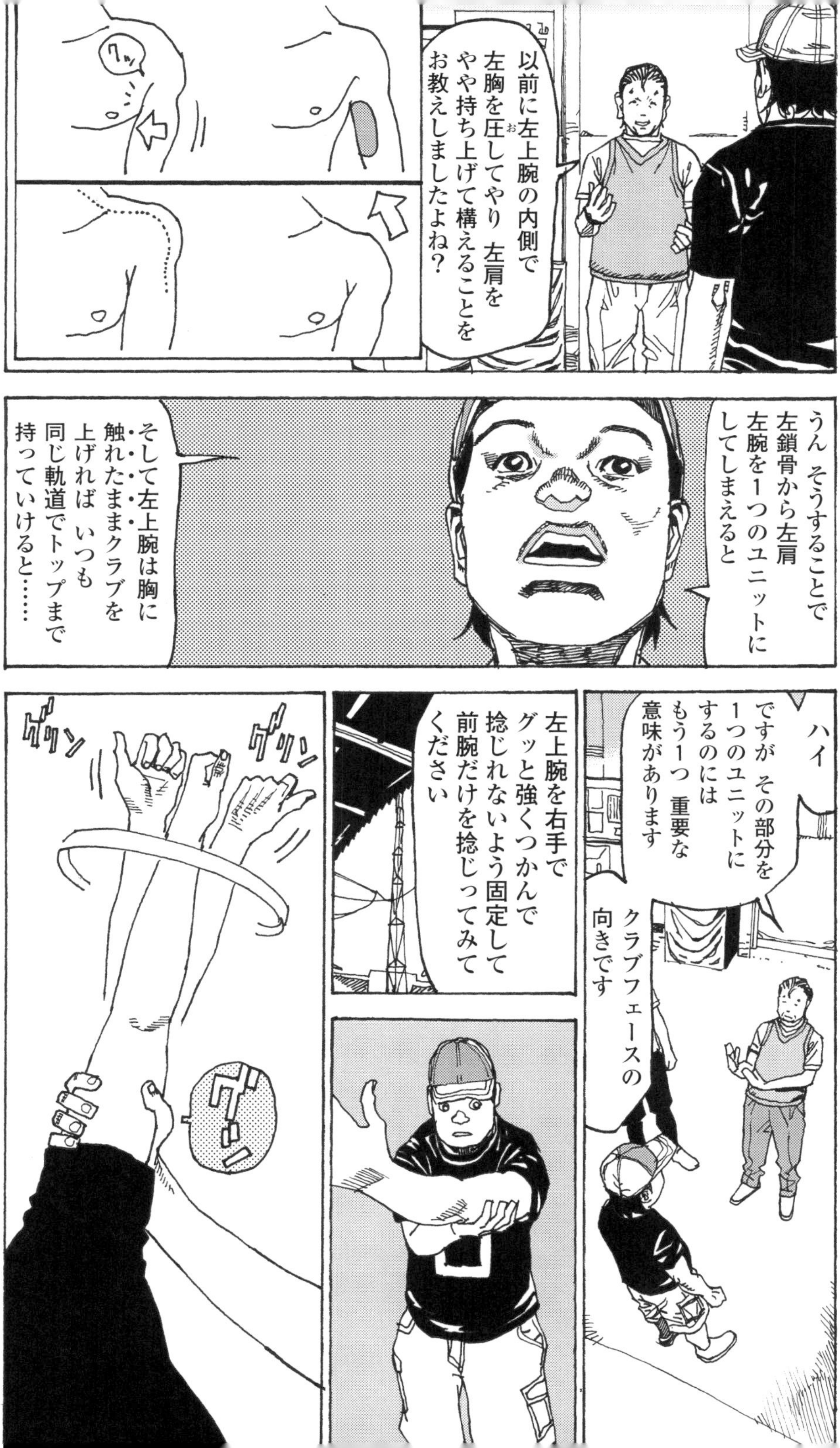
以前に左上腕の内側で
左胸を圧《お》してやり 左肩を
やや持ち上げて構えることを
お教えしましたよね？
ウッ
うん そうすることで
左鎖骨から左肩
左腕を1つのユニットに
してしまえると
そして左上腕は胸に
・・・触れたままクラブを
上げれば いつも
同じ軌道でトップまで
持っていけると……
ハイ
ですが その部分を
1つのユニットに
するのには
もう1つ 重要な
意味があります
クラブフェースの
向きです
左上腕を右手で
グッと強くつかんで
捻じれないよう固定して
前腕だけを捻じってみて
ください

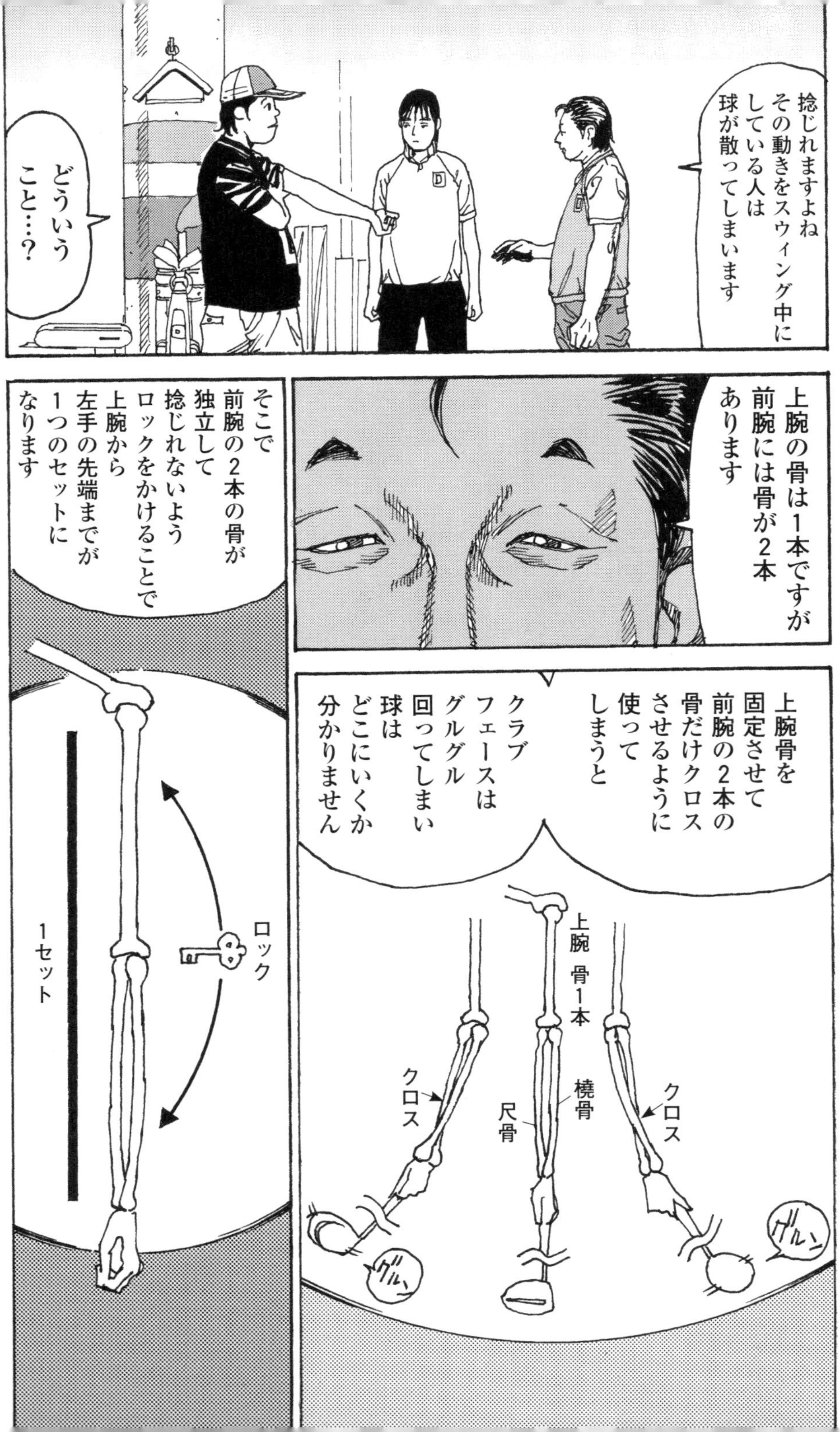

捻じれますよね
その動きをスウィング中に
している人は
球が散ってしまいます
どういうこと…?
上腕の骨は1本ですが
前腕には骨が2本
あります
上腕骨を
固定させて
前腕の2本の
骨だけクロス
させるように
使って
しまうと
クラブ
フェースは
グルグル
回ってしまい
球は
どこにいくか
分かりません
上腕骨1本
橈骨
尺骨
クロス
クロス
グルン
グルン
そこで
前腕の2本の骨が
独立して
捻じれないよう
ロックをかけることで
上腕から
左手の先端までが
1つのセットに
なります
ロック
1セット

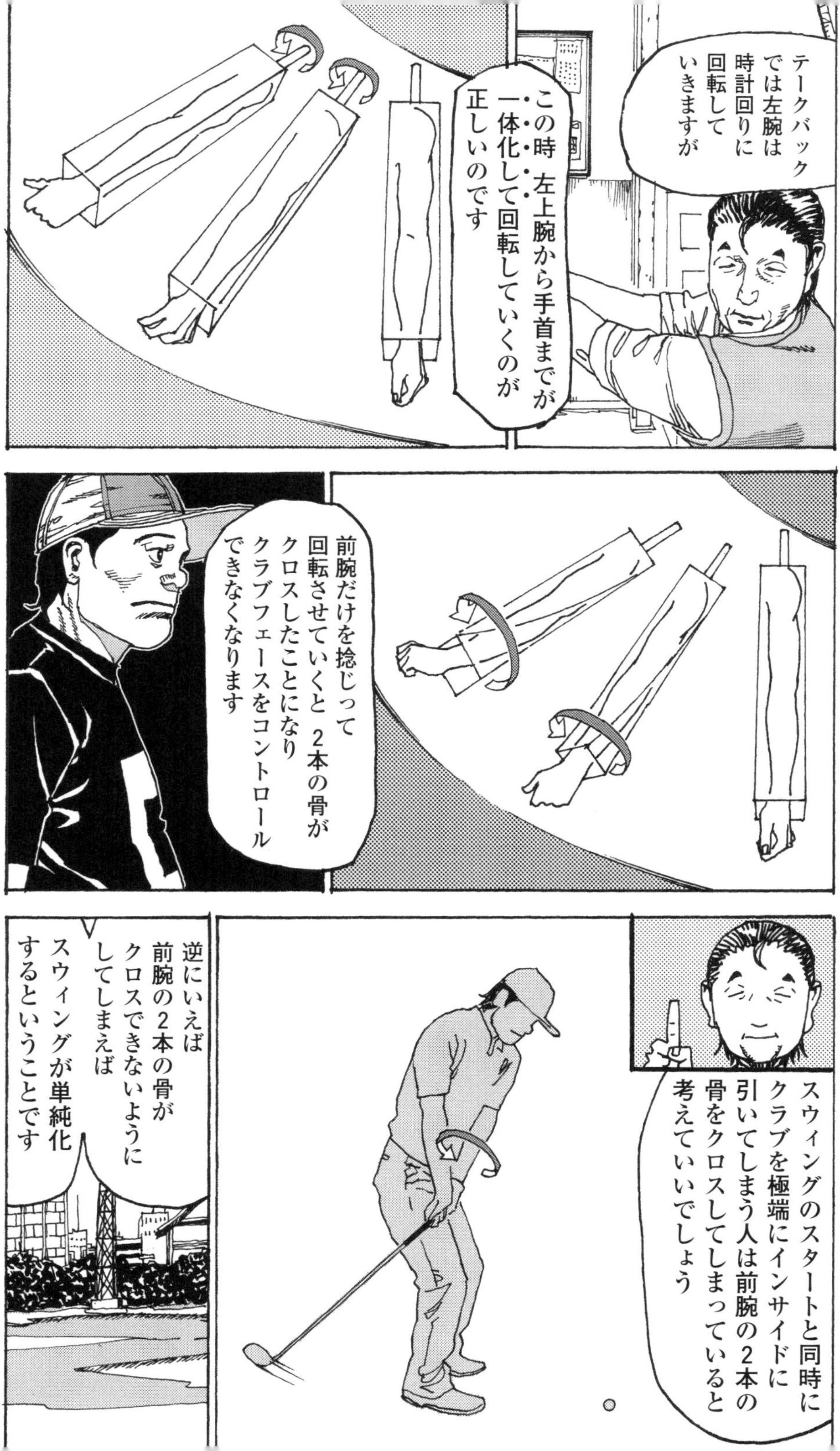
テークバックでは左腕は時計回りに回転していきますが
この時 左上腕から手首までが一体化して回転していくのが正しいのです
前腕だけを捻じって回転させていくと 2本の骨がクロスしたことになりクラブフェースをコントロールできなくなります
スウィングのスタートと同時にクラブを極端にインサイドに引いてしまう人は前腕の2本の骨をクロスしてしまっていると考えていいでしょう
逆にいえば前腕の2本の骨がクロスできないようにしてしまえばスウィングが単純化するということです

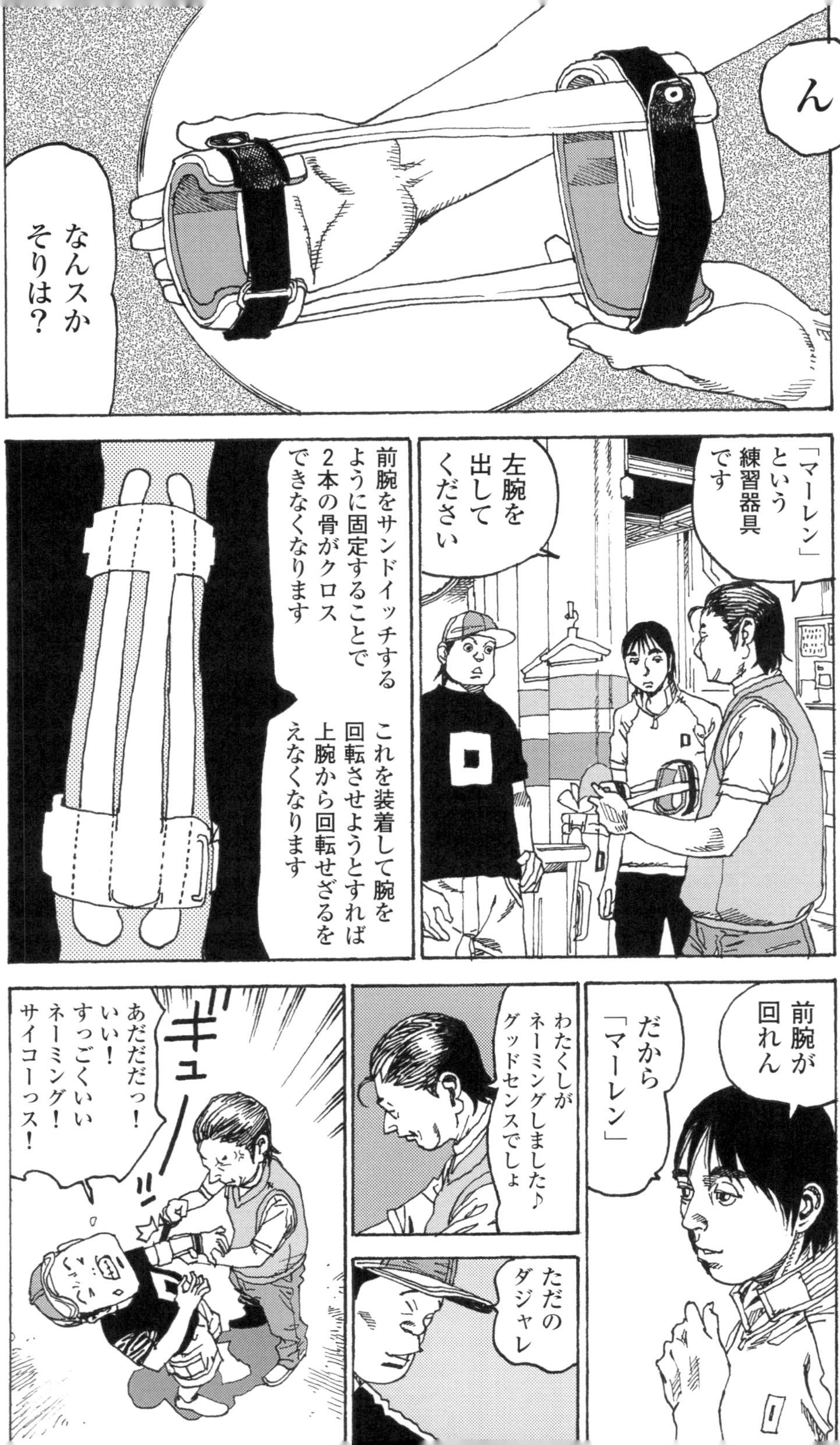
ん
なんスか そりは？
「マーレン」という練習器具です
左腕を出してください
前腕をサンドイッチするように固定することで2本の骨がクロスできなくなります
これを装着して腕を回転させようとすれば上腕から回転せざるをえなくなります
前腕が回れん
だから「マーレン」
わたくしがネーミングしましたグッドセンスでしょ♪
ただのダジャレ
ギュー
あだだだっ！ いい！ すっごくいいネーミング！ サイコーっス！

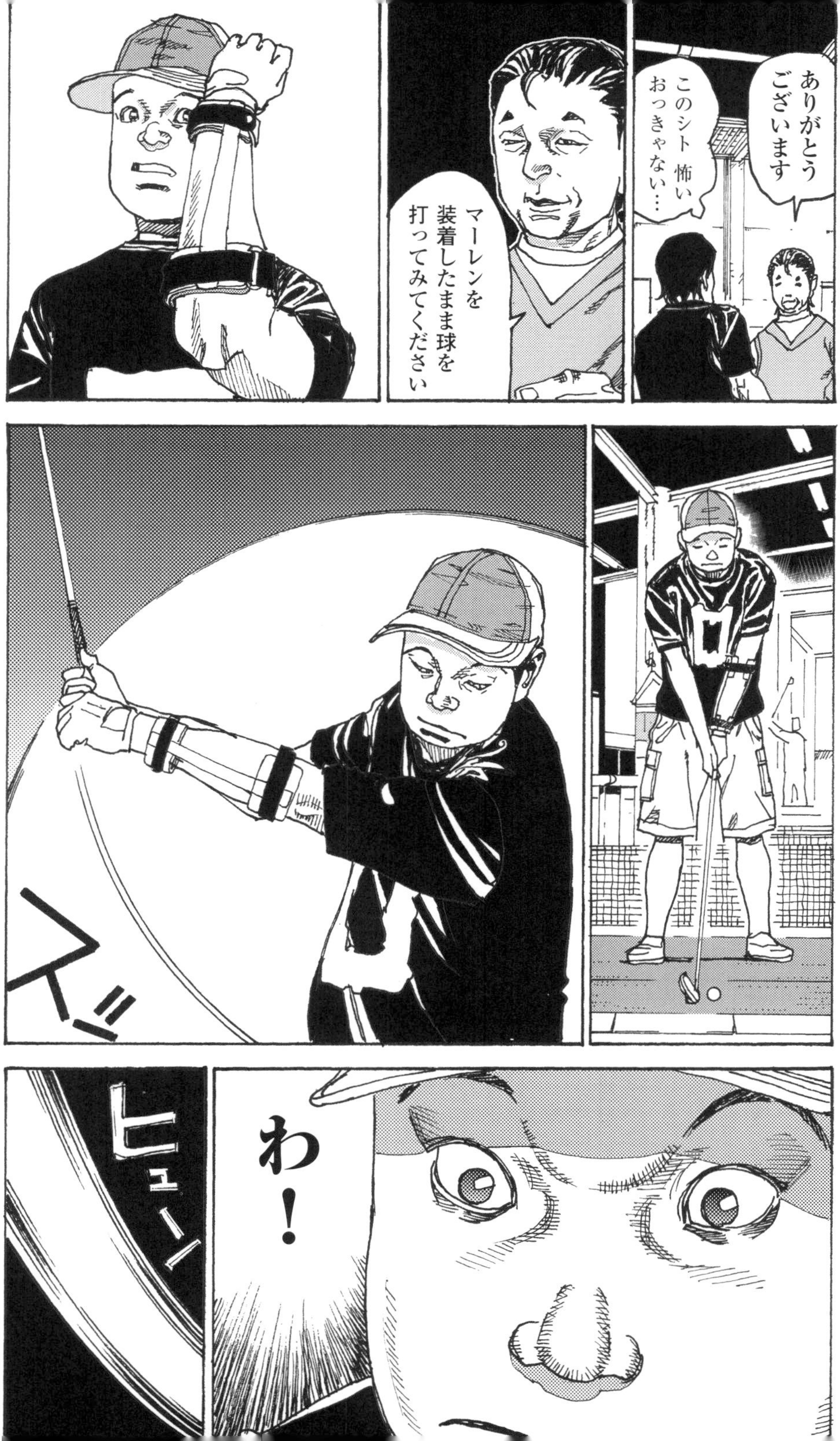

ありがとう
ございます
このシト 怖い
おっきゃない…
マーレンを
装着したまま球を
打ってみてください
スィ
わ！
ヒュ～

ピシッ
シュパーーーッ
なにコレ!?
左腕が1本になったような感覚…
フェース面がグラグラしない！しっかり感がある
皆さんも前腕の2本の骨をクロスさせない意識でスウィングしてみてください
きっと いい結果が得られると思います

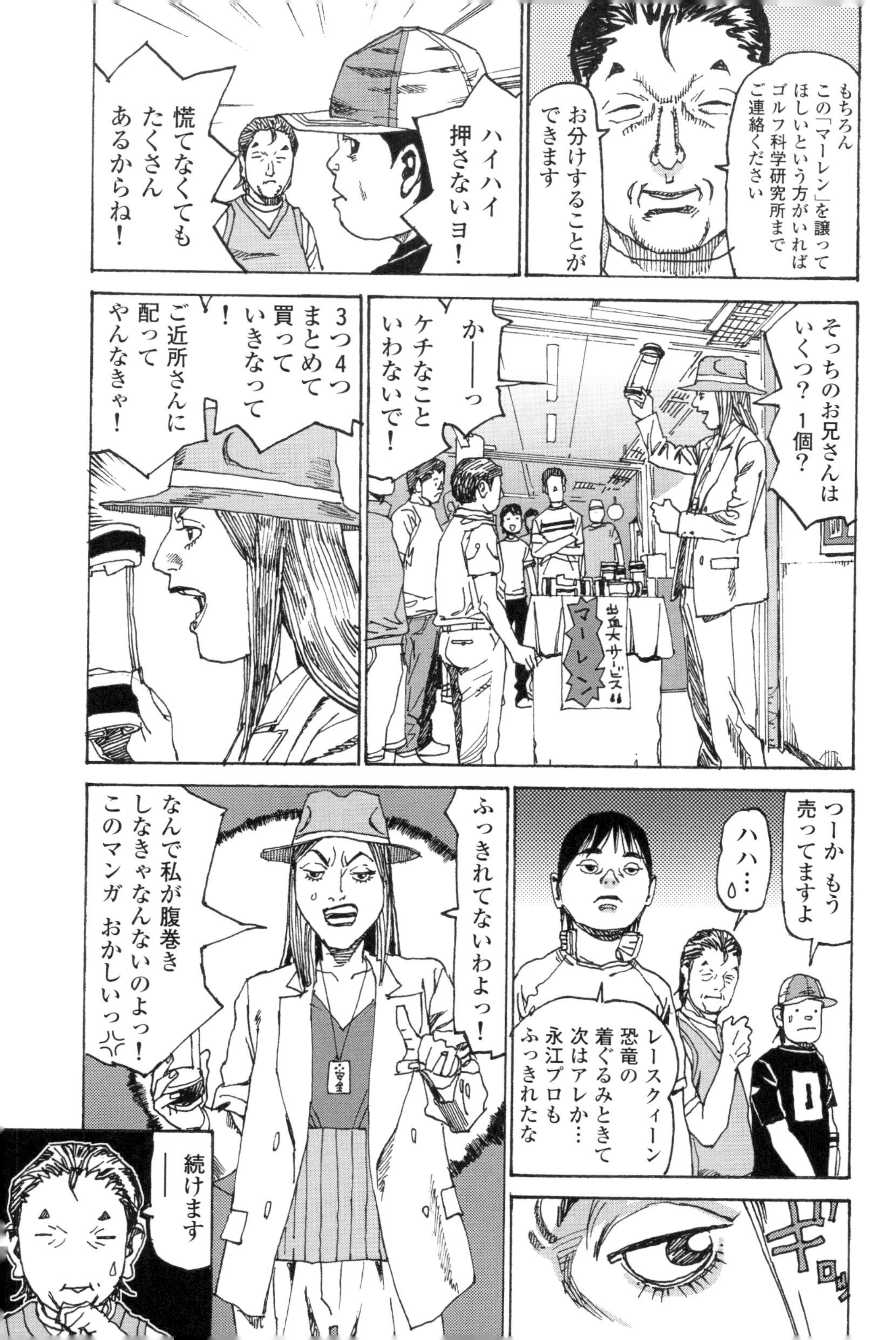

もちろん この「マーレン」を譲ってほしいという方がいればゴルフ科学研究所までご連絡ください
お分けすることができます
ハイハイ 押さないヨ！
慌てなくても たくさん あるからね！
そっちのお兄さんは いくつ？ 1個？
か――っ ケチなこと いわないで！
出血大サービス!!
マーレン
3つ4つ まとめて 買って いきなって！
ご近所さんに 配って やんなきゃ！
つーか もう 売ってますよ
ハハ…
レースクィーン 恐竜の 着ぐるみときて 次はアレか… 永江プロも ふっきれたな
ふっきれてないわよっ！
なんで私が腹巻き しなきゃなんないのよっ！ このマンガ おかしいっ
安全
ギロッ
続けます ――

左鎖骨から左肩左腕を1つのユニットにするわけですが
1つのユニット
ここでエイミングについてお話ししましょう
永眠具!?
そ そんな恐ろしい練習器具もありゅの!?
死んでどうするっ!
エイミング!
狙いをつけるって意味!
福田さん
どこに球を打ちたいかアドレスで狙いを決める時
どこを気を付けますか?
スタンスの向き……

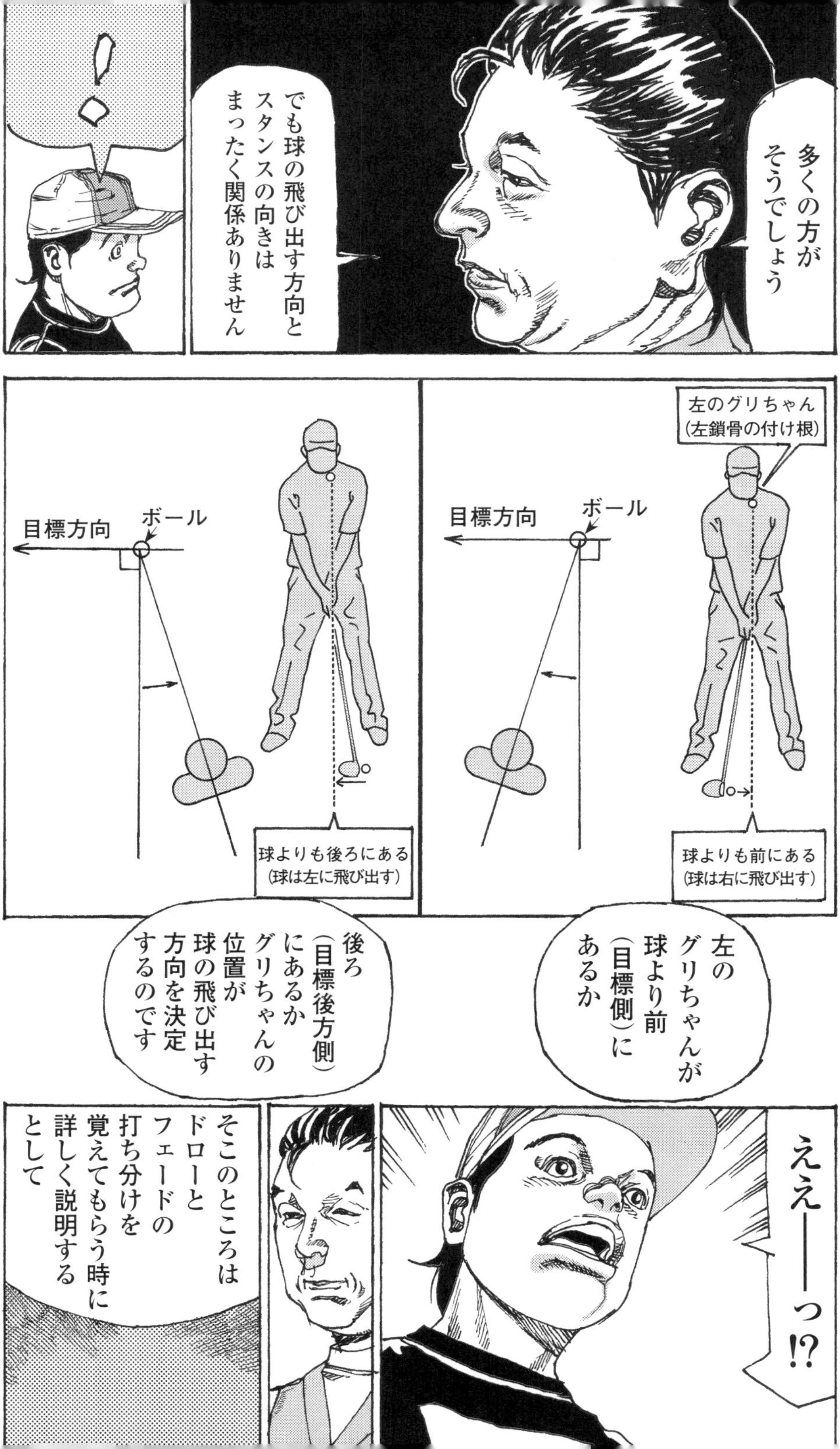
多くの方がそうでしょう
でも球の飛び出す方向とスタンスの向きはまったく関係ありません
！
左のグリちゃん
（左鎖骨の付け根）
目標方向
ボール
球よりも前にある
（球は右に飛び出す）
目標方向
ボール
球よりも後ろにある
（球は左に飛び出す）
左のグリちゃんが球より前（目標側）にあるか
後ろ（目標後方側）にあるかグリちゃんの位置が球の飛び出す方向を決定するのです
ええ――っ!?
そこのところはドローとフェードの打ち分けを覚えてもらう時に詳しく説明するとして

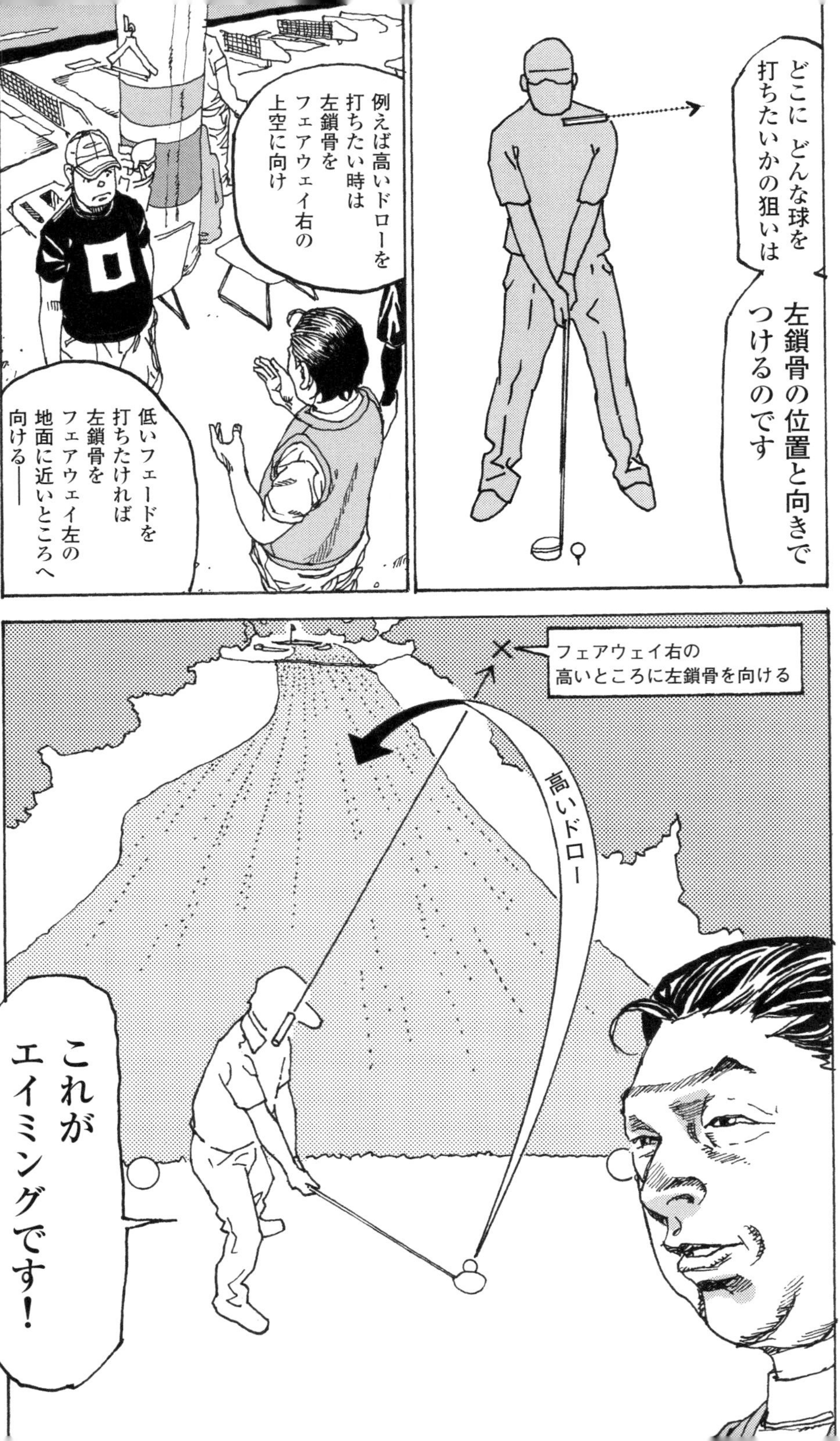
どこに どんな球を打ちたいかの狙いは
左鎖骨の位置と向きでつけるのです
例えば高いドローを打ちたい時は左鎖骨をフェアウェイ右の上空に向け
低いフェードを打ちたければ左鎖骨をフェアウェイ左の地面に近いところへ向ける——
フェアウェイ右の高いところに左鎖骨を向ける
高いドロー
これがエイミングです！

Sスウィングのアドレスについて説明を続けます
第15講
体重移動?

上半身のセットアップは理解して頂いたと思うので下半身のセットアップに移りましょう

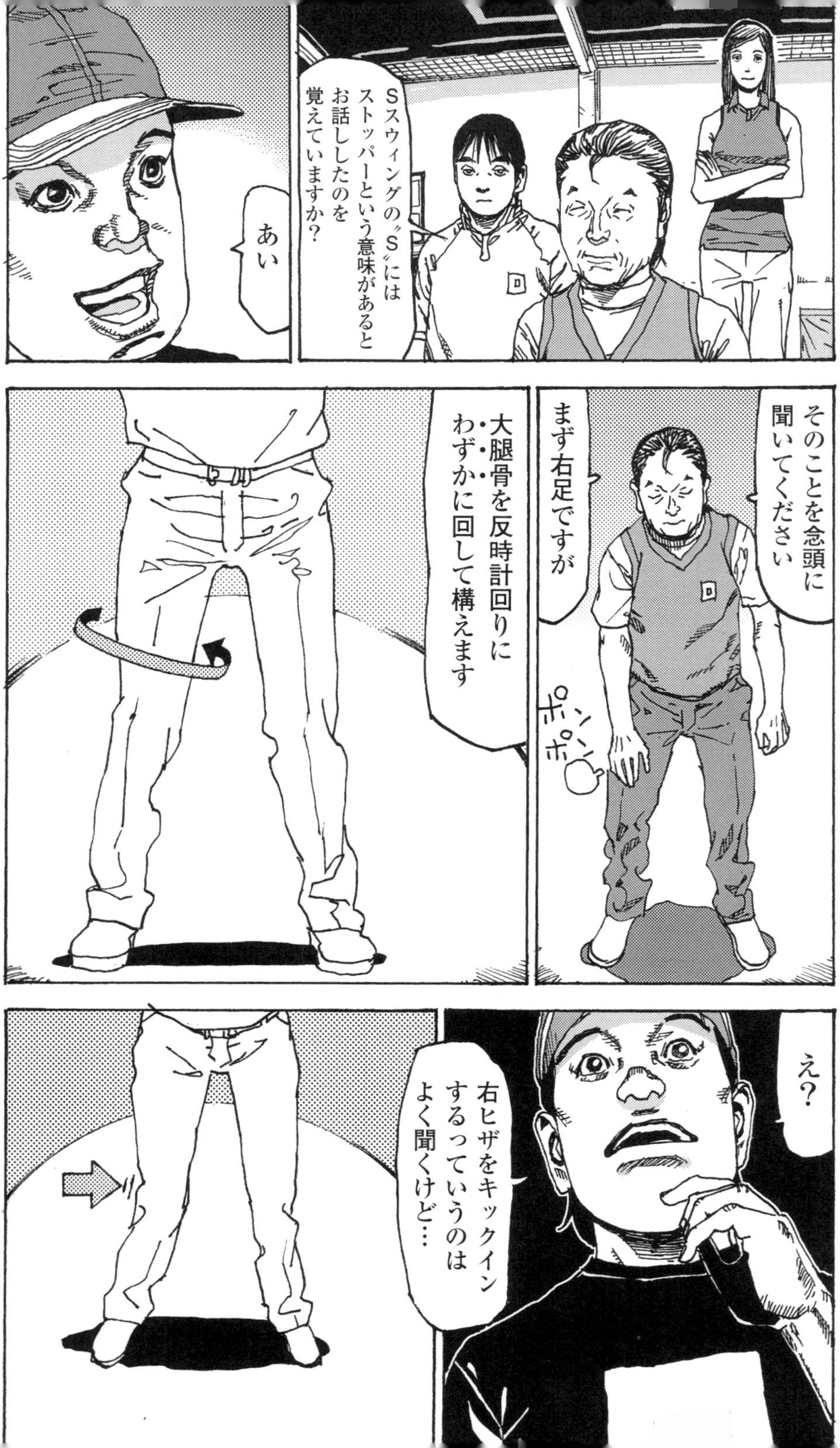
Sスウィングの〝S〟には
ストッパーという意味があると
お話ししたのを
覚えていますか?
あい
そのことを念頭に
聞いてください
まず右足ですが
ポンポン
大腿骨を反時計回りに
・・・わずかに回して構えます
え?
右ヒザをキックイン
するっていうのは
よく聞くけど…

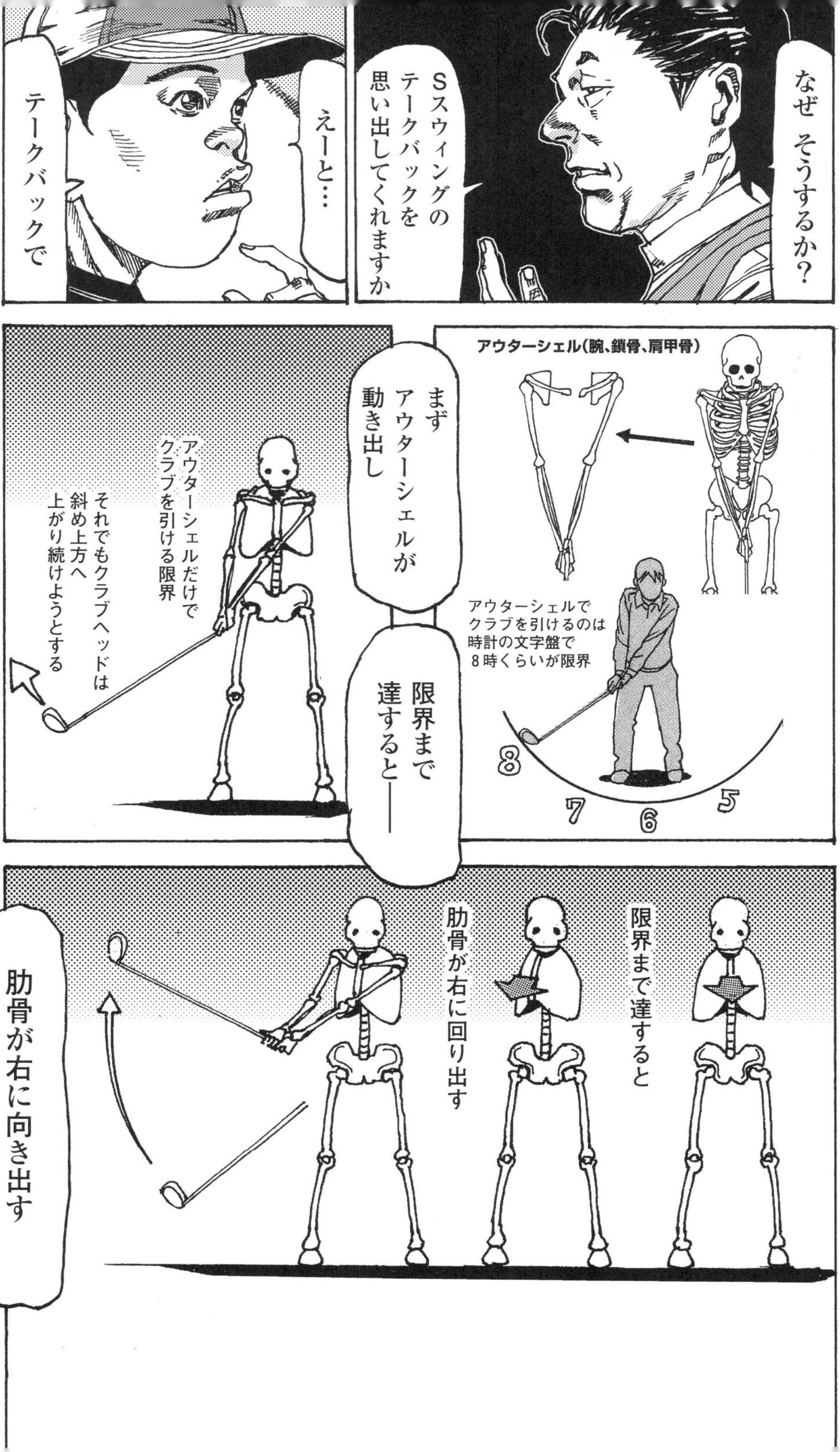
なぜ　そうするか？
Sスウィングの
テークバックを
思い出してくれますか
えーと…
テークバックで
アウターシェル（腕、鎖骨、肩甲骨）
アウターシェルでクラブを引けるのは時計の文字盤で8時くらいが限界
8
7
6
5
まず
アウターシェルが
動き出し
限界まで
達すると――
アウターシェルだけでクラブを引ける限界
それでもクラブヘッドは斜め上方へ上がり続けようとする
限界まで達すると
肋骨が右に回り出す
肋骨が右に向き出す

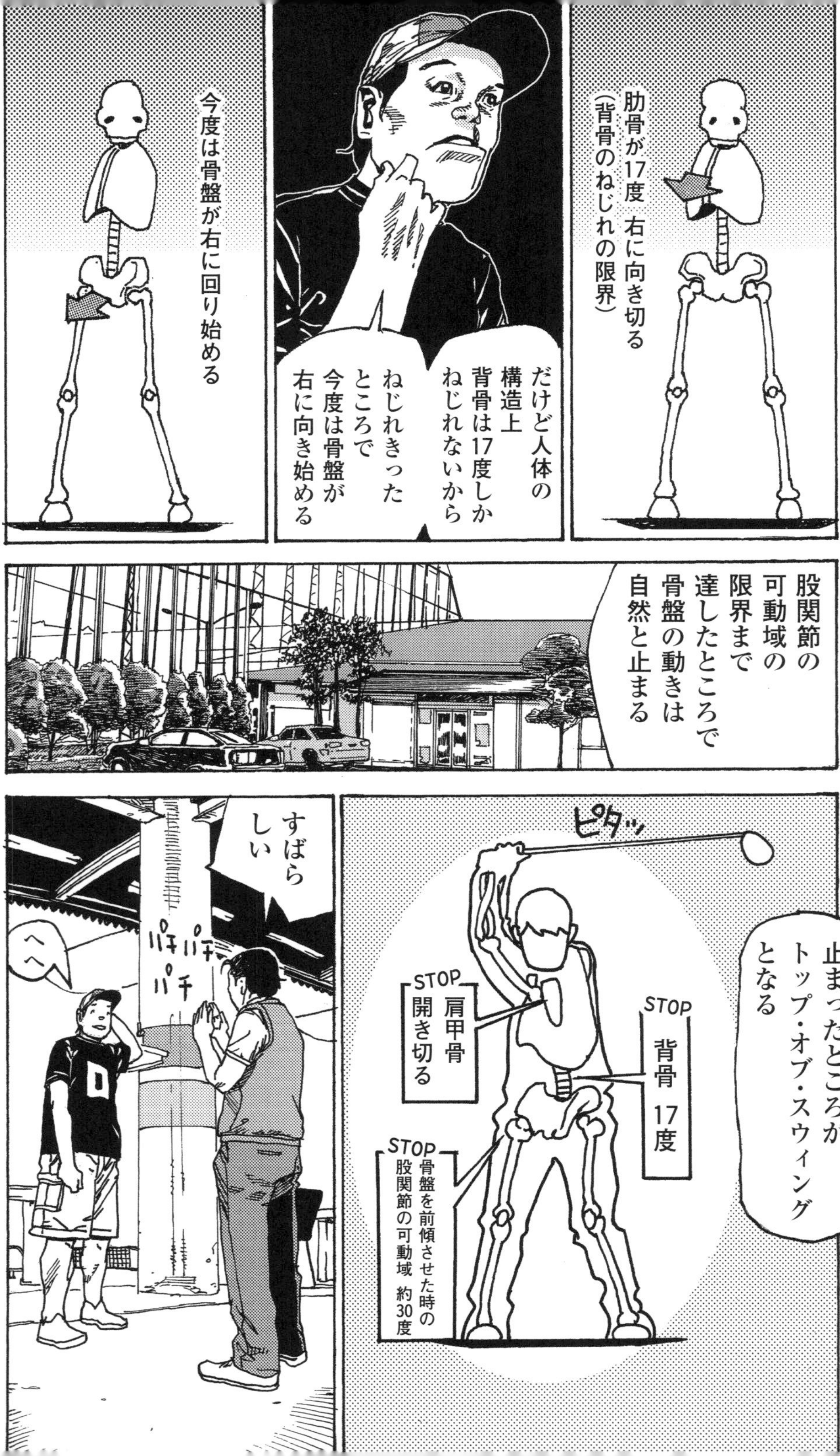
肋骨が17度 右に向き切る
(背骨のねじれの限界)
だけど人体の構造上背骨は17度しかねじれないから
ねじれきったところで今度は骨盤が右に向き始める
今度は骨盤が右に回り始める
股関節の可動域の限界まで達したところで骨盤の動きは自然と止まる
ピタッ
止まったところがトップ・オブ・スウィングとなる
STOP 背骨 17度
STOP 肩甲骨開き切る
STOP 骨盤を前傾させた時の股関節の可動域 約30度
すばらしい
パチパチ
パチ
へへ

よく覚えていたなあ
フクちゃん
誰がメタボじゃっ
ただのメタボじゃ
なかったんだ
違うの？
ポコン
……
なぜ大腿骨を
反時計回りに少し回して
セットするかというと
骨盤の動きに
しっかりとストッパーを
かけるためなのです
あ！
右の太ももを
反時計回りに少し回して
構えてやることで
骨盤が右に回りすぎる
ことがなくなり
トップが
いつも同じ位置で
確実に止まるワケ
つまり
再現性が
高い！

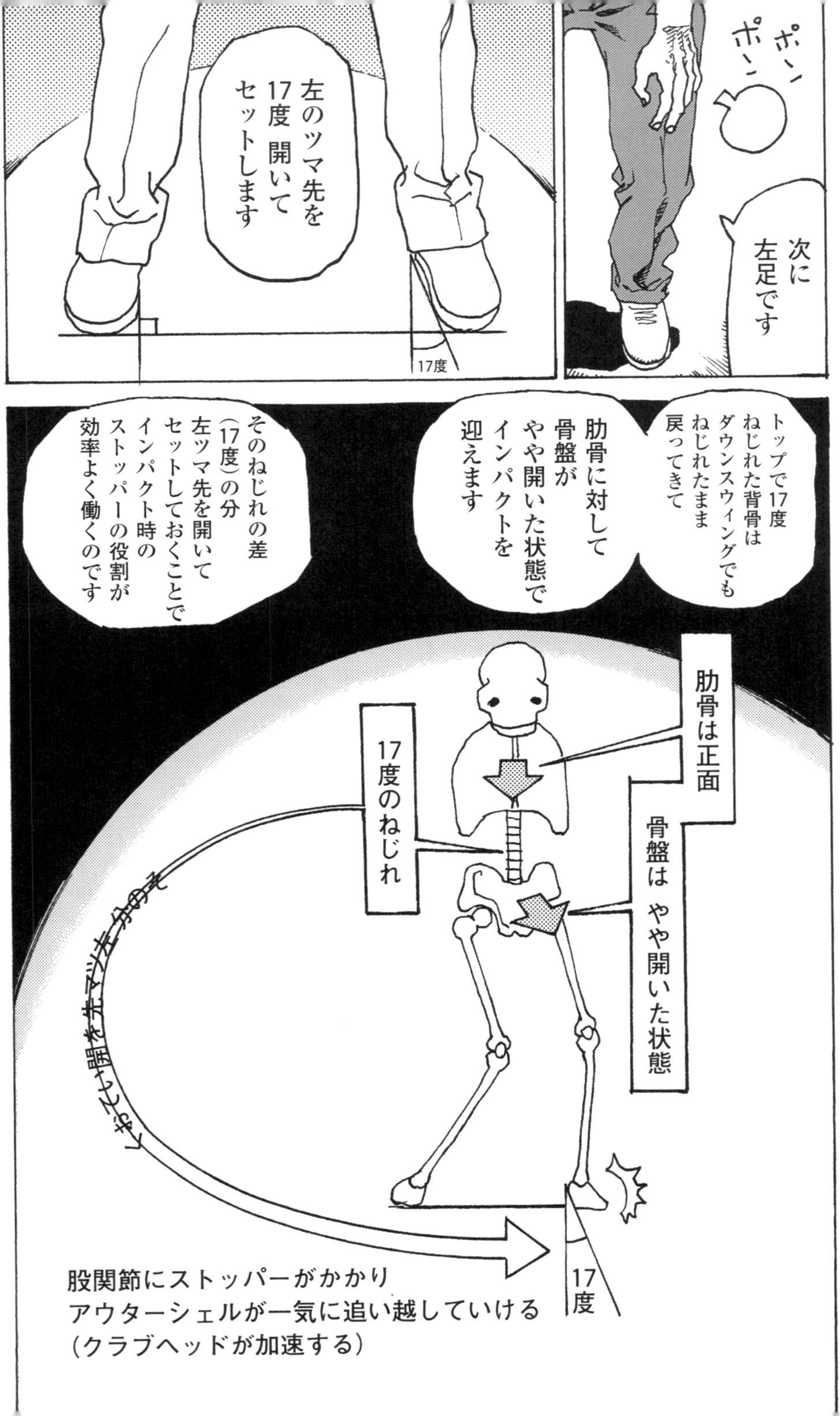
ポンッ
次に左足です
左のツマ先を17度 開いてセットします
17度
トップで17度ねじれた背骨はダウンスウィングでもねじれたまま戻ってきて
肋骨に対して骨盤がやや開いた状態でインパクトを迎えます
そのねじれの差（17度）の分左ツマ先を開いてセットしておくことでインパクト時のストッパーの役割が効率よく働くのです
肋骨は正面
17度のねじれ
骨盤は やや開いた状態
その分左ツマ先を開いておいて
17度
股関節にストッパーがかかり
アウターシェルが一気に追い越していける
（クラブヘッドが加速する）

左ツマ先を開いておくってのはフツーのレッスンでも よくいわれることだけど……
佐久間さんに説明させればその正当性にちゃーんと意味があるんだ！
そして下半身のセットアップで最も重要なのが
骨盤を前傾させておくことです！
ベルトのバックルが斜め下を指すようにお尻を突き出すイメージを持つ
先ほど 福田さんが股関節の可動域は30度といいましたが
それは「骨盤を前傾させた場合」という条件がつきます
つまり骨盤を前傾させなければ30度というストッパーが働かないのです
おお！そうなのきゃ

少し話が逸れますがテークバックで右ヒザが流れるクセの方っていますよね
う……！
オレがそうカッコ悪いから直そうとは思っているんだけども…
でもちょっと考えてみてください
ヒザという関節はこのように一方向にしか曲がりませんよね
こんなのありえないわよね？あったら怖いでしょ？
コキンコキン
ヒィーーっ
怖い！おっきゃない！

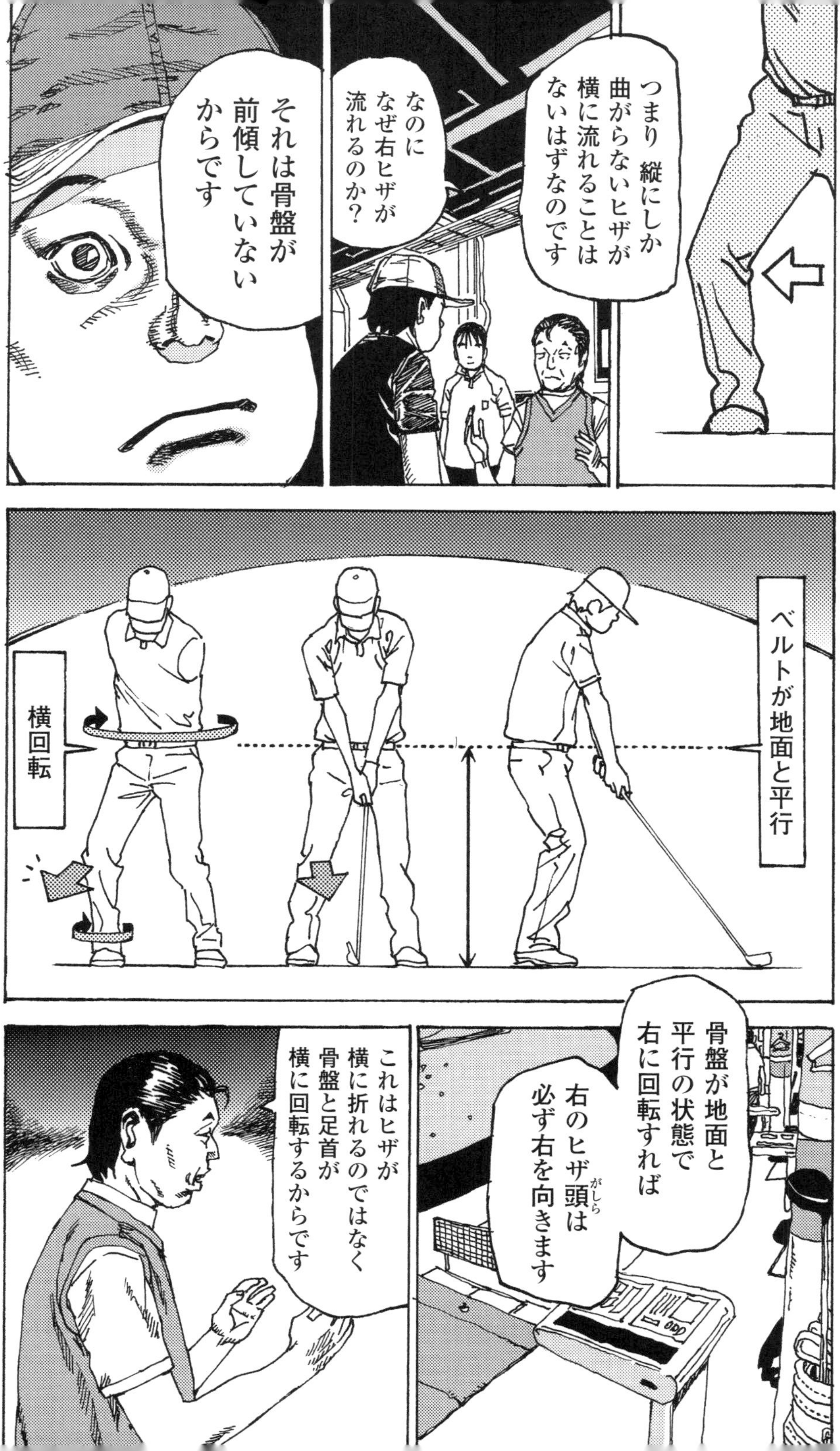
つまり 縦にしか曲がらないヒザが横に流れることはないはずなのです
なのになぜ右ヒザが流れるのか?
それは骨盤が前傾していないからです
ベルトが地面と平行
横回転
骨盤が地面と平行の状態で右に回転すれば
右のヒザ頭《がしら》は必ず右を向きます
これはヒザが横に折れるのではなく骨盤と足首が横に回転するからです

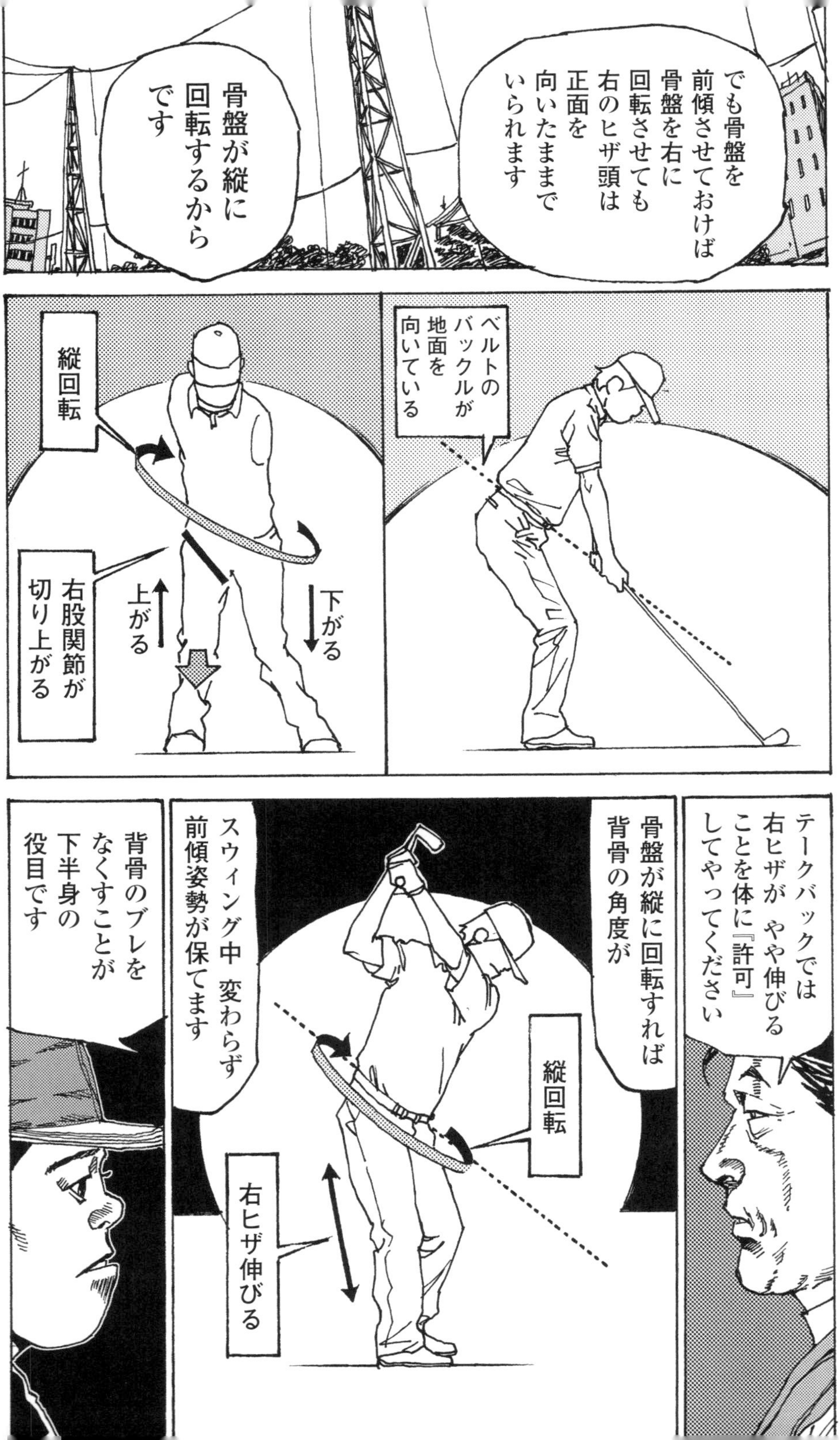
でも骨盤を前傾させておけば骨盤を右に回転させても右のヒザ頭は正面を向いたままでいられます
骨盤が縦に回転するからです
ベルトのバックルが地面を向いている
縦回転
右股関節が切り上がる
上がる
下がる
テークバックでは右ヒザが やや伸びることを体に『許可』してやってください
骨盤が縦に回転すれば背骨の角度が
スウィング中 変わらず前傾姿勢が保てます
縦回転
右ヒザ伸びる
背骨のブレをなくすことが下半身の役目です

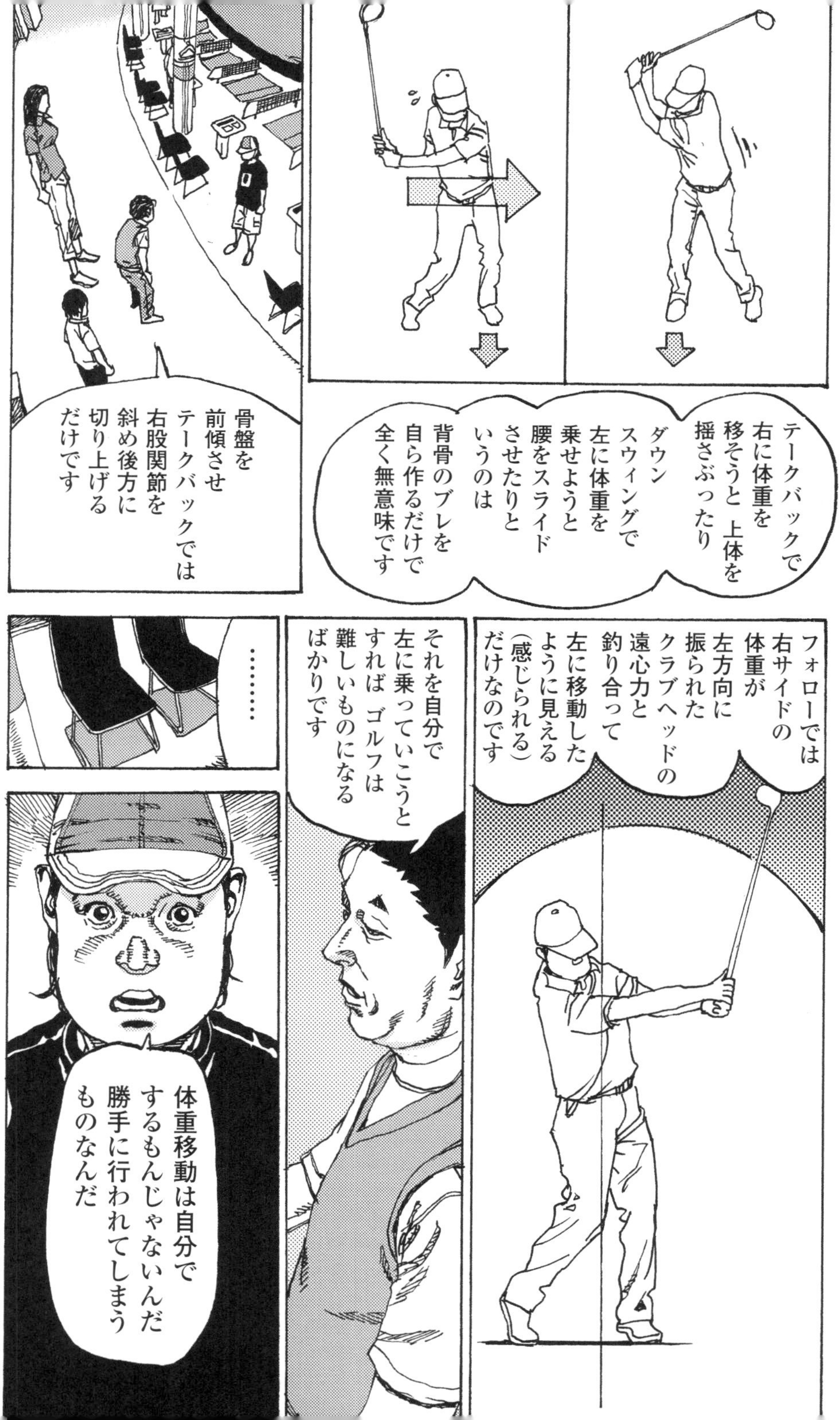
テークバックで右に体重を移そうと 上体を揺さぶったりダウンスウィングで左に体重を乗せようと腰をスライドさせたりというのは背骨のブレを自ら作るだけで全く無意味です
骨盤を前傾させテークバックでは右股関節を斜め後方に切り上げるだけです
フォローでは右サイドの体重が左方向に振られたクラブヘッドの遠心力と釣り合って左に移動したように見える(感じられる)だけなのです
それを自分で左に乗っていこうとすれば ゴルフは難しいものになるばかりです
………
体重移動は自分でするもんじゃないんだ勝手に行われてしまうものなんだ

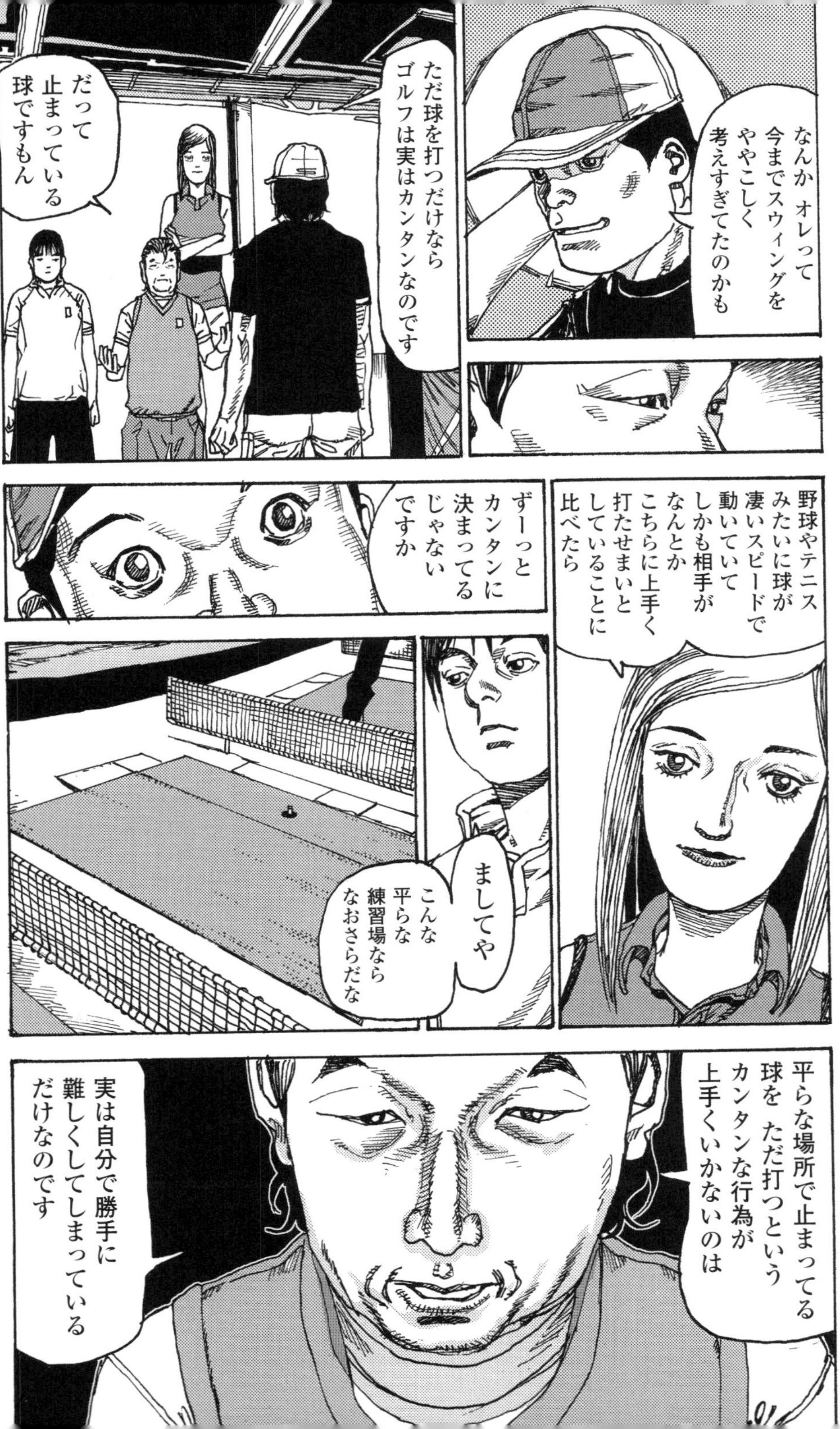
なんか オレって
今までスウィングを
ややこしく
考えすぎてたのかも
ただ球を打つだけなら
ゴルフは実はカンタンなのです
だって
止まっている
球ですもん
野球やテニス
みたいに球が
凄いスピードで
動いていて
しかも相手が
なんとか
こちらに上手く
打たせまいと
していることに
比べたら
ずーっと
カンタンに
決まってる
じゃない
ですか
ましてや
こんな
平らな
練習場なら
なおさらだな
平らな場所で止まってる
球を ただ打つという
カンタンな行為が
上手くいかないのは
実は自分で勝手に
難しくしてしまっている
だけなのです

上手く打てる方法を知ってしまえば
もうこんなところに通う必要はないのです
こんなところって……
福田さんは車の免許をお持ちですか?
エ? は…はい
では運転免許を取ってから自動車教習所へは何回くらい行かれました?
教習所? 免許を取ってから?
免許を取ってからは教習所なんて一度も……
それが当たり前ですよね

正しい運転の仕方を覚えてしまったらもう教習所に通うことは不要です
実際に路上に出て教習所で習得した技術を応用しながら運転するだけです
スウィングだって同じなのです
『正しい打ち方』を一度習得してしまえば 実はもう練習場（教習所）に通う必要などないのです
コース（路上）に出て覚えた技術を応用しながらスコアを作っていけばいいのです
その応用の善し悪しで
いいスコア（無事故）で回れる時もあれば悪いスコア（事故）になることもある

その応用力のほうがはるかにゴルフには重要で
ただ球を打ったり上手く当てたりするのはさほど難しいことではないのです
スウィングなんて車の運転と同じ正しい方法を覚えてしまえばもう反復練習する必要はない……
——あんな風に言われるとそんな気がしてくるから不思議だなあ
ゴルフって難しいと思い込んでいるだけなのかもしれない
カンタンに当たる方法を知ってしまえば
実はイージーなのかもしれない
スコアだって同じだ
パープレーって凄いスコアだと思い込んでいるだけなのかもしれない

実はオレでも出せるスコアなのかもしれない……
なんか俄然 ヤル気が出てきたぁ♡
ピタ
次のレッスンではSスウィングシークレットである
〝ブラックホール〟
についてお話ししましょう
ブラックホールって
これを知れば俄然 ラクにクラブが動かせるようになりますよ
なんだろ……

先週 プロのトーナメントを観戦にいったのよ
もち女子プロね♡
いやぁ勉強になったなぁ
やっぱアドレスの向きって大切なんだなぁ

第16講 究極のインサイドアウト・アウトサイドイン

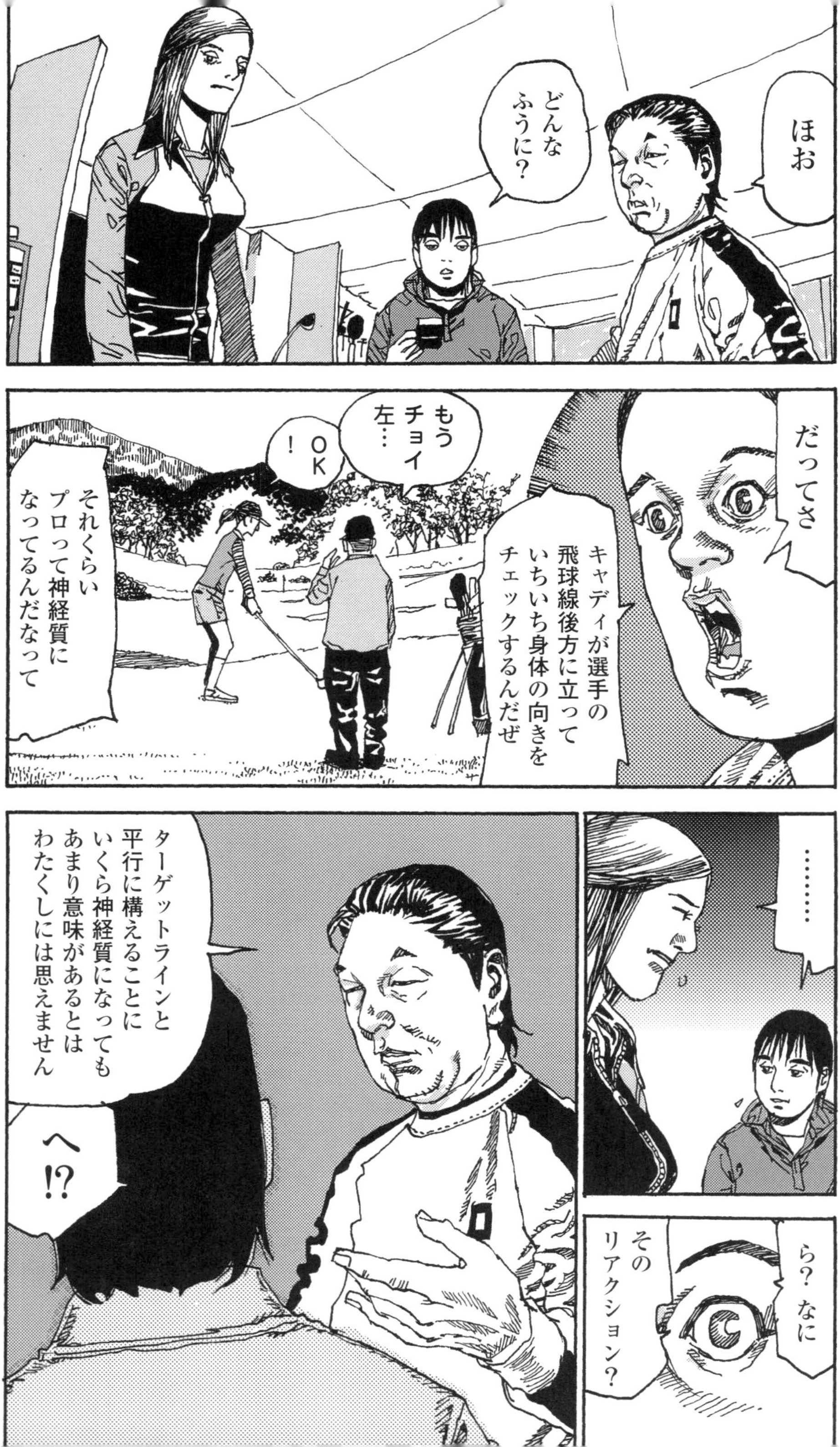
ほお
どんなふうに？
だってさ
キャディが選手の飛球線後方に立っていちいち身体の向きをチェックするんだぜ
もうチョイ左…
OK！
それくらいプロって神経質になってるんだなって
ターゲットラインと平行に構えることにいくら神経質になってもあまり意味があるとはわたくしには思えません
へ!?
………
ら？なに
そのリアクション？

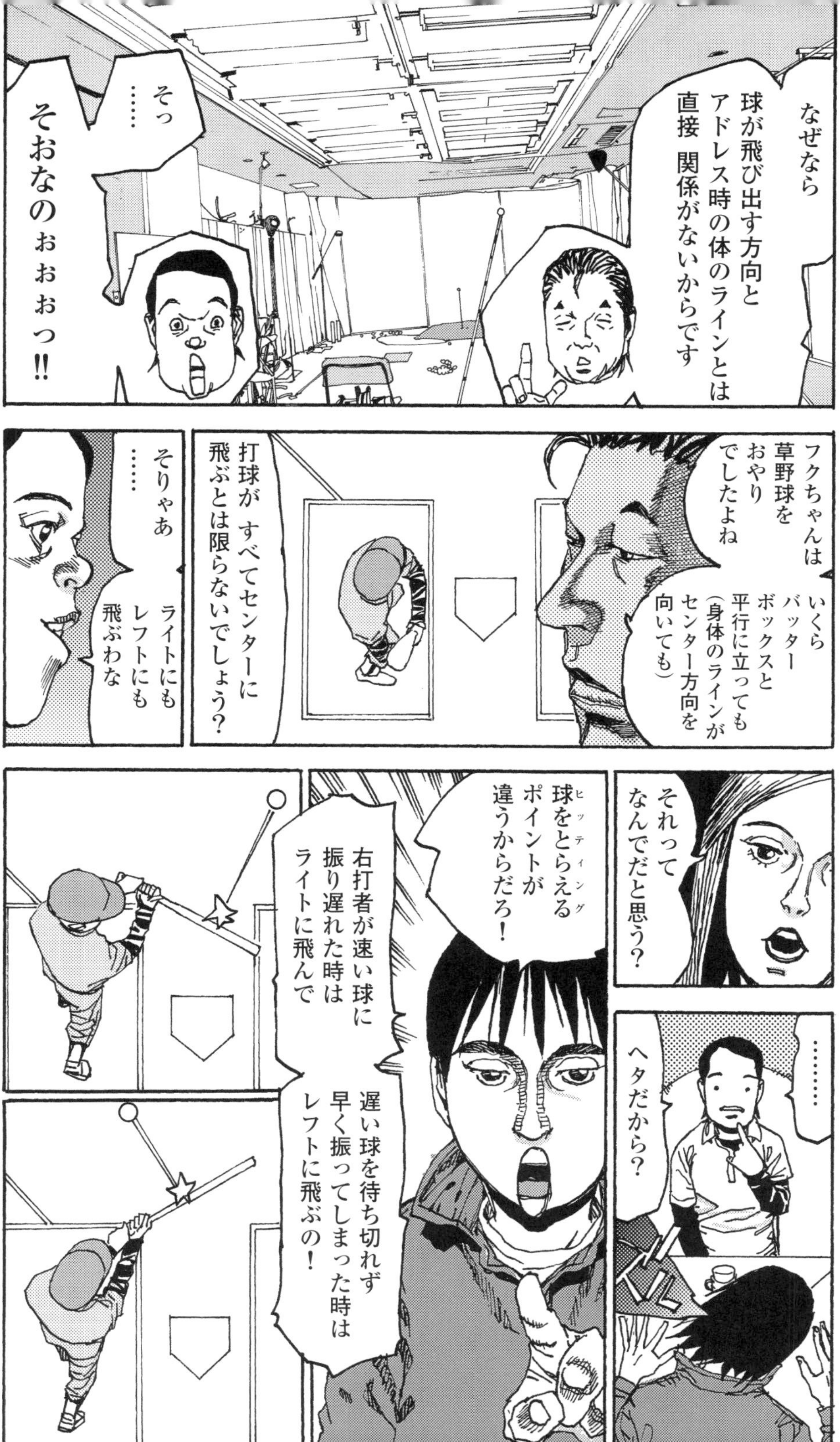
なぜなら
球が飛び出す方向と
アドレス時の体のラインとは
直接 関係がないからです
そっ……
そおなのぉおおおっ!!
フクちゃんは草野球をおやりでしたよね
いくらバッターボックスと平行に立っても(身体のラインがセンター方向を向いても)
打球が すべてセンターに飛ぶとは限らないでしょう?
そりゃあ……
ライトにもレフトにも飛ぶわな
それってなんでだと思う?
球をとらえる《ヒッティング》ポイントが違うからだろ!
……
ヘタだから?
右打者が速い球に振り遅れた時はライトに飛んで
遅い球を待ち切れず早く振ってしまった時はレフトに飛ぶの!

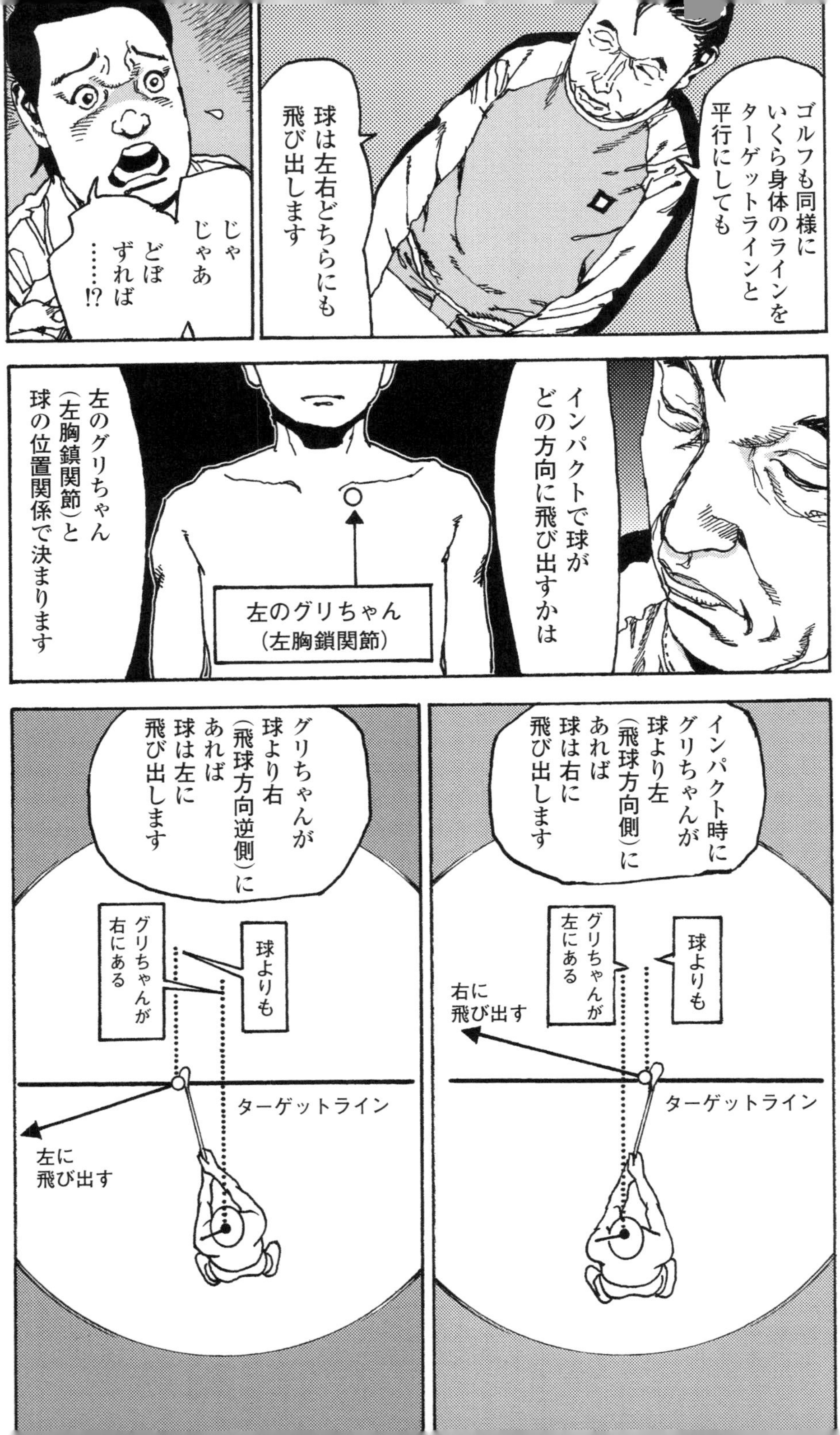
ゴルフも同様にいくら身体のラインをターゲットラインと平行にしても
球は左右どちらにも飛び出します
じゃじゃあどぼずれば……!?
インパクトで球がどの方向に飛び出すかは
左のグリちゃん（左胸鎖関節）
左のグリちゃん（左胸鎖関節）と球の位置関係で決まります
インパクト時にグリちゃんが球より左（飛球方向側）にあれば球は右に飛び出します
球よりも
グリちゃんが左にある
右に飛び出す
ターゲットライン
グリちゃんが球より右（飛球方向逆側）にあれば球は左に飛び出します
球よりも
グリちゃんが右にある
ターゲットライン
左に飛び出す

グリちゃんの位置が球の飛び出し方向を決める…
実験してみましょうか
かなりのオープンスタンスに構えました
ターゲットラインより左を向いていますね
この構えだと球はどっちに飛び出すと思います？
左に……
打ってみましょう

ああっ
右に！
なぜか？
身体の向きは左を向いていてもグリちゃんを球よりも左（飛球方向側）にセットしていたからです
グリちゃんを球よりも左にセット
今度は かなりのクローズドスタンスで構えてみます

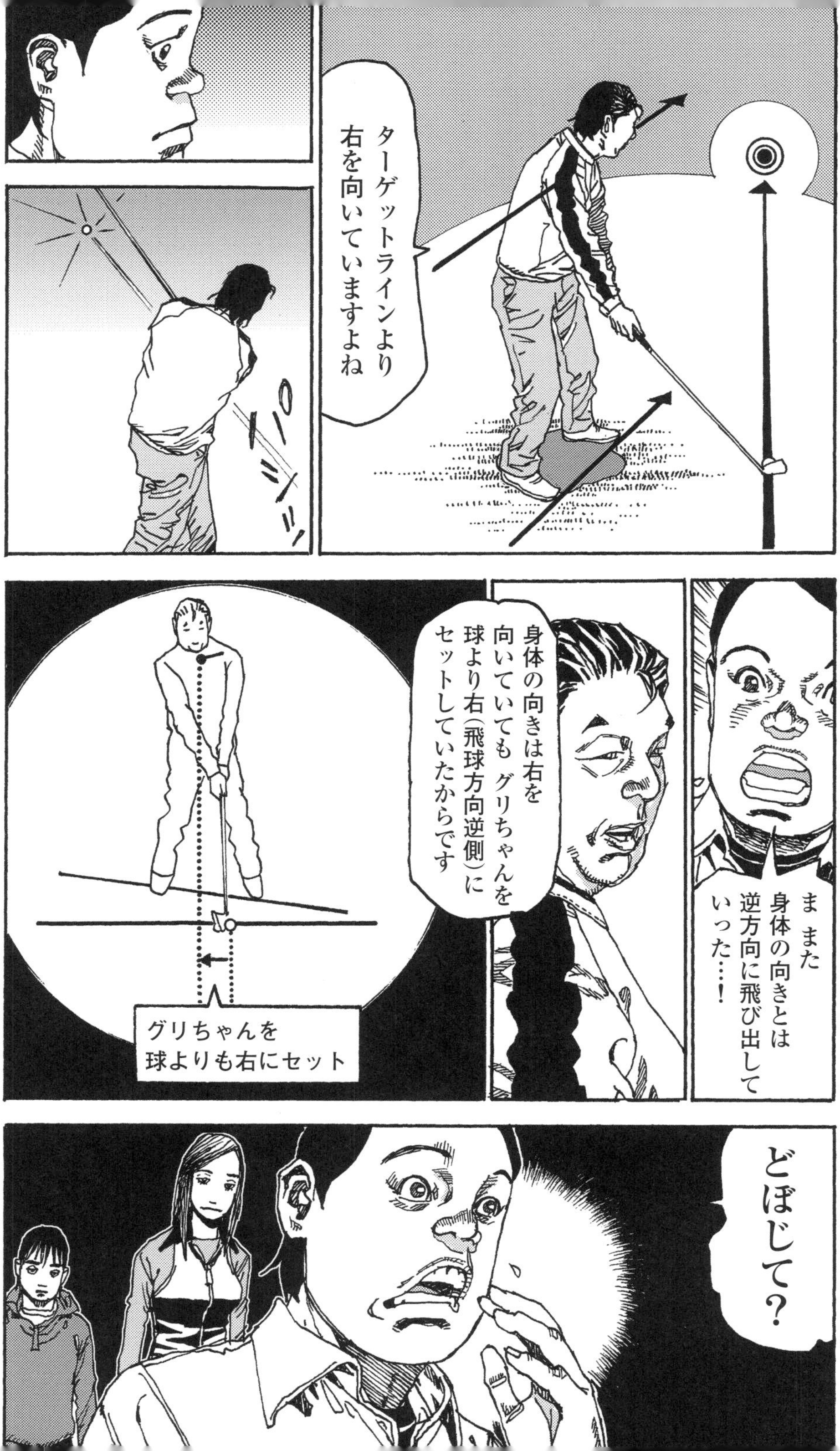

ターゲットラインより右を向いていますよね
ま また身体の向きとは逆方向に飛び出していった…!
身体の向きは右を向いていても グリちゃんを球より右（飛球方向逆側）にセットしていたからです
グリちゃんを球よりも右にセット
どぼじて?

例えばスライサーの人は一生懸命にインサイドアウトに振ろうとしているかもしれません
しかしそんなにシャカリキにならなくても
セットアップを変えるだけでカンタンに軌道は変えられます
それを説明するために
〝究極のインサイドアウト〟をフクちゃんに打ってもらいましょう
トッ
え…
な なにこの球の位置?
スタンスの外どころか右足の真横じゃん…!
スタンスはそのままで球にクラブフェースをセットして

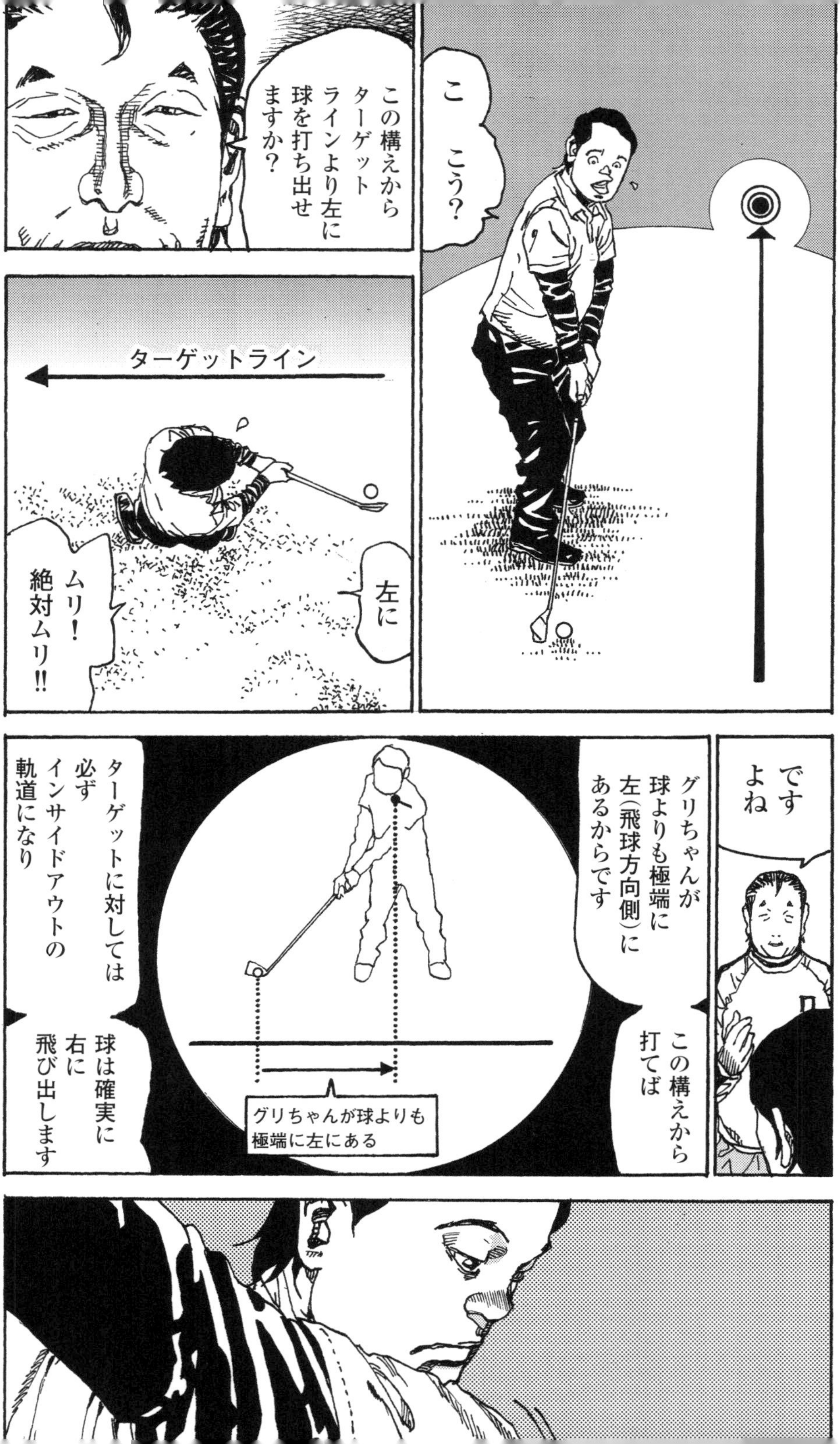
こ　こう？
この構えからターゲットラインより左に球を打ち出せますか？
ターゲットライン
左に
ムリ！絶対ムリ!!
ですよね
グリちゃんが球よりも極端に左（飛球方向側）にあるからです
この構えから打てば
ターゲットに対しては必ずインサイドアウトの軌道になり
球は確実に右に飛び出します
グリちゃんが球よりも極端に左にある

パシッ
う……
ね？
パチッ
今度は〝究極のアウトサイドイン〟を体験してもらいましょう
グリちゃんが球よりも極端に右（飛球方向逆側）にあります
この構えから打てば――

パシッ
必ず アウトサイドインの 軌道になり 球は確実に左に 飛び出していきます
フ フントら……
スタンスの 向きなんて 関係ないことに なる！
さあ この事実を 利用して 意図的《インテンショナル》に フックと スライスを 打ち分けて みましょう
アベレージ ゴルファーに インテンショナル ショットの話を すると
「いやぁ まだ まっすぐにも打てないのに そんな高等技術は もっと上手くなってから」と
ほとんどの方が おっしゃいます

オレも そう思っちゃう……
インテンショナルなショットというのは
上手くなってから手に入れるものではなく
インテンショナルにショットが打てないから上手くなれないのです
まっすぐ打つほうがよっぽど高等技術なんだよね
それも超がつく
それどころか偶然の産物といってもいいわ
ストレートボールは超高等技術……
でも練習場《ここ》を訪れている連中はみんな
まっすぐな球を打とうと躍起になっている…

なぜなら
ゴルフボールと
いうのは
曲がりやすく
できているのです
ディンプルが
空気抵抗を
生み
揚力を得る
同じ理由で左右にも
曲がりやすいわけです
た
確かに
それを まっすぐ
打とうとするから
ゴルフが難しく
なるのです
それに
ストレート
ボールは
コースを
狭くする
のです
コースを
狭く？
どして？
ストレートボールは
左右《どちら》にも曲がる
危険がある球
だからです
例えば

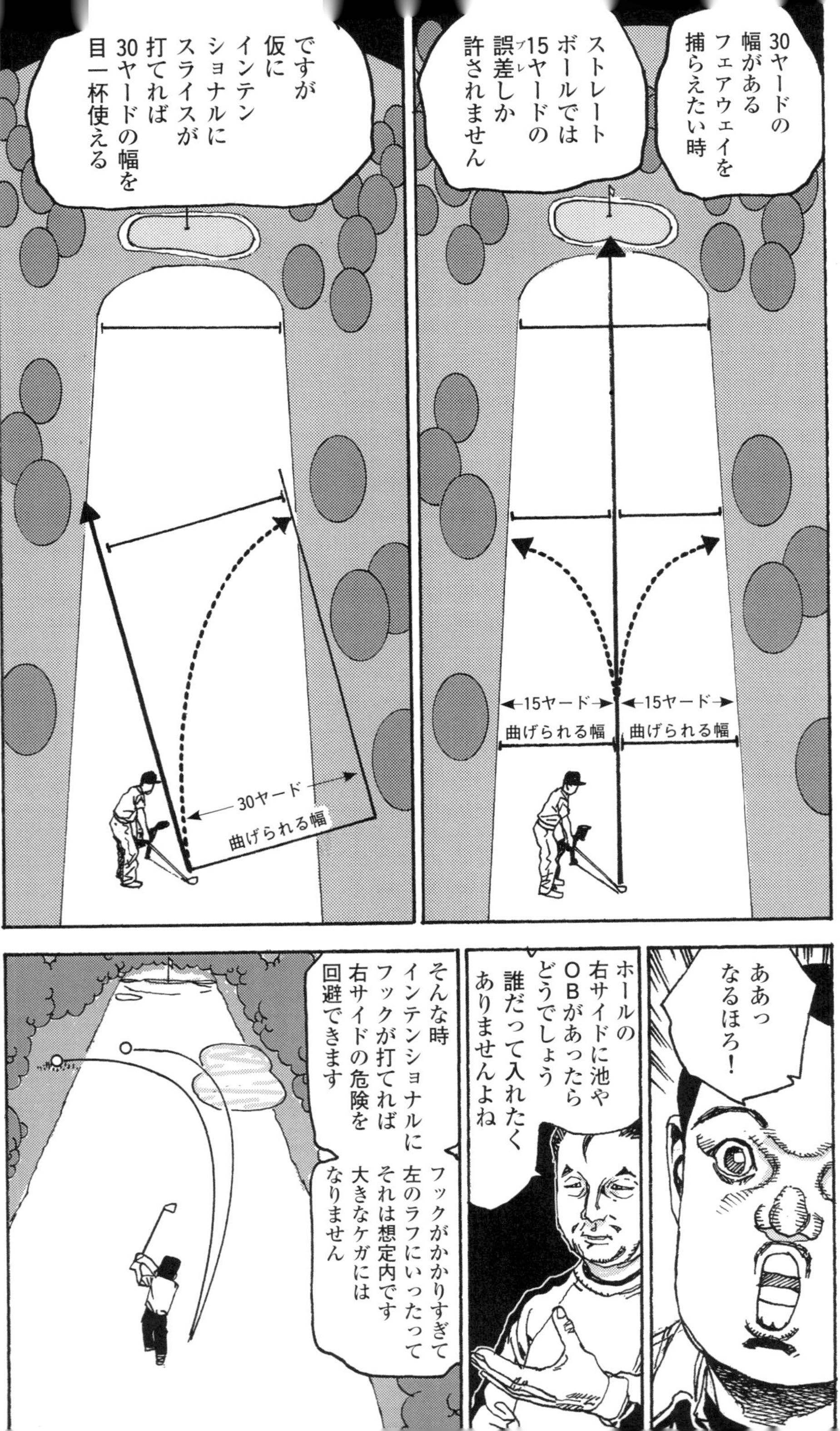
30ヤードの幅があるフェアウェイを捕らえたい時
ストレートボールでは15ヤードの誤差《ブレ》しか許されません
15ヤード
曲げられる幅
15ヤード
曲げられる幅
ですが仮にインテンショナルにスライスが打てれば30ヤードの幅を目一杯使える
30ヤード
曲げられる幅
ああっなるほろ！
ホールの右サイドに池やOBがあったらどうでしょう
誰だって入れたくありませんよね
そんな時インテンショナルにフックが打てれば右サイドの危険を回避できます
フックがかかりすぎて左のラフにいったってそれは想定内です大きなケガにはなりません

ただ「入れたくないなぁ」と願って打つのと
確実に右にはいかない術《すべ》を持っているのでは
スコアに雲泥の差が出てきます
ギャフン
その術《すべ》を持っていないから持とうとしないから
いつまで経ってもいいスコアで回れないのです
インテンショナルショットは上達に不可欠な技術…
上達してから覚えるようにするんじゃなくて
覚えないからいつまでも上達しない……
では ドローとはどういった球でしょう
んと
軽く左に曲がる球
フックの曲がりが少ない球
コクッ
違います

ドローは絶対に右にはいかせない球のことです
フェードはスライスの度合いが少ないものではなく
絶対に左にはいかせない球のことです
ドローやフェードをそう定義することで
パープレーで回れるようになるのです!
ゴオオオオ
ゴホン
熱を帯びてきたところですがお時間ならぬページ数がきてしまいました
インテンショナルショットの打ち方は次回ってことで
あら?
ガビーン
せっかく練習場に来たのにまだ1球も打ってないんですけどぉぉっ!?

では お待ちかね インテンショナルショットの
打ち方をお教えしましょう!
まずは——
第17講
インテンショナルショット
まずはフェードの打ち方かな? それともドロー…?
ワクワク
チーピンを打ってみましょうか

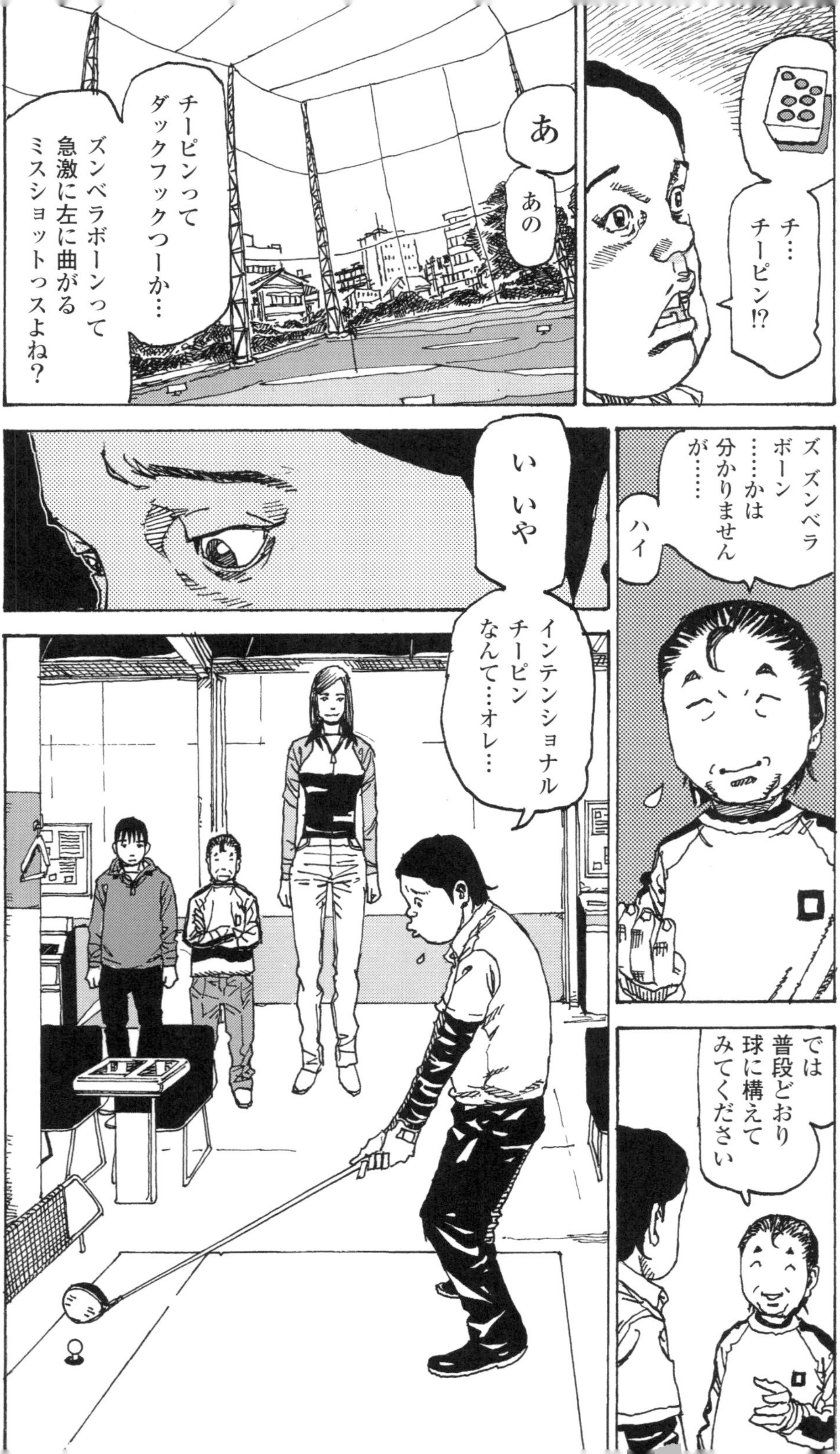
チ…
チーピン!?
あ
あの
チーピンって
ダックフックつーか…
ズンベラボーンって
急激に左に曲がる
ミスショットっスよね？
ズ ズンベラ
ボーン
……かは
分かりません
が……
ハイ
い いや
インテンショナル
チーピン
なんて…オレ…
では
普段どおり
球に構えて
みてください

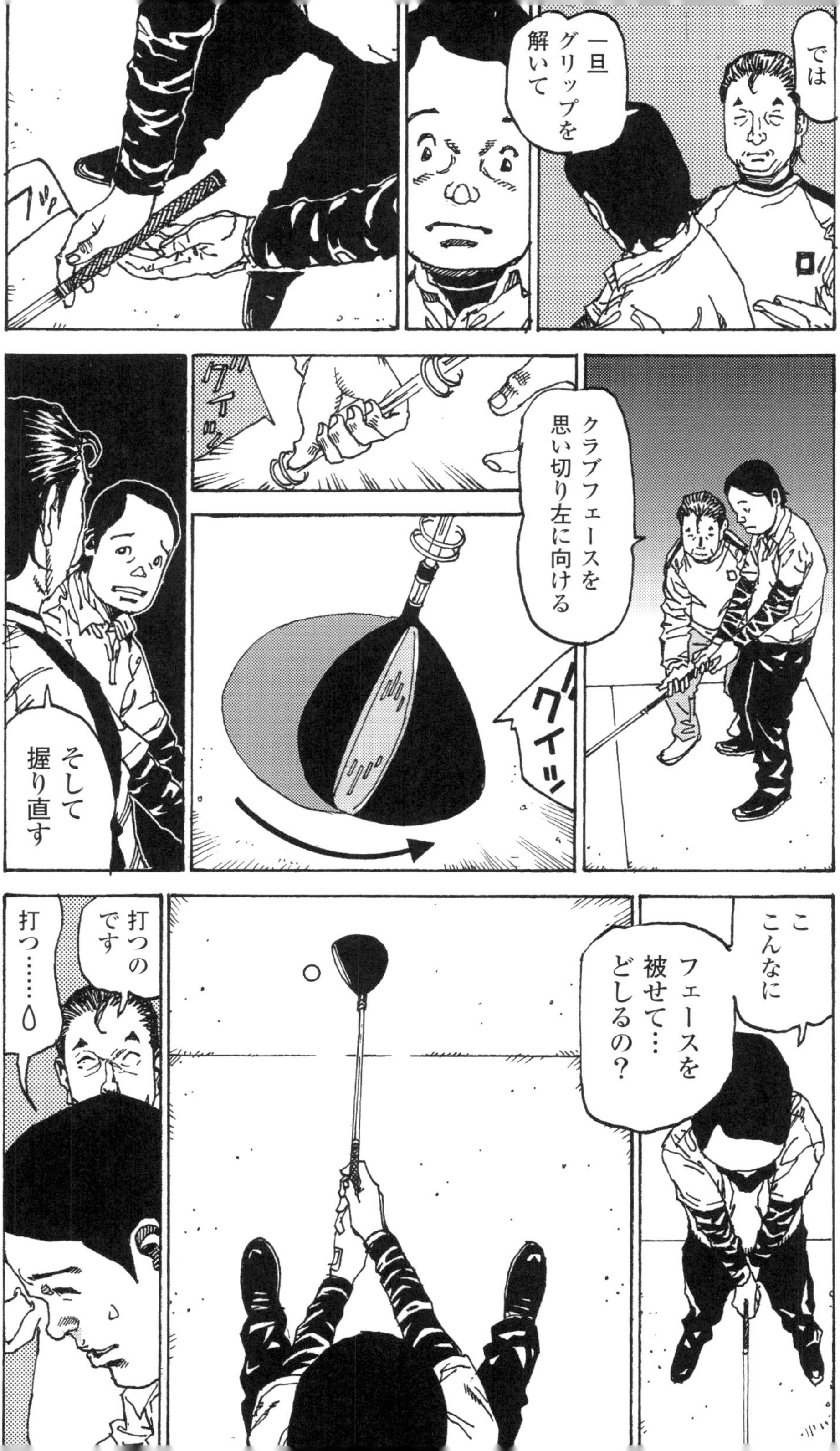
では
一旦 グリップを 解いて
フッ
クラブフェースを 思い切り左に向ける
グイッ
グイッ
そして 握り直す
こ こんなに
フェースを 被せて… どしるの？
打つの です
打つ……

ギュッ
ホゲエッ!
キン
ギューーン
フクちゃんすっごーい♡
ナイスチーピン!
よっ意図どおり!
パチ
パチ
パチ
パチ
全然嬉しくない……

オレが教わりたいのは
ドローとかフェードなのっ！
ハイ
でも とりあえず意図して左に曲げられたわけですよね
スタートはそこからでいいのです
たとえば長年スライスに悩まされている方に
スライスをまっすぐに直そうとするのではなく
フックを打ってみましょうよ
いやいや打てるわけがない！
まっすぐにすら打てないのに逆に曲がる球なんてムリに決まっているという思いなんでしょう
でも本当にそうでしょうか？
いま福田さんがおやりになったように極端にフェースを閉じてもフックしないでしょうか？きっとそこまではしないだけなのです

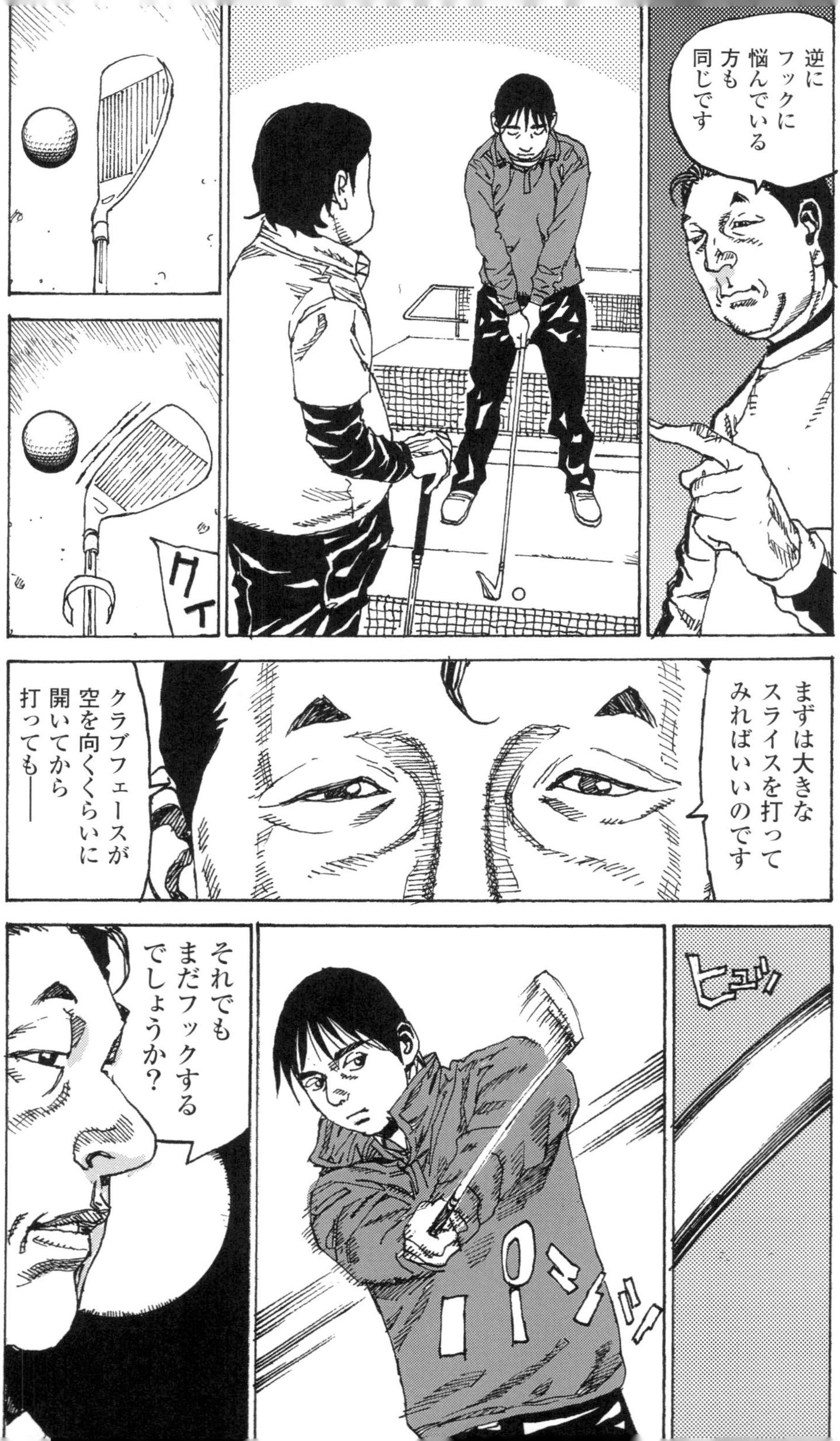

逆にフックに悩んでいる方も同じです
グイ
まずは大きなスライスを打ってみればいいのです
クラブフェースが空を向くくらいに開いてから打っても――
ヒュッ
それでもまだフックするでしょうか？

グィーーン
すっごいバナナスライス……
藤田《おまえ》って初心者だったんだ？
違うしっ
お手本を見せたの！
知ってたしー
インテンショナルショットのスタートは曲がりの大小は置いといて
とにかく意図した方向に曲げることから始めるのです
チーピンだって右から使うことができれば
有効な球になるわよ
右から使う？

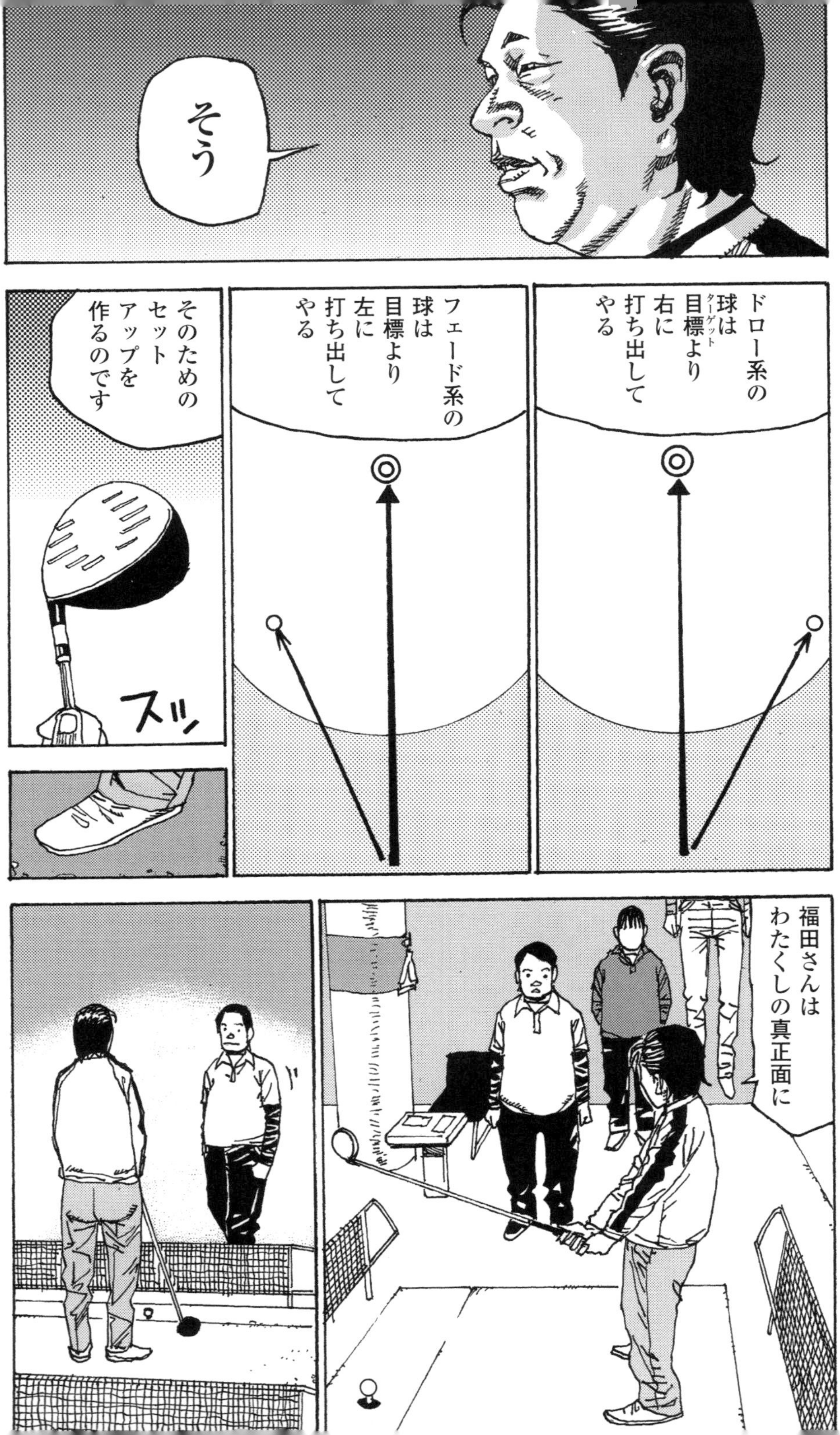
そう
ドロー系の球は目標《ターゲット》より右に打ち出してやる
フェード系の球は目標より左に打ち出してやる
そのためのセットアップを作るのです
ズッ
福田さんはわたくしの真正面に

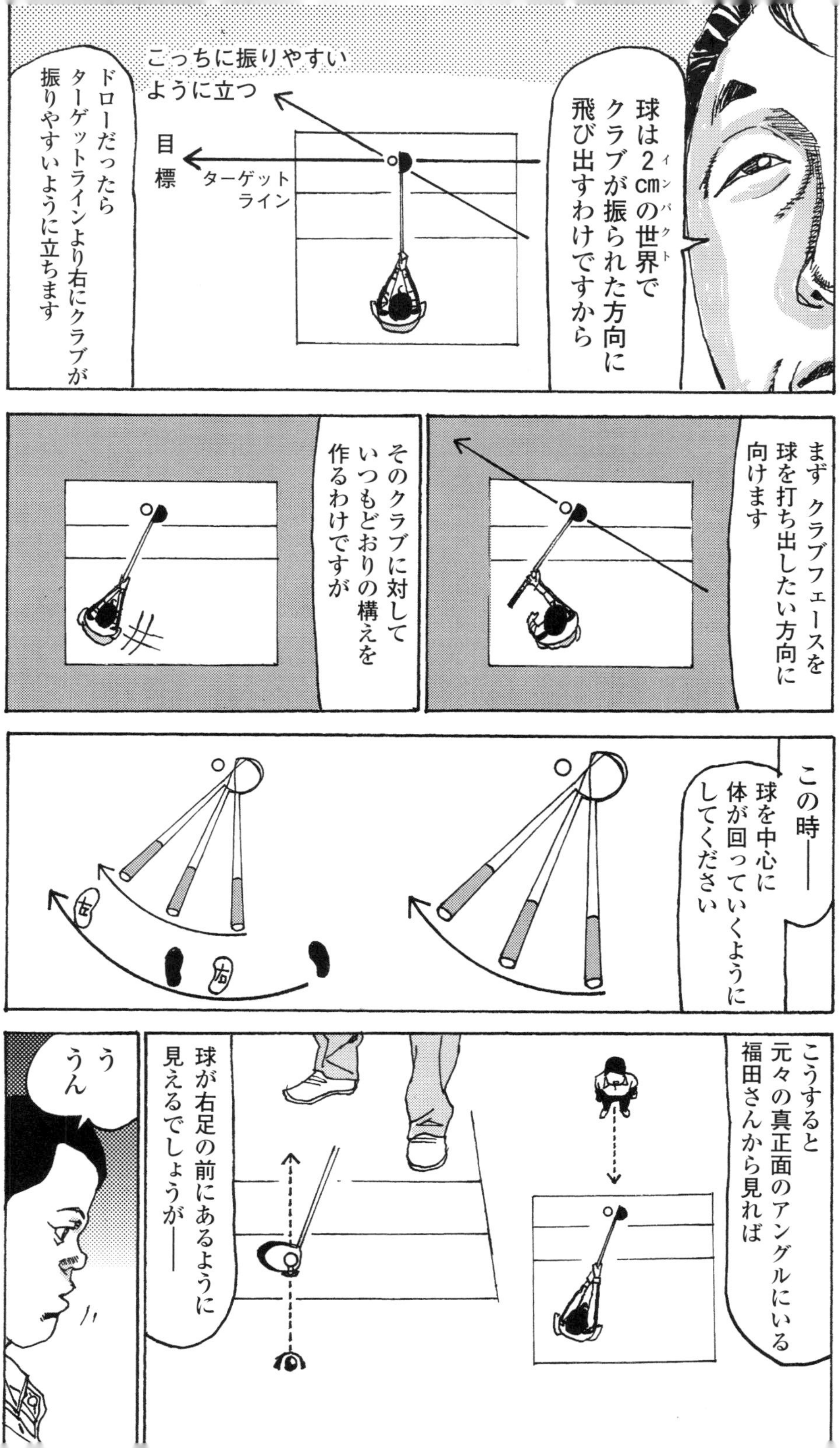
球は2cmの世界《インパクト》で
クラブが振られた方向に
飛び出すわけですから
こっちに振りやすいように立つ
目標
ターゲットライン
ドローだったら
ターゲットラインより右にクラブが
振りやすいように立ちます
まず クラブフェースを
球を打ち出したい方向に
向けます
そのクラブに対して
いつもどおりの構えを
作るわけですが
この時——
球を中心に
体が回っていくように
してください
こうすると
元々の真正面のアングルにいる
福田さんから見れば
球が右足の前にあるように
見えるでしょうが——
う
うん

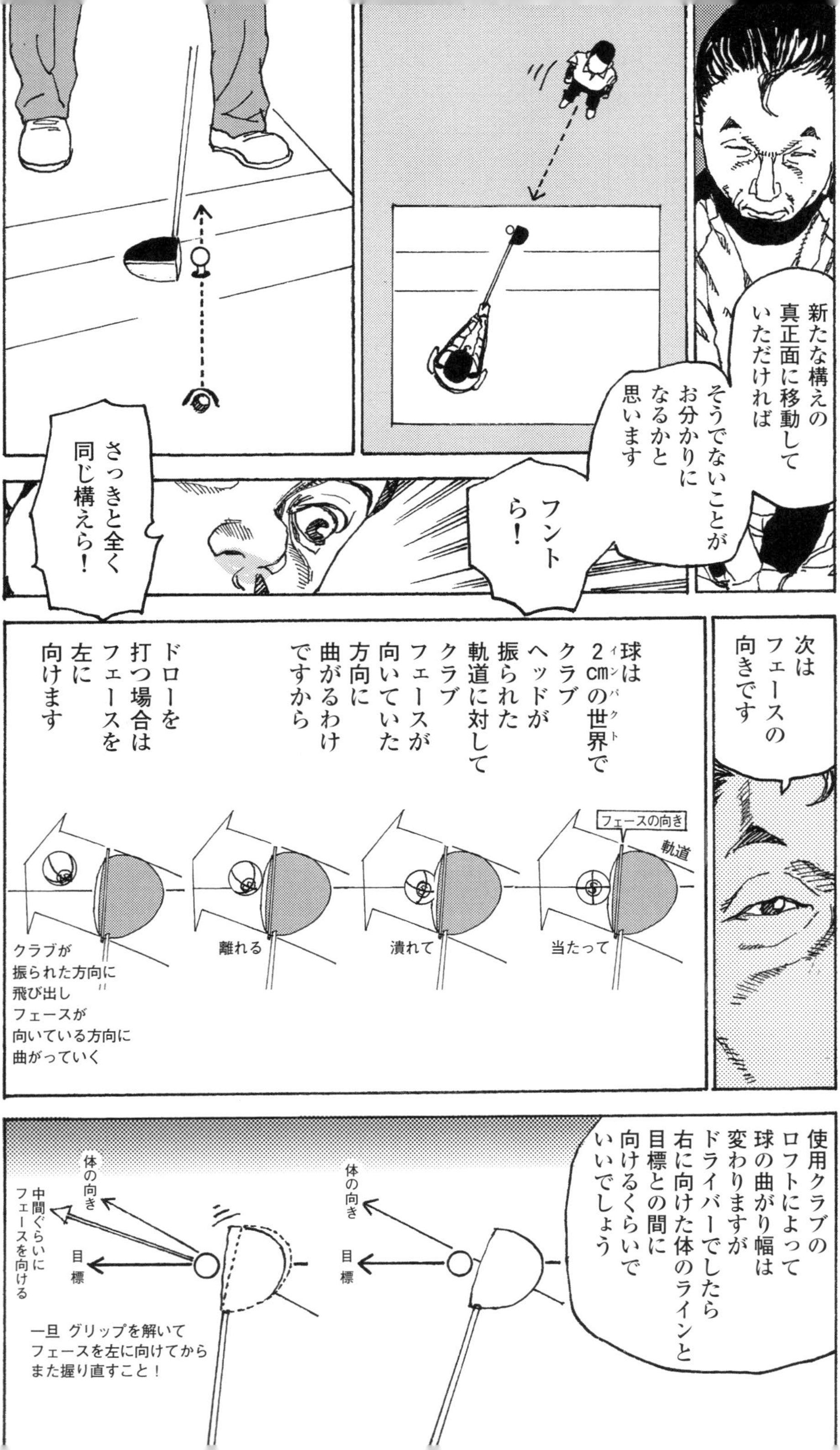
新たな構えの真正面に移動していただければ
そうでないことがお分かりになるかと思います
フントら！
さっきと全く同じ構えら！
次はフェースの向きです
球は2cmの世界《インパクト》でクラブヘッドが振られた軌道に対してクラブフェースが向いていた方向に曲がるわけですから
ドローを打つ場合はフェースを左に向けます
フェースの向き
軌道
当たって
潰れて
離れる
クラブが振られた方向に飛び出しフェースが向いている方向に曲がっていく
使用クラブのロフトによって球の曲がり幅は変わりますがドライバーでしたら右に向けた体のラインと目標との間に向けるくらいでいいでしょう
体の向き
目標
体の向き
中間ぐらいにフェースを向ける
目標
一旦 グリップを解いてフェースを左に向けてからまた握り直すこと！

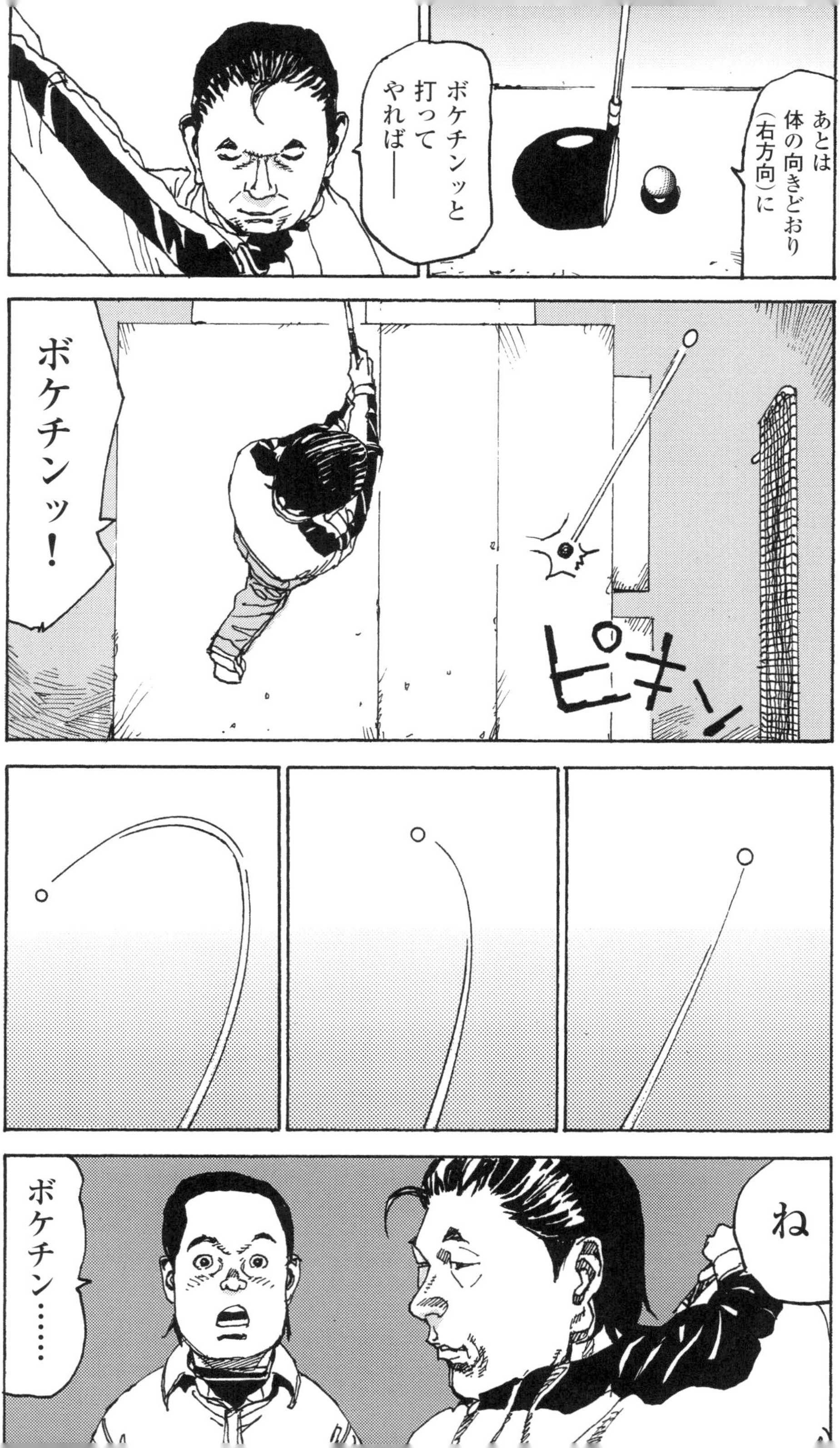
あとは体の向きどおり（右方向）に
ボケチンッと打ってやれば——
ボケチンッ！
ピキーン
ね
ボケチン……

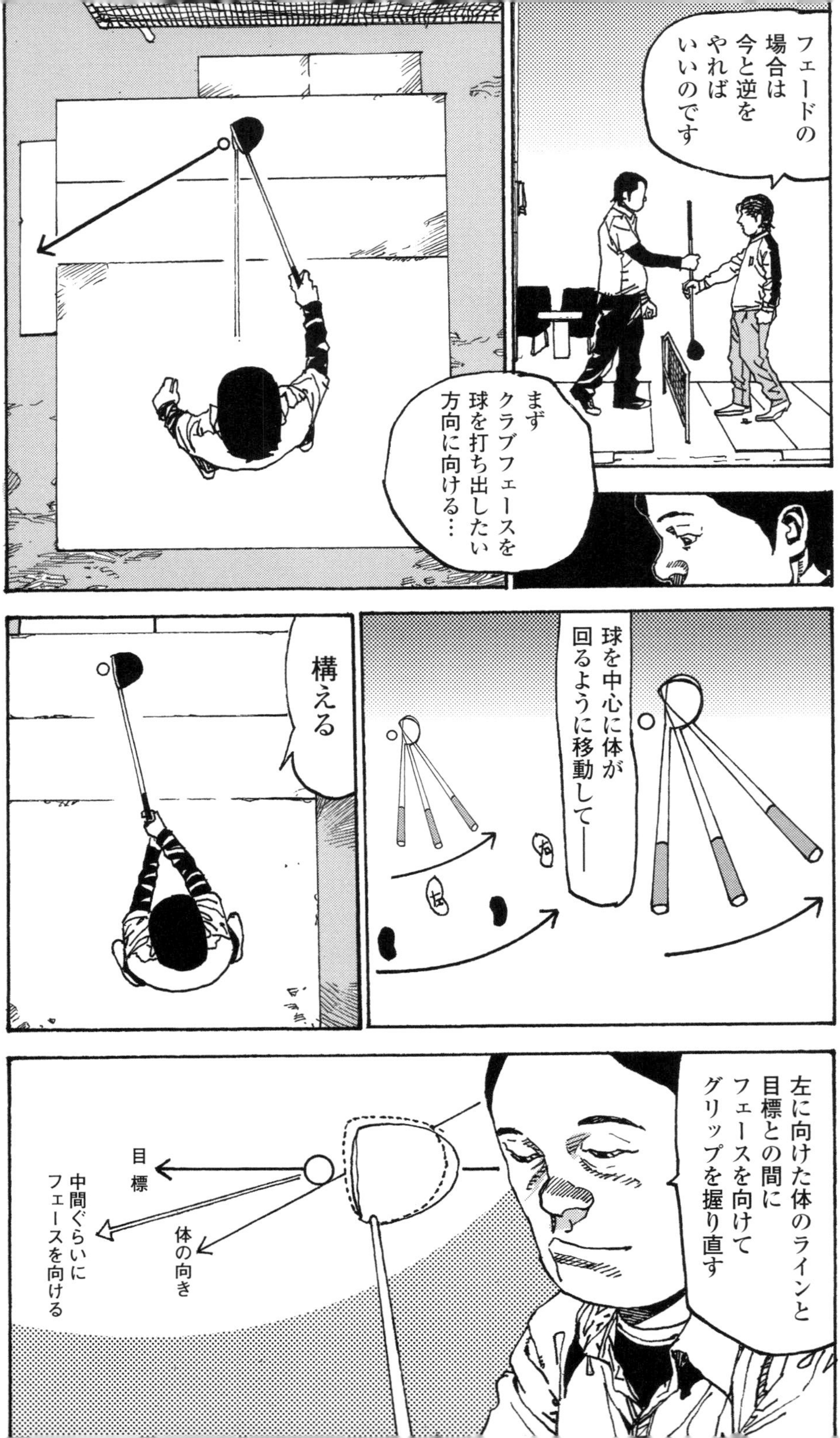
フェードの場合は今と逆をやればいいのです
まずクラブフェースを球を打ち出したい方向に向ける…
球を中心に体が回るように移動して――
構える
左に向けた体のラインと目標との間にフェースを向けてグリップを握り直す
目標
体の向き
中間ぐらいにフェースを向ける

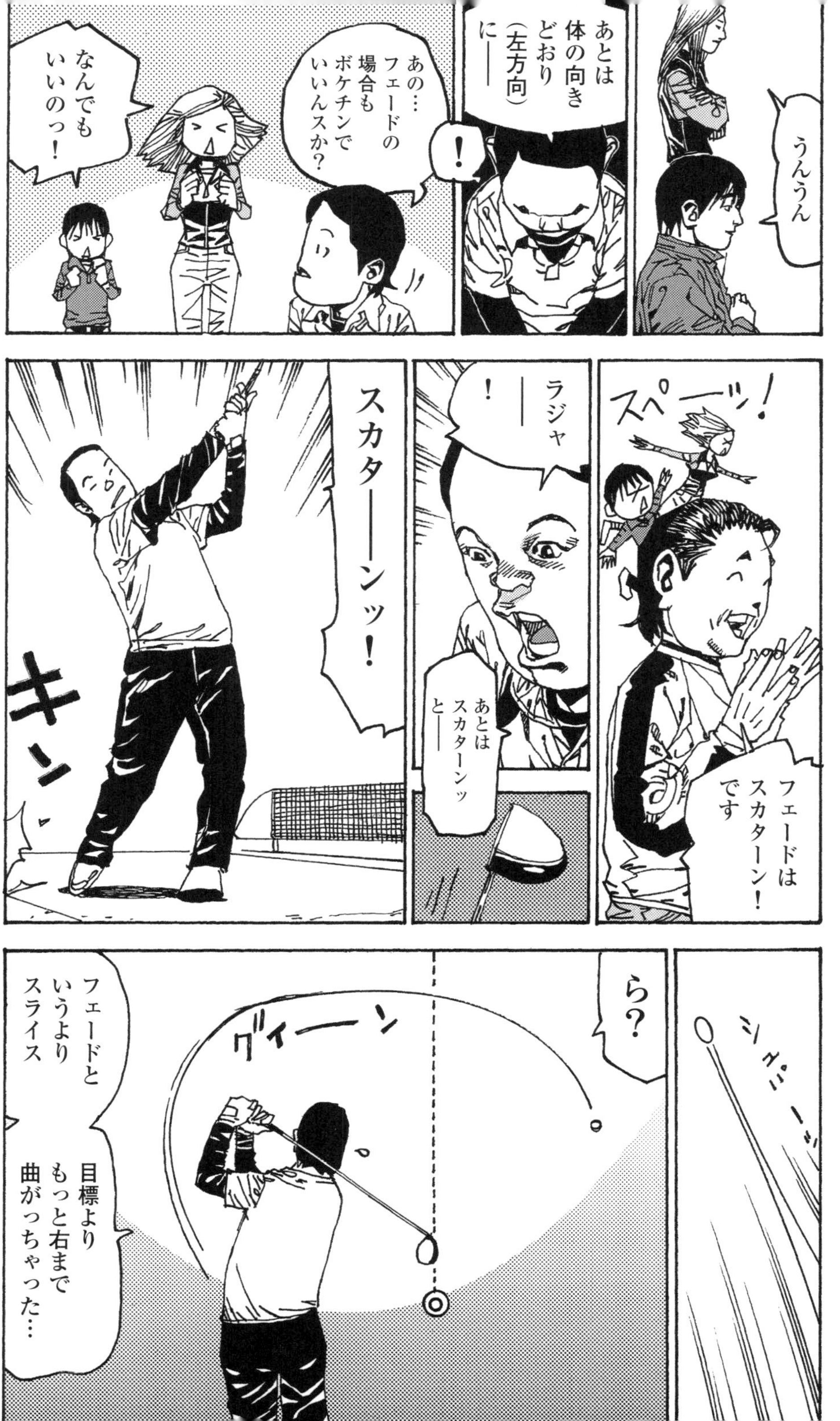

うんうん
あとは体の向きどおり（左方向）に――
！
あの…フェードの場合もボケチンでいいんスか?
なんでもいいのっ！
スパーッ！
フェードはスカターン！です
ラジャ――！
あとはスカターンッと――
スカターーンッ！
ら？
グィーーン
フェードというよりスライス
目標よりもっと右まで曲がっちゃった…

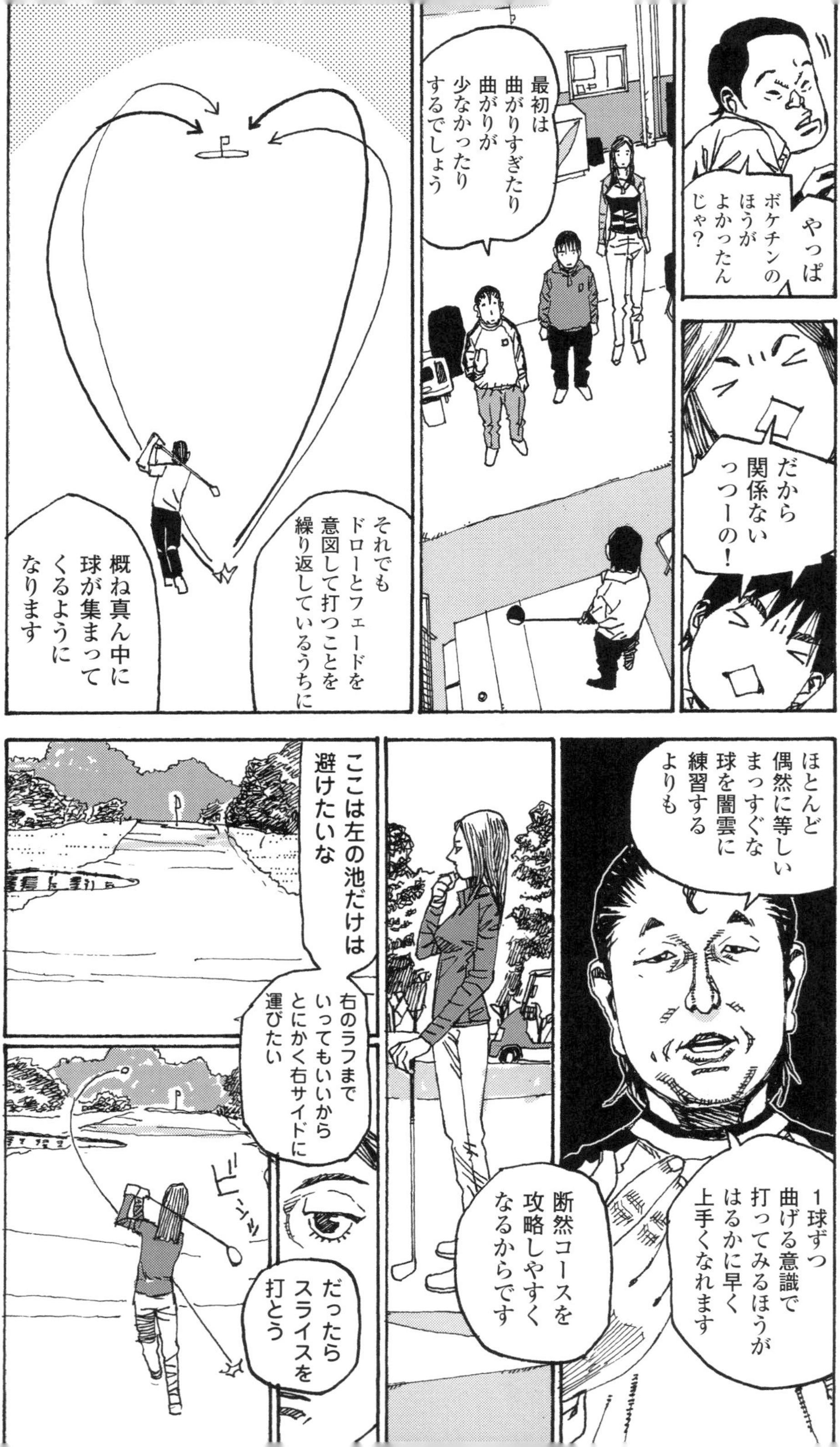
やっぱボケチンのほうがよかったんじゃ?
だから関係ないっつーの!
最初は曲がりすぎたり曲がりが少なかったりするでしょう
それでもドローとフェードを意図して打つことを繰り返しているうちに
概ね真ん中に球が集まってくるようになります
ほとんど偶然に等しいまっすぐな球を闇雲に練習するよりも
1球ずつ曲げる意識で打ってみるほうがはるかに早く上手くなれます
断然コースを攻略しやすくなるからです
ここは左の池だけは避けたいな
右のラフまでいってもいいからとにかく右サイドに運びたい
だったらスライスを打とう

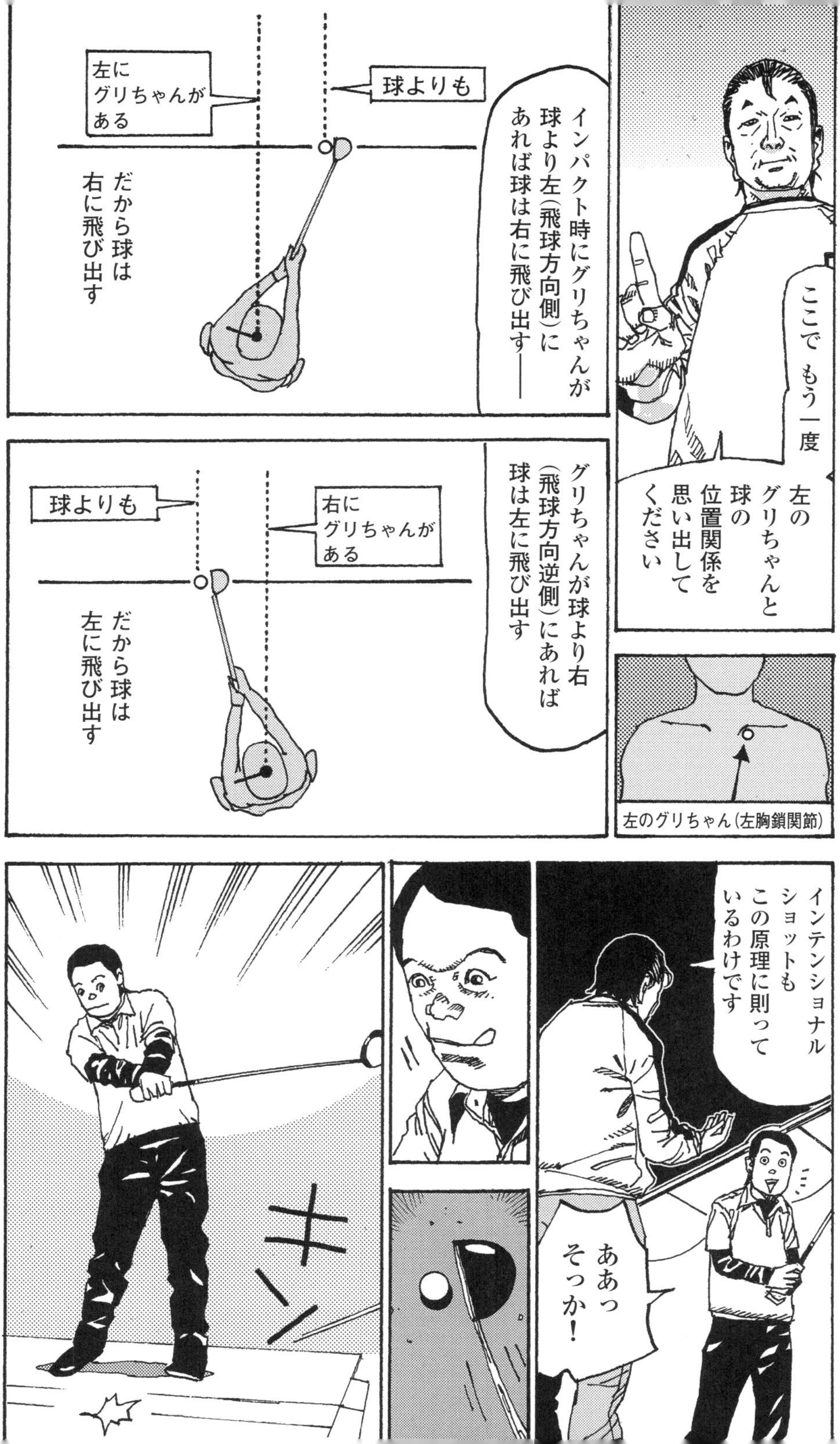

ここで もう一度
左のグリちゃんと球の位置関係を思い出してください
インパクト時にグリちゃんが球より左(飛球方向側)にあれば球は右に飛び出す——
球よりも
左にグリちゃんがある
だから球は右に飛び出す
左のグリちゃん(左胸鎖関節)
グリちゃんが球より右(飛球方向逆側)にあれば球は左に飛び出す
球よりも
右にグリちゃんがある
だから球は左に飛び出す
インテンショナルショットもこの原理に則っているわけです
ああっ そっか!
キン

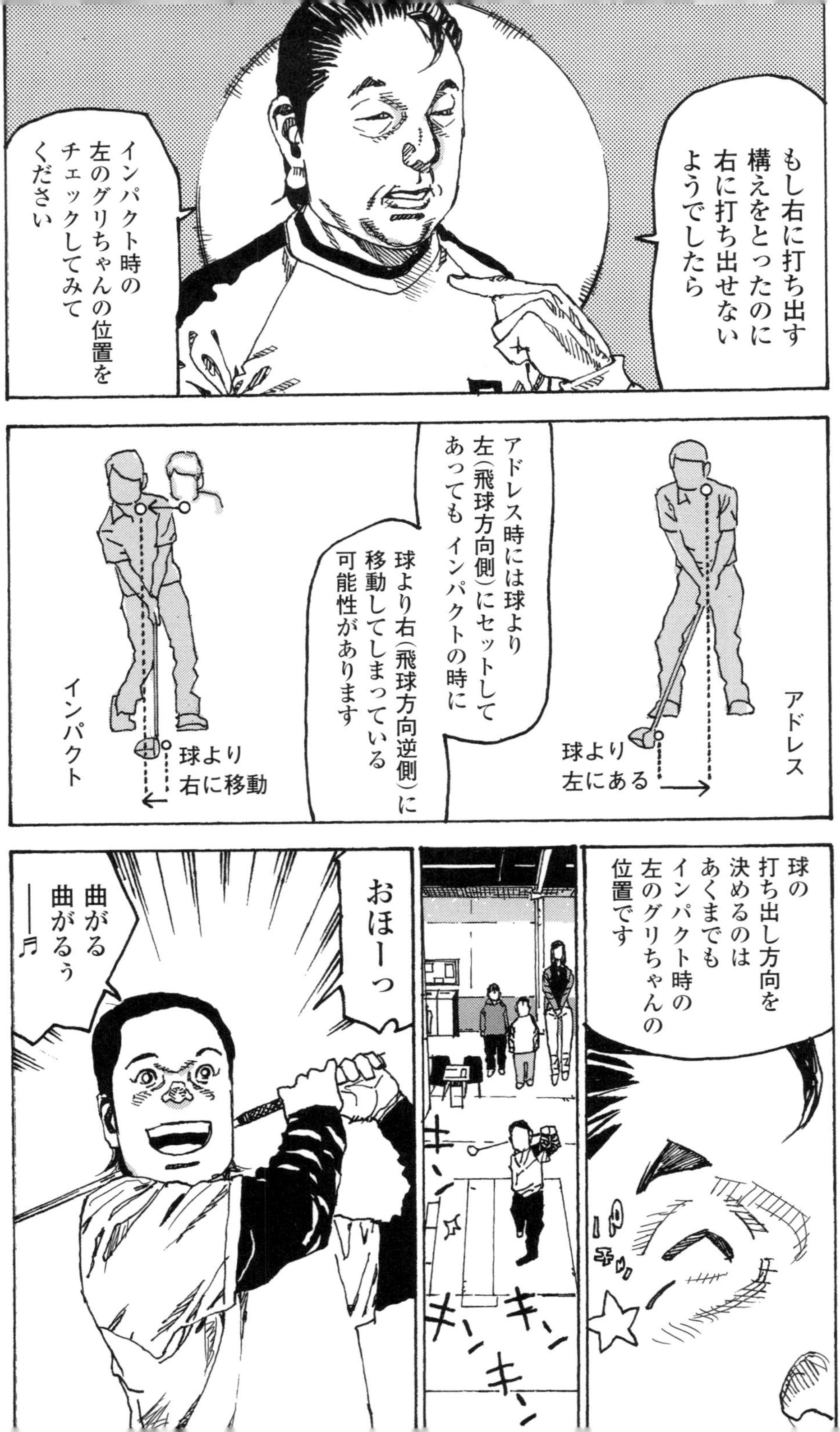

もし右に打ち出す構えをとったのに右に打ち出せないようでしたら
インパクト時の左のグリちゃんの位置をチェックしてみてください
アドレス
球より左にある
アドレス時には球より左（飛球方向側）にセットしてあっても インパクトの時に球より右（飛球方向逆側）に移動してしまっている可能性があります
インパクト
球より右に移動
球の打ち出し方向を決めるのはあくまでもインパクト時の左のグリちゃんの位置です
キーン
キーン
キーン
おほーっ
曲がる曲がるぅ——♬

第18講
ローボール
ハイボール
パーキッ
ギューーン
グーーン
ギューン

いいですよ フクちゃん
うん
ドローとフェードをちゃんと打ち分けられるようになってきたじゃん
えへへ
ドローとフェードってほど高級じゃないけど あれから とりあえず左右に曲げられるようには
ただ……
フン
ドローを打った時はともかくフェードを打った時が——だろ？
そ そうなんだよ！

右に曲げた時 ボールが弱々しいっていうかまるで飛ばないんだ
インテンショナルスライスを打つと極端に球に勢いがなくなるという人は
グリップエンドがインパクト時に動きながら当たっているんですね
グリップエンド……
コントロールが効かないスライスだったり
飛ばないスライスというのはグリップエンドが動きながらインパクトしていることが多いのです

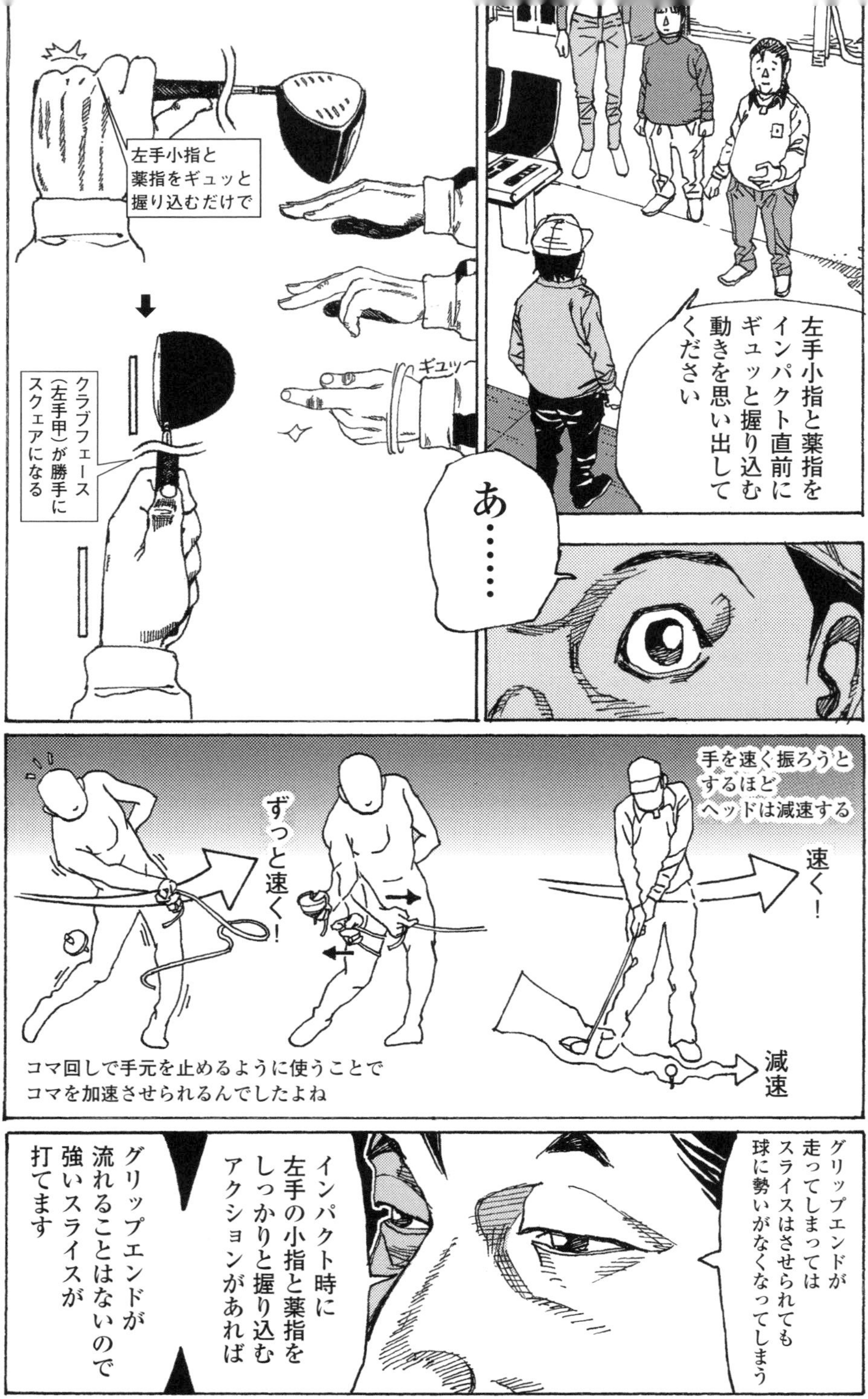
左手小指と薬指をインパクト直前にギュッと握り込む動きを思い出してください
あ……
左手小指と薬指をギュッと握り込むだけで
ギュッ
クラブフェース（左手甲）が勝手にスクェアになる
手を速く振ろうとするほどヘッドは減速する
速く！
減速
ずっと速く！
コマ回しで手元を止めるように使うことで
コマを加速させられるんでしたよね
グリップエンドが走ってしまってはスライスはさせられても球に勢いがなくなってしまう
インパクト時に左手の小指と薬指をしっかりと握り込むアクションがあれば
グリップエンドが流れることはないので強いスライスが打てます

そっきゃ！
そこだったんだ！
左手の小指と薬指をしっかり握り込む
ヒュン
パーキャッ
ギューン
わあっ♡

伸びのある
いいフェード
なんじゃん!?
わおっ♡
あぁ
このオレが
インテンショナルショットを
打てるようになるなんて…!
インテンショナル
ショットは
左右に曲げるだけでは
ありませんよ
次に
いっちゃいますか
へ?
球の高低の
打ち分けです
ああ それなら
オレ得意
天プラと
チョロね
ズルッ
ゴホ
え――…
まず
低い球を打つとして
フクちゃんは
どういうところを
意識します?

えぇーと…
まず球を右足寄りに置くでしょ？
あ
ティアップも低くする！…それから体重を左にかけて…
チラ
……間違ってる？
では高い球を打つ場合は？
た 球を左足寄りにセットしてティを高くしてあとは……
おんどりゃあっ
と打つ？
さ 最後のは別として
今 フクちゃんが説明してくれたようなことが低い球・高い球を打つ時のセオリーとされてますよね

でも実は
球の高低はたった一点を意識するだけで
カンタンに打ち分けられるのです
マジ!?
たった一点!
そ それって……?
リリースのタイミングです
リリースなんていうと難しそうに感じるかもしれませんが
「右ヒジを伸ばす」タイミングのことです
バックスウィングで右ヒジは曲がっていきますよね

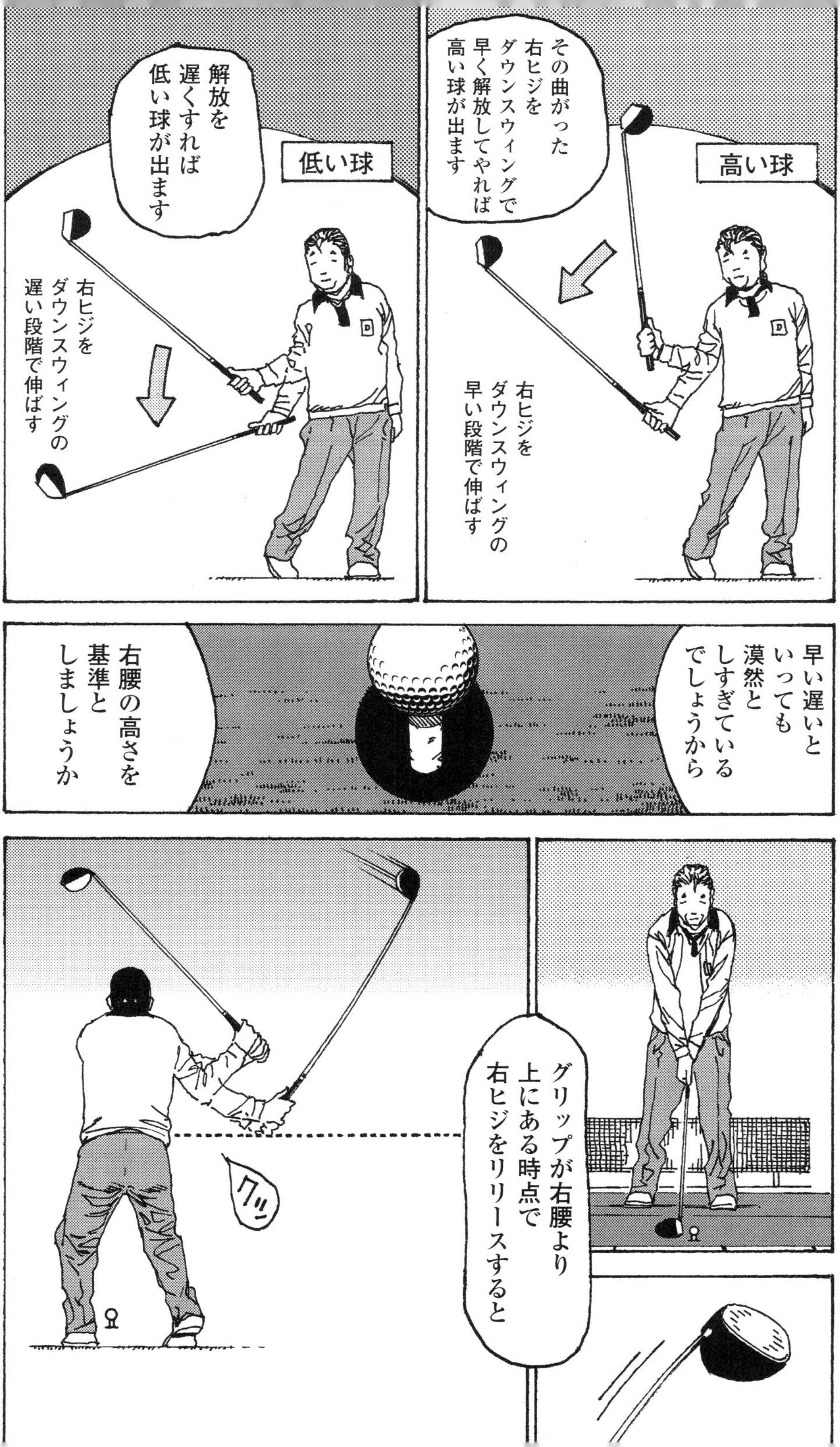
高い球
その曲がった右ヒジをダウンスウィングで早く解放してやれば高い球が出ます
右ヒジをダウンスウィングの早い段階で伸ばす
低い球
解放を遅くすれば低い球が出ます
右ヒジをダウンスウィングの遅い段階で伸ばす
早い遅いといっても漠然としすぎているでしょうから
右腰の高さを基準としましょうか
グリップが右腰より上にある時点で右ヒジをリリースすると
クッ

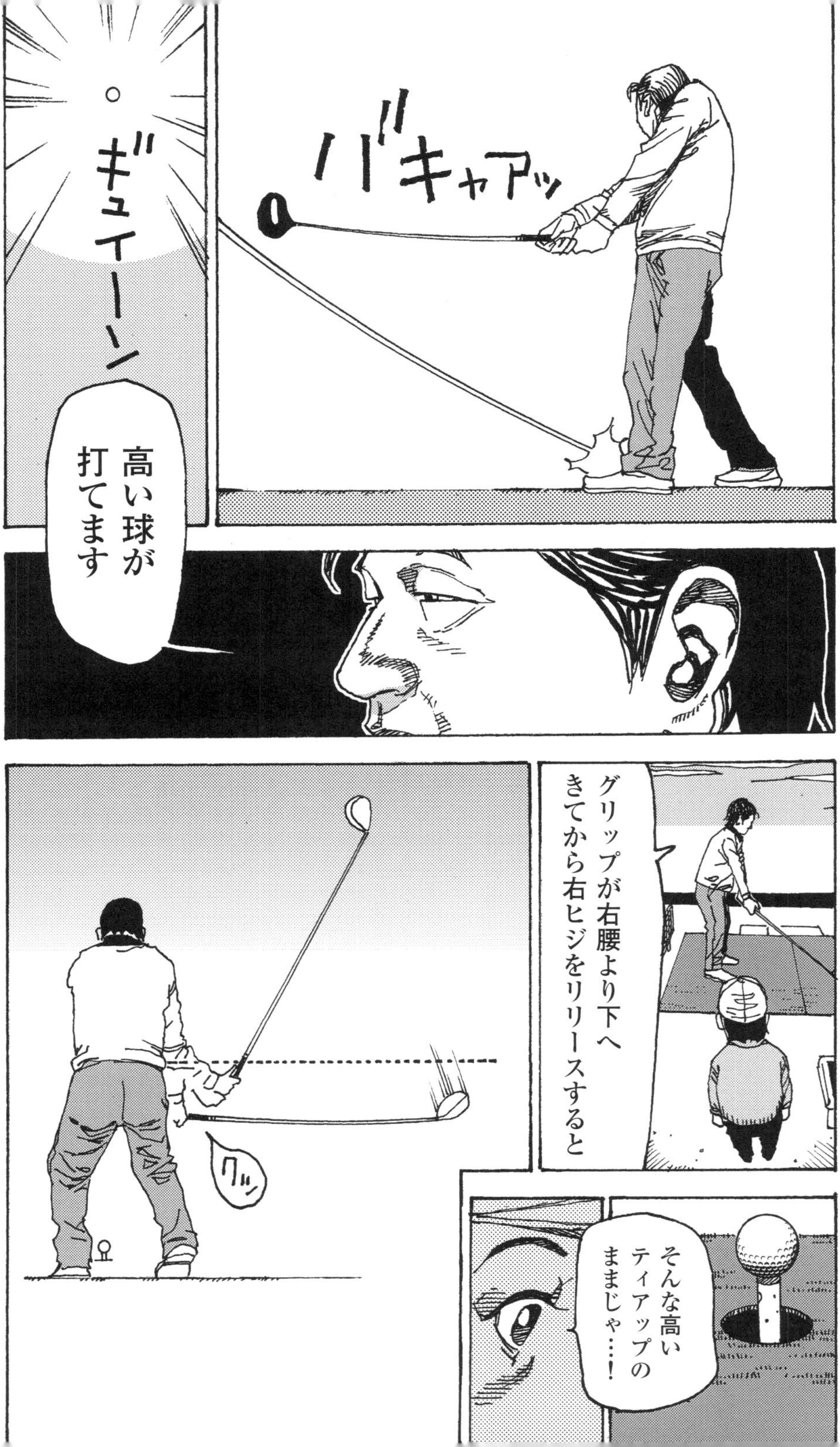
バギャアッ
ギュイーーン
高い球が打てます
グリップが右腰より下へきてから右ヒジをリリースすると
グッ
そんな高いティアップのままじゃ…!

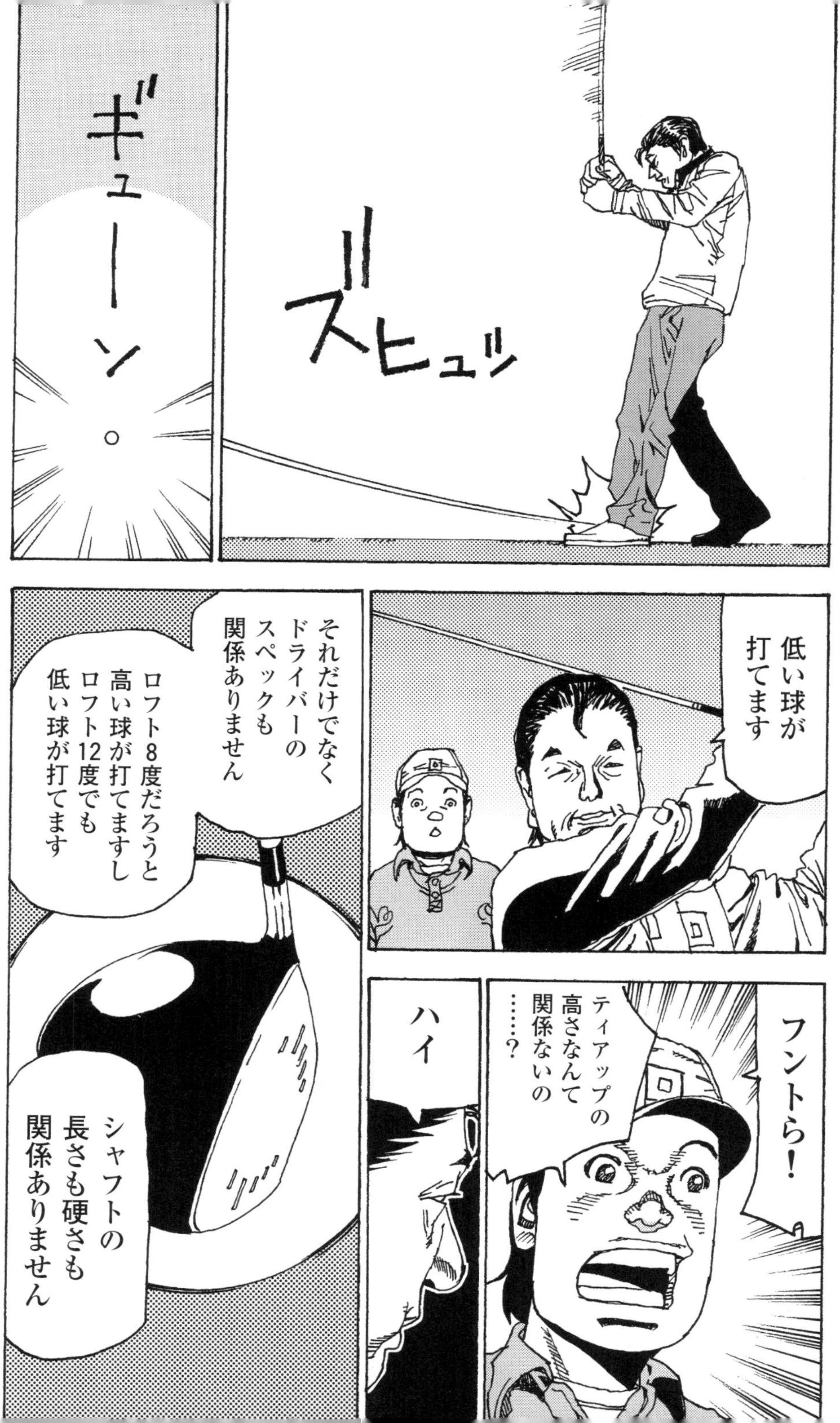
スヒュッ
ギューーン。
低い球が打てます
それだけでなくドライバーのスペックも関係ありません
ロフト8度だろうと高い球が打てますしロフト12度でも低い球が打てます
シャフトの長さも硬さも関係ありません
フントら!
ティアップの高さなんて関係ないの……?
ハイ

ふう
オレは非力でヘッドスピードがないから
高弾道の球が打てないんだよなぁ
あんなふうに思い込んでる方もいますが それも関係ありません
球の高低のすべてはダウンスウィングの右ヒジのリリースのタイミングだけなのです
どーしてそれだけで?
2㎝の世界※で どのようにクラブを球に衝突させるかを考えればわかります
高い球
高い球を打ちたいのであればフェースを上向きに低い球を打ちたいのあれば下向きにして球に当ててやれば実現できるわけです
低い球

※2㎝の世界＝クラブヘッドが球に「当たって」「つぶれて」「飛び出す」間にクラブが移動する距離が約2㎝であることから、Sメソッドではインパクトのことをこう呼ぶ。

シャフトのしなり戻しを思い出してください
トップでしなったシャフトはダウンスウィングで一旦 まっすぐに戻り
トップでしなって――
インパクト前にもう一度しなり戻る
インパクトの直前にもう一度 逆側にしなり戻るんだったよな
そのシャフトのしなり戻しをコントロールするのが右ヒジなんです 右ヒジを早い段階でリリースすると
シャフトのしなり戻りも早く発生しフェースが上向きでインパクトを迎えます

右ヒジのリリースを
遅くするとシャフトの
しなり戻りも
遅くなり
フェースが下向きで
インパクトを
迎えるのです
おおおーっ
ビガーーッ
そういう
ことぎゃーっ！
ひィィ
ィっ！
出た！ 久しぶりの
ど納得ビーム！
右ヒジを伸ばすタイミング
だけで球の高低を
打ち分けられるなんて
超イージーじゃん！
どけっち！
ドン
わっ

ガヒュッ
パキャ♪
パーキャ
ビシッ
いたた
この作品
レッスンマンガなのに
生徒が球を打つ
シーンがホント
少ないもんな
フクちゃん
打ちたくてウズウズ
してるのよ
え——……
インテンショナルショットは
実は
たった3つのポイントしか
ないのです
「軌道」
「フェースの向き」
「リリース」
この3点を調節する
方法さえ知れば
左右高低あらゆる球を
自在に打ち分けられる
ようになるのです

おほーーっ♡
佐久間さんみたいにってワケにはいかないけど
それなりにローボールもハイボールも打てるどー♬
パキューン!
パキーン!

フクちゃんもSメソッドゴルフ達成基準7段階のレベル3になりました
いよいよコースに出てもらっちゃいます

マジっ!?

マジ

Sメソッドゴルフ

達成基準レベル　　ゴルフ科学研究所

レベル	達成基準	内容
0 導夢	スウィング0 クラブが振れる	クラブを振るための力をつける。[グリップ、腕]身体の動きを無意識化する。
1 導夢	スウィング1 無意識にミートできる	正しいクラブの動きを知ってそこそこのショットが打てる。
	スウィング2 ヘッドスピードが上がる	合理的な身体の使い方を知って基準ヘッドスピードが出せる。
2 導夢 練習場	アジャスティング1 軌道／フェース向きのコントロールができる	2cmの世界を知る。パスワードを発明する。インパクトで意図通りにクラブヘッドが操作できる。
	アジャスティング2 速度／加速度がコントロールできる	速度、加速度を変えられる。 シャフトのしなり、ねじれ／戻りが作れる。
	アジャスティング3 ハンズ・アイ・コミュニケーションが使える	ボールの位置、高さを変えてもストレートに打てる。
3 コース	コースで打てる 意図に合わせた正しいセットアップが作れる	ショートゲームが得意になる。距離感を身につける。コースで起きる錯覚を理解する。
4 コース	[illegible]	[illegible]
5 ラウンド	[illegible]	[illegible]
6 競技	[illegible]	[illegible]
7 競技	[illegible]	[illegible]

まだ秘密…♡

著者紹介

佐久間 馨（さくま・かおる）

ゴルフ科学研究所主宰。1955年生まれ。
スウィングメカニズムを科学的な視点から研究し、独自のスウィング理論「Sスウィング」、上達法「Sメソッド」を編み出す。
主な著書に『練習ぎらいはゴルフがうまい！』（ゴルフダイジェスト社）、『DVD付き 佐久間 馨　ナイスショットの法則』、『DVD付き 佐久間 馨　パープレーで回るラウンド術』『誰でもできるナイスショットの絶対法則』（以上 日本文芸社）、『ゴルフは突然うまくなる』（現代書林）などがある。
「佐久間馨のＳメソッドゴルフオンラインレッスン」が大きな反響を呼んでいる。

・２０１０ゴルフダイジェストアワード　レッスン・オ・ブ・ザ・イヤー受賞
・スカイパーフェクトTV（CS）
「ゴルフネットワーク１００切り選手権」指南役
・一般社団法人　Sメソッドゴルフ普及協会名誉顧問
・特定非営利法人日本障がい者ゴルフ協会理事

佐久間 馨Twitter　@Smethod_sakuma
YouTube　Sメソッドゴルフチャンネル
トークライブ　[毎週土曜日17：00～]

ゴルフ スウィングの 真実《しんじつ》

2020年８月１日　第１刷発行
2022年３月１日　第２刷発行

著　者　佐久間《さくま》 馨《かおる》
発行者　吉田　芳史
印刷所　株式会社文化カラー印刷
製本所　大口製本印刷株式会社
発行所　株式会社　日本文芸社
〒135-0001　東京都江東区毛利 2-10-18 OCMビル
TEL　03-5638-1660（代表）
Printed in Japan　112200716-112220214 Ⓝ02（210073）
ISBN 978-4-537-21805-3
URL　https://www.nihonbungeisha.co.jp/

編集担当：三浦